Mark Twain (d. i. Samuel Langhorne Clemens), geboren am 30. November 1835 in Florida/Missouri, ist am 21. April 1910 in Redding/Connecticut gestorben.

Mark Twain gehört zu den großen Erzählern der amerikanischen Literatur des 19. Jahrhunderts. Er bediente sich ganz unterschiedlicher epischer Formen. So beherrschte er meisterhaft die pointierte literarische Skizze, schrieb Kurzgeschichten oder ausführliche Reiseberichte und festigte seinen Ruf als Autor längerer Erzählungen, die später zu den Klassikern des Abenteuerromans wurden: *Tom Sawyer* und *Huckleberry Finn*.

Zahlreiche Reisen durch Europa und rund ums Mittelmeer bilden die stoffliche Grundlage seiner beiden meistgelesenen Reiseberichte *Die Arglosen im Ausland* (1869) und *Bummel durch Europa* (1880; it 834).

insel taschenbuch 1594
Reisen mit Mark Twain

Reisen mit Mark Twain

Vergnügliche Geschichten
Ausgewählt und mit einem Nachwort
von Norbert Kohl
Aus dem Englischen von Angelika Beck,
Ana Maria Brock und
Gustav Adolf Himmel

Insel Verlag

insel taschenbuch 1594
Erste Auflage 1994
Originalausgabe
© Insel Verlag Frankfurt am Main und Leipzig 1994
Alle Rechte vorbehalten
Textnachweise am Schluß des Bandes
Vertrieb durch den Suhrkamp Taschenbuch Verlag
Umschlag nach Entwürfen von Willy Fleckhaus
Satz: Satz-Offizin Hümmer, Waldbüttelbrunn
Druck: Nomos Verlagsgesellschaft, Baden-Baden
Printed in Germany

1   2   3   4   5   6   –   99   98   97   96   95   94

Inhalt

I.
Bummel durch Deutschland, Frankreich und die Schweiz

*

*

II.
Rund ums Mittelmeer

I.

Bummel durch Deutschland,
Frankreich und die Schweiz

»In Frankfurt trägt jedermann
reinliche Kleidung«

Wir machten kurz in Frankfurt halt und fanden diese
Stadt interessant. Gerne hätte ich die Stelle aufge-
sucht, an der Gutenberg geboren wurde, aber es ging nicht,
da nicht überliefert ist, wo das Haus stand. Also verbrachten
wir statt dessen eine Stunde im Goethehaus. Die Stadt läßt es
zu, daß dieses Haus Privatleuten gehört, anstatt sich mit der
Ehre zu schmücken und auszuzeichnen, es zu besitzen und zu
beschirmen.

Frankfurt ist eine von den sechzehn Städten, die sich des
Vorzugs erfreuen, der Ort zu sein, an dem sich der folgende
Zwischenfall ereignete. Karl der Große gelangte, als er die
Sachsen verfolgte (wie *er* sagte), oder als er von den Sachsen
verfolgt wurde (wie *sie* sagten), im Morgengrauen bei Nebel
an das Ufer des Flusses. Der Feind war entweder vor ihm
oder hinter ihm, aber auf alle Fälle wollte Karl hinüber, und
zwar sehr. Er hätte alles um einen Fremdenführer gegeben,
aber es war keiner zu beschaffen. Schließlich sah er, wie sich
eine Hirschkuh mit ihrem Jungen dem Wasser näherte. Er
beobachtete sie, denn er sagte sich, daß sie gewiß eine Furt
suche, und da irrte er sich nicht. Sie watete durch den Fluß,
und das Heer watete hinterher. So wurde ein großer fränki-
scher Sieg erfochten oder eine große fränkische Niederlage
vermieden; und zur Erinnerung an diese Episode befahl Karl
der Große, daß an genau der Stelle eine Stadt gebaut werde,
die er Frankfurt nannte – die Furt der Franken. Keine von
den anderen Städten, in deren Nähe dieses Ereignis stattfand, wurde danach benannt – ein stichhaltiger Beweis, daß
Frankfurt der erste Ort war, an dem es sich zutrug.

In Frankfurt wurde mir eine Lehre in Volkswirtschaft er-
teilt. Ich brachte von zu Hause eine Kiste mit eintausend

sehr billigen Zigarren mit. Zu Versuchszwecken ging ich in einen kleinen Laden in einer wunderlichen alten Seiten-straße, erwarb vier buntbeklebte Schachteln Wachshölzer und drei Zigarren und legte eine Silbermünze im Werte von 48 Cents hin. Der Mann gab mir 43 Cents heraus.

In Frankfurt trägt jedermann reinliche Kleidung, und diese ungewöhnliche Beobachtung machten wir wohl auch in Hamburg und in den Dörfern am Wege. Selbst in den engsten und ärmsten und ältesten Vierteln Frankfurts schienen or-dentliche und saubere Kleider die Regel. Die kleinen Kinder beiderlei Geschlechts waren fast immer so adrett, daß man sie auf den Schoß nehmen konnte, und die Uniformen der Soldaten schließlich waren Neuheit und schmucke Pracht in letzter Vollendung. Kein Schmutz, kein Körnchen Staub war auf ihnen zu entdecken. Die Straßenbahnschaffner und -fah-rer trugen hübsche Uniformen, die wie frisch aus der Putz-schachtel aussahen, und ihr Benehmen war nicht weniger fein als ihre Kleidung.

Der Schelm von Bergen

Zu Frankfurt auf dem Römer gab es beim Krönungsfest einen großen Maskenball, und in dem hell erleuchteten Saal lud die klingende Musik zum Tanz, und gar herrlich erschienen die reichen Gewänder und die Geschmeide der Damen und die festlich gekleideten Fürsten und Ritter. Alles schien Frohsinn und Freude und schalkhafte Narretei, nur einer unter den vielen Gästen bot einen düsteren Anblick; aber gerade die schwarze Rüstung, in der er umherging, er-regte allgemeines Aufsehen, und sowohl seine hohe Gestalt als auch der edle Anstand seiner Gebärden zogen insbeson-dere die Aufmerksamkeit der Damen auf sich. Wer der Ritter war? Niemand konnte es erraten, denn sein Visier war wohlverschlossen, und nichts machte ihn kenntlich. Stolz und doch bescheiden näherte er sich der Kaiserin, ließ sich vor ihr auf ein Knie herunter und bat um die Gunst eines Tanzes mit der Königin des Festes. Und sie erlaubte ihm, um was er sie bat. Mit leichten, anmutigen Schritten tanzte er durch den langen Saal mit der Kaiserin, die noch nie einen behenderen und trefflicheren Tänzer gefunden zu haben glaubte. Aber auch durch die Liebenswürdigkeit seines Benehmens und seine schicklichen Reden wußte er die Herrscherin zu gewinnen, und sie gewährte ihm gnädig einen zweiten Tanz, um den er bat, und auch ein dritter und ein vierter und noch weitere wurden ihm nicht verwehrt. Wie da alle zu dem glücklichen Tänzer hinschauten, wie ihn da viele um die hohe Gunst beneideten, wie da die Neugierde wuchs, wer der maskierte Ritter sein mochte!

Auch der Kaiser wurde immer neugieriger, und mit großer Spannung erwartete man die Stunde, da nach Maskengesetz alle maskierten Gäste sich zu erkennen geben würden. Der Augenblick kam heran, aber obwohl alle anderen ihre Masken abnahmen, weigerte sich der geheimnisvolle Ritter, sein Gesicht sehen zu lassen, bis schließlich die Kaiserin, von Neugierde gedrängt und ärgerlich über die hartnäckige Weigerung, ihm befal, sein Visier zu öffnen. Er öffnete es, und keiner der hohen Herren und Damen kannte ihn. Aber aus der Zuschauermenge traten zwei Männer heran, die den schwarzen Tänzer erkannten, und Grauen und Entsetzen griffen im Saal um sich, als sie verkündeten, wer der angebliche Ritter war. Es war der Scharfrichter von Bergen. Flammend vor Zorn befal der Kaiser, daß man den Schurken ergreife und dem Tod überantworte, er, der es gewagt hatte, mit der Kaiserin zu tanzen, und so seine Gemahlin erniedrigt und die Krone beleidigt habe. Der Tadelnswerte warf sich dem Kaiser zu Füßen und sprach:

»Ich habe wahrlich gegen alle edlen Gäste gesündigt, die

hier versammelt sind, aber am schwersten gegen Euch, mein Herrscher, und meine Kaiserin. Die Kaiserin wurde beleidigt durch meinen Hochmut, der einem Treuebruch gleichkommt, aber keine Strafe, nicht einmal Blut, vermag die Schande zu tilgen, die ihr durch mich erlitten habt. Darum erlaubt mir, o Kaiser, ein Mittel vorzuschlagen, das die Schmach auslöscht, als sei sie nicht geschehen. Zieht Euer Schwert und schlagt mich zum Ritter, und ich werde einem jeden meinen Handschuh hinwerfen, der es wagt, unehrerbietig von meinem Herrscher zu reden.«

Dieser kühne Vorschlag überraschte den Kaiser, jedoch erschien er ihm als der weiseste. »Ihr seid ein Schelm«, erwiderte er nach einem Augenblick des Nachdenkens, »aber Euer Rat ist gut und zeigt Bedachtsamkeit, wie Eure Missetat Wagemut verrät.« Und damit vollführte er den Ritterschlag. »Also erhebe ich Euch in den Adelsstand; Ihr, die Ihr um Gnade für Eure Missetat bittet, kniet nun vor mir und steht als Ritter auf; wie ein Schelm habt Ihr gehandelt, und so sollt Ihr hinfort der Schelm von Bergen heißen.« Und frohen Mutes erhob sich der schwarze Ritter; ein dreimaliges Hoch wurde zu Ehren des Kaisers ausgebracht, und laute Freudenrufe bezeugten die Zustimmung der Gäste, als die Kaiserin nun noch einmal mit dem Schelm von Bergen tanzte.

Studentenleben in Alt-Heidelberg

Das Sommersemester war in vollem Gang; folglich war die häufigste Figur in und um Heidelberg der Student. Die meisten Studenten waren natürlich Deutsche, aber die Vertreter fremder Länder waren recht zahlreich. Sie kamen aus jedem Winkel der Erde, denn das Studium ist billig in Heidelberg und das Leben ebenfalls. Der *Anglo-American-*

Club, dem britische und amerikanische Studenten angehören, hatte fünfundzwanzig Mitglieder, und das Reservoir war noch längst nicht erschöpft.

Neun Zehntel der Heidelberger Studenten trugen keine Abzeichen oder Uniformen, das übrige Zehntel trug Mützen von verschiedener Farbe und gehörte geselligen Vereinigungen an, die Korps heißen. Es gab fünf Korps, von denen jedes seine eigene Farbe hatte; man sah weiße Mützen, blaue Mützen, rote, gelbe und grüne. Das berühmte Duellfechten ist auf die Korpsstudenten beschränkt. Die »Kneipe« scheint ebenfalls ihre Spezialität zu sein. Kneipen werden von Zeit zu Zeit abgehalten, um einen großen Anlaß zu feiern, wie zum Beispiel die Wahl eines Bierkönigs. Es ist dies eine recht unkomplizierte Festlichkeit; die fünf Korps versammeln sich des Abends, und auf ein Zeichen hin fangen alle an, sich aus Halbliterkrügen so schnell wie möglich mit Bier vollzugießen. Jeder zählt für sich – gewöhnlich indem er für jeden Krug, den er leert, ein Zündholz hinlegt. Die Wahl ist bald entschieden. Wenn die Kandidaten nichts mehr hinunterkriegen, wird gezählt, und wer die meisten halben Liter getrunken hat, wird zum König ausgerufen. Man hat mir erzählt, daß der letzte Bierkönig, der von den Korps – oder, wenn man so will, von seinen eigenen Fähigkeiten – gewählt wurde, seinen Bierkrug fünfundsiebzigmal geleert habe. Kein Magen könnte natürlich diese ganze Menge auf einmal aufnehmen – aber es gibt Mittel und Wege, häufig ein Vakuum zu schaffen, die jedem, der viel auf See war, einleuchten werden.

Man sieht zu jeder Tageszeit so viele Studenten, daß man sich schließlich zu fragen beginnt, ob sie wohl überhaupt irgendeine feste Arbeitszeit haben. Einige haben sie, andere nicht. Jeder kann selber wählen, ob er arbeiten oder sich vergnügen will, denn das Leben an den deutschen Universitäten ist ein sehr freies Leben; es scheint keine Beschränkun-

gen zu kennen. Der Student wohnt nicht in den Universitäts-
gebäuden, sondern mietet sich seine eigene Unterkunft, wo
immer er will, und er nimmt seine Mahlzeiten ein, wann und
wo es ihm gefällt. Er geht zu Bett, wann es ihm paßt, und
steht nur auf, wenn er mag. Er wird nicht für eine bestimmte
Zeitspanne auf der Universität eingeschrieben; daher wech-
selt er nicht selten. Er braucht für die Fächer, die er studieren will, und schreibt sich für diese Studien ein; aber er
braucht deshalb nicht auch hinzugehen.

Die Folge dieses Systems ist, daß Vorlesungen über Spe-
zialgebiete entlegener Art häufig vor einer sehr mageren
Zuhörerschaft, jene über praktischere und alltäglichere Bil-
dungsgegenstände hingegen vor einer sehr großen gehalten
werden. Ich habe von einem Fall gehört, in dem die Zuhörerschaft eines Professors Tag für Tag aus nur drei Studenten
bestand – und immer aus denselben drei. Aber eines Tages
blieben zwei von ihnen der Vorlesung fern. Der Professor
begann wie gewöhnlich:

»Meine Herren« –

– dann korrigierte er sich todernst und sagte:

»Mein Herr« –

– und setzte seine Abhandlung fort.

Es wird behauptet, die überwiegende Mehrheit der Heidelberger Studenten arbeite hart und nutze die gebotenen Möglichkeiten aufs allerbeste; sie habe keine überschüssigen
Mittel für Ausschweifungen und keine Zeit für Lustbarkeiten. Eine Vorlesung folgt der anderen auf den Fersen, und
den Studenten bleibt nur eine geringe Spanne, um sich aus
einem Hörsaal in den anderen zu begeben; aber die fleißigen
schaffen es im Trab. Die Professoren helfen ihnen beim Zeit-
sparen, indem sie pünktlich beim Stundenschlag hinter ihrem kleinen Kathederkasten erscheinen und ihn ebenso
pünktlich wieder verlassen, wenn die Stunde um ist. Ich ging
an einem Tag, unmittelbar bevor die Uhr schlug, in einen

leeren Hörsaal. In dem Raum standen schlichte, ungestrichene Kiefernpulte und Bänke für ungefähr zweihundert Personen.

Etwa eine Minute, bevor die Uhr schlug, schwärmten einhundertfünfzig Studenten herein, stürzten an ihre Plätze, schlugen unverzüglich ihre Kolleghefte auf und tauchten ihre Federn in die Tinte. Als die Uhr zu schlagen begann, betrat ein beleibter Professor den Hörsaal, wurde mit allgemeinem Beifallsklatschen empfangen, ging flink den Mittelgang hinunter, sagte »Meine Herren« und begann zu reden, als er die Stufen zum Katheder hinaufstieg; und als er dann in seinem Kasten eintraf und das Gesicht seinen Hörern zuwandte, hatte seine Vorlesung gute Fahrt, und alle Federn waren in Bewegung. Er benutzte keine Notizen, er sprach mit erstaunlicher Geschwindigkeit und Energie eine volle Stunde – dann machten die Studenten ihn auf allerlei wohlverstandene Weisen darauf aufmerksam, daß seine Zeit um war; er griff, immer noch redend, nach seinem Hut, stieg flink vom Katheder und brachte das letzte Wort seiner Abhandlung heraus, als er ebenen Boden betrat; alles erhob sich ehrerbietig, er flitzte den Mittelgang hinauf und verschwand. Sofort begann der Sturm auf irgendeinen anderen Hörsaal, und eine Minute später war ich wieder mit den leeren Bänken allein.

Nein, müßiggehende Studenten sind ganz bestimmt nicht die Regel. Von den achthundert in der Stadt kannte ich nur etwa fünfzig dem Gesicht nach; aber diese fünfzig sah ich überall und jeden Tag. Sie spazierten auf den Straßen umher und in den bewaldeten Bergen, sie fuhren in Kutschen, sie ruderten auf dem Fluß, sie schlürften des Nachmittags Bier und Kaffee im Schloßgarten. Ein guter Teil trug die bunten Mützen der Korps. Sie waren elegant und nach der Mode gekleidet, ihre Umgangsformen waren absolut erstklassig, und sie führten ein ungezwungenes, sorgloses, behagliches

Leben. Wenn ein Dutzend von ihnen zusammensaß, und ein Herr oder eine Dame kamen vorbei, die einer von ihnen kannte und grüßte, standen alle auf und nahmen die Mütze ab. Die Angehörigen eines Korps empfingen einen Korpsbruder ebenfalls stets auf diese Weise, aber Angehörigen eines anderen Korps schenkten sie keine Beachtung; sie schienen sie nicht zu sehen. Das war nicht Unhöflichkeit; es gehörte lediglich zu der kunstvollen und strengen Korps-Etikette.

Zwischen den deutschen Studenten und ihren Professoren scheint kein frostiger Abstand zu herrschen, sondern vielmehr ein recht umgängliches Verhältnis, ganz das Gegenteil von Kühle und Reserviertheit. Wenn der Professor des Abends ein Wirtshaus betritt, in dem Studenten versammelt sind, erheben sich diese von ihren Plätzen und nehmen die Mütze ab und laden den alten Herrn ein, sich zu ihnen zu setzen und mitzuhalten. Er nimmt die Einladung an, und die muntere Unterhaltung und das Bier fließen eine Stunde lang oder zwei, und über ein Weilchen entbietet der Professor, gehörig angefüllt und heiter, den Studenten eine gute Nacht, während die Studenten sich mit entblößtem Haupt stehend von ihrem Platz aus verbeugen; und nun, da die ganze gewaltige Fracht der Gelehrsamkeit in seinem Laderaum schwimmt, macht er sich glücklich und zufrieden auf den Heimweg. Niemand nimmt Anstoß, niemand ist empört; es hat nichts zu sagen.

Korps-Etikette muß es anscheinend auch gewesen sein, einen Hund oder dergleichen zu halten. Ich denke da an den Korpshund, der Allgemeinbesitz der Verbindung ist wie der Korps-Küchenmeister oder der Dienstknecht; dann aber gibt es noch andere Hunde, die einzelnen Studenten gehören.

An einem Sommernachmittag sah ich sechs Studenten ernst und würdevoll in einer Reihe hintereinander in den

Schloßgarten einziehen, jeder mit einem bunten chinesischen Sonnenschirm in der Hand und einem gewaltigen Hund an der Leine. Es war ein sehr eindrucksvoller Anblick. Manchmal hielten sich ebenso viele Hunde wie Studenten um den Pavillon herum auf; und zwar Hunde sämtlicher Rassen und aller Grade von Schönheit und Häßlichkeit. Diese Hunde führten ein recht langweiliges Leben, denn sie wurden an den Bänken festgebunden und hatten ein paar Stunden lang keine Abwechslung außer der, die sie sich selber verschafften, indem sie nach den Mücken schnappten oder zu schlafen versuchten und es nicht fertigbrachten. Allerdings bekamen sie hin und wieder ein Stück Zucker – den hatten sie gern.

Es erschien mir recht und passend, daß Studenten Hunden nachhingen, aber jeder andere hatte ebenfalls einen – alte und junge Männer, alte Frauen und honette junge Damen. Wenn es einen Anblick gibt, der unangenehmer ist als viele andere, dann ist es der einer elegant gekleideten jungen Dame mit einem Hund im Schlepp. Es soll angeblich Zeichen und Symbol vereitelter Liebe sein. Ich möchte meinen, daß man eine andere Möglichkeit der öffentlichen Bekanntmachung finden könnte, die ebenso auffallend und doch nicht so mißlich für Anstand und Schicklichkeit ist.

Auf dem Paukboden

An einem Tag erhielt mein Reisebegleiter im Interesse der Wissenschaft die Erlaubnis, mich auf den Paukboden der Studenten zu führen. Wir überquerten den Fluß und fuhren ein paar hundert Meter am Ufer entlang, bogen dann nach links in eine schmale Gasse ein, folgten ihr etwa hundert Meter und kamen vor einem zweistöckigen Wirtshaus an; das Äußere war uns vertraut, denn es war vom Hotel aus zu sehen. Wir gingen nach oben und gelangten in einen großen weißgetünchten Saal, der etwa fünfzehn Meter lang und zehn Meter breit und sechs oder auch sieben Meter hoch war. Der Saal hatte gutes Licht. Einen Teppich gab es nicht. An einem Ende und an den beiden Langseiten waren Tische aufgereiht, und daran saßen etwa fünfzig bis fünfundsiebzig Studenten.

Einige von ihnen tranken Wein, andere spielten Karten, andere Schach, noch andere plauderten miteinander, und viele rauchten Zigaretten, während sie auf die kommenden Duelle warteten. Fast alle trugen bunte Mützen. Ich sah weiße Mützen, grüne Mützen, blaue Mützen, rote Mützen und leuchtend gelbe; alle Korps waren also mit starker Streitmacht vertreten. In den Fensternischen am freien Ende des Raumes standen sechs oder acht lange schmalklingige Säbel mit großem Handschutz, und draußen war ein Mann dabei, weitere auf einem Schleifstein zu schärfen. Er verstand sein Handwerk; wenn ein Säbel seine Hände verließ, konnte man sich damit rasieren.

Es war zu beobachten, daß die jungen Herren nicht mit Studenten sprachen, deren Mütze sich in der Farbe von ihrer eigenen unterschied, ja, sie nicht einmal durch eine Verbeugung begrüßten. Das war keine Feindseligkeit, sondern nur bewaffnete Neutralität. Man war der Ansicht, daß jemand im Duell härter und mit ernsterem Interesse schlug, wenn er zu seinem Gegner nie ein kameradschaftliches Verhältnis unterhalten hatte. Kameradschaft zwischen den Korps war daher nicht erlaubt. Von Zeit zu Zeit pflegen die Vorsitzenden der fünf Korps kühlen offiziellen Umgang miteinander, aber damit ist es auch getan. Wenn zum Beispiel der regelmäßige Duelltag eines Korps näherrückt, bittet der Vorsitzende um die Meldung von Freiwilligen, die sich schlagen werden; drei oder mehr melden sich – aber weniger als drei dürfen es nicht sein; der Vorsitzende legt ihre Namen den anderen Vorsitzenden mit dem Ansinnen vor, für diese Herausforderer Gegner aus dem eigenen Korps zu stellen. Dem wird unverzüglich nachgekommen. Es traf sich, daß das Ereignis, dem ich beiwohnte, der Kampftag des Rotmützenkorps war. Sie waren die Herausforderer, und bestimmte Mützen anderer Farben hatten sich freiwillig erboten, gegen sie anzutreten. Die Studenten fechten während siebeneinhalb bis acht Monaten im Jahr zweimal wöchentlich Duelle in dem Saal aus, den ich beschrieben habe. Der Brauch besteht in Deutschland seit zweihundertfünfzig Jahren.

Aber zurück zu meinem Bericht. Ein Student mit weißer Mütze nahm uns in Empfang und stellte uns sechs oder acht Freunden vor, die ebenfalls weiße Mützen trugen, und während wir noch da standen und uns unterhielten, wurden zwei seltsam aussehende Gestalten aus dem Raum nebenan hereingeführt: zwei voll zum Duell gerüstete Studenten. Sie waren barhäuptig; ihre Augen wurden von einer eisernen Brille geschützt, die einen Zoll oder noch mehr vorstand und deren Lederriemen die Ohren platt an den Kopf banden, ihr Hals war dick mit Binden umwickelt, die ein Säbel nicht zerschneiden konnte; vom Kinn bis an die Enkel waren die beiden gründlich gegen Verletzungen gepolstert; ihre Arme waren Lage über Lage dick bandagiert, so daß sie wie massive schwarze Klötze aussahen. Diese sonderbaren Erscheinungen waren vor einer Viertelstunde ansehnliche Jünglinge in eleganter Kleidung gewesen, nun jedoch glichen sie Wesen, denen man nur in Alpträumen begegnet. Mit steif abstehenden Armen kamen sie daher; sie hielten sich nicht selber aufrecht; andere Studenten gingen neben ihnen her und gewährten ihnen die nötige Stütze.

Alles eilte nun zum freien Ende des Saales, und wir schlossen uns an und bekamen gute Plätze. Die Kombattanten wurden mit dem Gesicht zueinander aufgestellt, jeder mit mehreren Angehörigen seines Korps zur Assistenz um sich herum; zwei Sekundanten faßten gutgepolstert und mit einem Säbel in der Hand nahebei Posten; ein Student, der keinem der gegeneinander antretenden Korps angehörte, begab sich an eine günstige Stelle, von der aus er den Kampf als Schiedsrichter beobachten konnte; ein weiterer Student stand mit einer Taschenuhr und einem Notizbuch bereit, um die Zeit und die Zahl und Art der Wunden festzuhalten; ein grauhaariger Arzt war zugegen mit seinem Zupflinnen, seinen Binden und seinen Instrumenten. Nach einer kurzen Pause grüßten die Duellanten den Schiedsrichter ehrerbietig, dann traten die verschiedenen Helfer einer nach dem anderen vor, nahmen mit Anstand ihre Mütze ab und grüßten ihn ebenfalls und gingen wieder an ihren Platz zurück. Alles war nun bereit; Studenten drängten sich dicht aneinander am Rand des freien Platzes, und andere standen auf Stühlen und Tischen hinter ihnen. Aller Augen waren dem Mittelpunkt des Interesses zugewandt.

Die Kombattanten beobachteten einander mit wachsamen Augen; es herrschten vollkommene Stille und atemlose Anteilnahme. Ich glaubte, daß ich nun allerlei kluge, bedachtsame Arbeit zu sehen bekommen würde. Nichts dergleichen. Als durch Zuruf das Zeichen zum Anfang gegeben wurde, sprangen die beiden Erscheinungen vor und ließen mit solch rasender Geschwindigkeit Schläge aufeinander niederregnen, daß ich nicht unterscheiden konnte, ob ich die Säbel sah oder nur ihr Blitzen in der Luft. Der prasselnde Lärm dieser Hiebe, wenn sie auf Stahl oder Bandagen trafen, hatte etwas wundervoll Aufrüttelndes, und es wurde mit solch fürchterlicher Wucht geschlagen, daß ich nicht begriff, wieso der gegnerische Säbel von dem Anprall nicht niedergehauen wurde. Nach einer kleinen Weile sah ich inmitten des Säbelblitzens ein Büschel Haare durch die Luft segeln, so als habe es lose auf dem Kopf des Opfers gelegen und sei von einem plötzlichen Zugwind fortgepustet worden.

Die Sekundanten riefen »Halt!« und schlugen gleichzeitig die Säbel der Kombattanten mit ihren eigenen hoch. Die Duellanten setzten sich; einer der offiziellen Helfer trat vor, untersuchte den verletzten Kopf und betupfte die Stelle ein paarmal mit einem Schwamm; der Arzt kam und strich das Haar zurück – und legte eine hochrot klaffende Wunde von etwa zwei bis drei Zoll bloß und machte sich daran, ein ovales Stück Leder und ein Büschel Zupflinnen darüber zu binden; der Rechnungsführer trat heran und vermerkte einen Punkt für die Gegenseite in seinem Buch.

Dann bezogen die Duellanten abermals Stellung; ein kleines Blutrinnsal lief dem Verletzten an der Seite des Kopfes herunter und von dort über die Schulter und am Körper abwärts bis auf den Fußboden, aber es schien ihn nicht zu bekümmern. Der Zuruf erklang, und die beiden fuhren ebenso heftig aufeinander los wie zuvor; abermals regneten und prasselten und blitzten die Hiebe; alle paar Augenblicke entdeckte einer der flinkäugigen Sekundanten, daß ein Säbel verbogen war – dann riefen sie »Halt!«, schlugen die miteinander kämpfenden Waffen hoch, und einer der Helfer bog die verbogene Klinge wieder gerade.

Weiter ging der wundervolle Tumult – auf einmal sprang ein heller Funke von einer der Klingen, und diese Klinge, die in mehrere Stücke zerbrochen war, schickte eins ihrer Bruchstücke in hohem Flug an die Decke. Ein neuer Säbel wurde angereicht und der Kampf fortgesetzt. Die körperliche Anstrengung war natürlich ungeheuer; und nach einer Weile ließen die Kämpfer beträchtliche Erschöpfungen erkennen. Sie durften sich in kurzen Abständen immer wieder einen Augenblick ausruhen; weitere Rastpausen verschafften sie sich durch gegenseitiges Verwunden, denn dann konnten sie sich setzen, während der Arzt Scharpie und Verband anlegte. Es ist Vorschrift, daß der Kampf fünfzehn Minuten andauern muß, falls die Männer durchstehen;

und da die Pausen nicht mitzählen, zog sich dieses Duell meiner Schätzung nach über zwanzig bis dreißig Minuten hin. Schließlich wurde entschieden, daß die beiden Männer zu ermattet waren, um sich noch weiter zu schlagen. Sie wurden weggeführt, von Kopf bis Fuß hochrot durchtränkt. Es war dies ein guter Kampf, aber er zählte nicht, teils weil er nicht die vorgeschriebenen fünfzehn Minuten (tatsächlichen Schlagens) gedauert hatte, teils weil keiner der beiden Männer durch seine Wunden kampfunfähig geworden war. Es war ein unentschiedener Kampf, und das Korps-Gesetz fordert, daß unentschiedene Kämpfe aufs neue ausgefochten werden, sobald die Widersacher von ihren Wunden genesen sind.

Während des Duells hatte ich mich hin und wieder ein wenig mit einem jungen Herrn vom Weißmützen-Korps unterhalten, und er hatte erwähnt, daß er sich als nächster schlagen werde, und hatte mir auch seinen Herausforderer gezeigt, einen jungen Herrn, der an der Wand gegenüber lehnte, eine Zigarette rauchte und in aller Ruhe dem im Gang befindlichen Duell zusah.

Meine Bekanntschaft mit einem der Beteiligten an dem kommenden Zweikampf hatte zur Folge, daß ich ihm mit einer Art persönlicher Anteilnahme entgegensah; ich wünschte natürlich, er werde gewinnen, und es war alles andere als angenehm zu erfahren, daß er wahrscheinlich nicht gewinnen werde, denn er war zwar ein hervorragender Fechter, aber der Herausforderer galt als ihm überlegen.

Alsbald begann das Duell, und zwar mit demselben Ungestüm, das auch das vorhergehende ausgezeichnet hatte. Ich stand nahe bei, konnte jedoch nicht unterscheiden, welche Hiebe zählten und welche nicht – sie fielen und verschwanden wie Lichtblitze so schnell. Anscheinend zählten sie alle. Die Säbel bogen sich immerzu über die Köpfe der Gegner hinweg und schienen von der Stirn bis zum Wirbel aufzutreffen; aber dem war nicht so – eine schützende Klinge fuhr, für mich unsichtbar, jedesmal dazwischen. Nach zwölf Sekunden hatte jeder der Männer zwölf- bis fünfzehnmal zugehauen und zwölf- bis fünfzehn Schläge abgewehrt, und nichts war passiert; dann wurde ein Säbel außer Gefecht gesetzt, und es folgte eine kurze Ruhepause, während der ein neuer herbeigebracht wurde. Gleich zu Beginn der nächsten Runde erhielt der Student vom weißen Korps eine böse Wunde an der Seite des Kopfes und brachte seinem Gegner eine ebensolche bei. In der dritten Runde empfing dieser eine weitere schwere Kopfwunde, und jenem wurde die Unterlippe gespalten. Danach gelang dem Studenten vom weißen Korps eine ganze Reihe schwerer Wunden, ihn selber jedoch erwischte es nicht mehr ernstlich. Nach insgesamt fünf Minuten brach der Arzt das Duell ab; der Herausforderer hatte solch erhebliche Verletzungen erlitten, daß weitere Wunden gefährlich werden konnten. Diese Verletzungen boten einen gräßlichen Anblick, bleiben jedoch besser unbeschrieben. Wider Erwarten war mein Bekannter also der Sieger.

Vier Stunden »Krachen und Dröhnen«: »Lohengrin« in Mannheim

An einem anderen Tag fuhren wir nach Mannheim und hörten uns eine Katzenmusik, will sagen: eine Oper an, und zwar jene, die »Lohengrin« heißt. Das Knallen und Krachen und Dröhnen und Schmettern war unglaublich. Die mitleidlose Quälerei hat ihren Platz in meiner Erinnerung gleich neben der Erinnerung an die Zeit, da ich mir meine Zähne in Ordnung bringen ließ. Die Umstände erforderten, daß ich bis zum Ende der vier Stunden blieb, also blieb ich; aber die Erinnerung an diese lange, sich hinschleppende, unbarmherzige Leidenszeit ist unzerstörbar. Der Schmerz verschärfte sich noch dadurch, daß er schweigend und stillsitzend ertragen werden mußte. Ich saß in einem von einem Geländer umgebenen Abteil zusammen mit acht oder zehn Fremden beiderlei Geschlechts, und das erforderte Zurückhaltung; aber zuweilen war der Schmerz so heftig, daß ich kaum die Tränen unterdrücken konnte. Wenn das Heulen und Wehklagen und Kreischen der Sänger und Sängerinnen und das Wüten und Toben des gewaltigen Orchesters höher anschwollen und wilder und wilder und grimmiger und grimmiger wurden, hätte ich aufschreien können, wäre ich allein gewesen. Diese Fremden hätte es nicht überrascht, einen Mann schreien zu sehen, dem Stück für Stück die Haut abgezogen wurde, aber hier wären sie verwundert gewesen und hätten zweifellos ihre Bemerkungen darüber gemacht, obgleich nichts in der gegenwärtigen Lage vorteilhafter als Gehäutetwerden war. Es gab eine Pause von einer halben Stunde nach dem ersten Akt, und ich hätte während der Zeit hinausgehen und mich ausruhen können, aber ich traute mich nicht, denn ich wußte, daß ich desertieren und draußenbleiben würde. Gegen neun Uhr kam noch einmal eine Pause von einer halben Stunde, aber inzwischen hatte ich so viel durchgemacht, daß all meine Lebensgeister hin waren und ich nur noch einen einzigen Wunsch besaß, nämlich in Frieden gelassen zu werden.

Ich möchte nicht zu verstehen geben, daß es all den anderen Leuten genauso wie mir ergangen sei, denn das war wahrhaftig nicht der Fall. Ob sie diesen Lärm von Natur aus schätzten oder ob sie durch Gewöhnung gelernt hatten, ihn gern zu haben, wußte ich zu der Zeit nicht; aber sie hatten ihn gern – das war mehr als deutlich. Solange er andauerte, saßen sie da und sahen so hingerissen und dankbar aus wie Katzen, wenn man ihnen den Rücken streichelt; und sooft der Vorhang fiel, erhoben sie sich als eine einzige, mächtige, einmütige Menge, und die Luft war dicht verschneit von winkenden Taschentüchern, und Wirbelstürme des Beifalls tosten durch den Raum. Dies war mir unbegreiflich. Selbstverständlich waren viele Leute dort, die sich nicht zum Bleiben gezwungen sahen; dennoch waren die Ränge am Schluß ebenso voll wie zu Beginn. Das bewies, daß die Darbietung ihnen gefiel.

Es war ein merkwürdiges Stück. Kostüme und Bühnenbild waren schön auffällig, aber Handlung gab es nicht viel. Ich will sagen, es wurde nicht eigentlich viel getan, sondern nur darüber geredet; und stets heftig. Es war ein Stück, das man ein Erzählstück nennen könnte. Jeder hatte eine Erzählung und eine Beschwerde vorzutragen und keiner benahm sich vernünftig dabei, sondern alle befanden sich in einem beleidigenden, zügellosen Zustand. Man sah wenig von diesem vertrauten Brauch, wo der Tenor und der Sopran vorne an die Rampe treten und mit gemischten Stimmen trällern und schmettern und immerzu die Arme einander hinstrecken und sie wieder zurückziehen und beide Hände mit einem Beben und einem Drücken erst über die eine Brustseite und dann über die andere breiten – nein, jeder Aufrührer für sich und kein Zusammenklingen, so lautete hier die Losung. Einer nach dem anderen sang, begleitet vom gesamten Orchester, das sechzig Instrumente umfaßte, seine anklagende Geschichte, und wenn dies eine Weile angedauert hatte, und man zu hoffen begann, sie würden zu einer Verständigung kommen und den Lärm einschränken, tobte ein ganz und gar aus Besessenen zusammengefügter Chor los, und während der folgenden zwei und manchmal drei Minuten durchlebte ich von neuem alles, was ich seinerzeit erlitt, als das Waisenhaus abbrannte.

Nur eine einzige kleine Spanne Himmel und himmlischer Verzückung und himmlischen Friedens wurde uns gewährt während dieser ganzen langen emsigen und bitteren Wiedererschaffung jenes anderen Ortes. Dies geschah, als im dritten

Akt ein prachtvoller Festzug immerzu im Kreis herummarschierte und den Brautchor sang. Das war Musik für mein ungebildetes Ohr – geradezu göttliche Musik. Während meine versengte Seele in den heilenden Balsam dieser anmutigen Klänge eintauchte, schien es mir, daß ich die Qualen, die ihnen vorausgegangen waren, fast noch einmal würde erdulden mögen, um abermals so geheilt zu werden. Hier enthüllt sich der tiefe Sinn der Oper. Sie befaßt sich so weitgehend mit Schmerz und Pein, daß die verstreuten Freuden durch den Kontrast ungeheuer gewinnen. Eine hübsche Arie in einer Oper ist dort hübscher als irgendwo sonst, so wie ein ehrlicher Mann in der Politik mehr glänzt, als er sonst irgendwo vermöchte.

Ich habe inzwischen herausgefunden, daß die Deutschen nichts so sehr lieben wie eine Oper. Sie lieben sie nicht auf milde, gemäßigte Art, sondern von ganzem Herzen. Dies ist das folgerichtige Ergebnis von Gewohnheit und Bildung. Die Leute bei uns werden ohne Zweifel nach und nach die Oper ebenfalls hochschätzen. Einer von fünfzig, die sich Opern anhören, schätzt sie vielleicht jetzt schon, aber ein gut Teil von den anderen neunundvierzig geht wohl hin, um sie schätzen zu lernen, und der Rest, um aus Erfahrung darüber reden zu können. Letztere summen gewöhnlich die Arien mit, damit der Nachbar weiß, daß sie schon öfter in der Oper waren. Die Begräbnisse dieser Leute kommen nicht oft genug vor.

Eine freundliche, altjüngferliche Dame und ein reizendes junges Ding von siebzehn Jahren saßen an jenem Abend in der Mannheimer Oper genau vor uns. Sie unterhielten sich zwischen den Akten, und wenn ich auch nichts von dem verstand, was auf der fernen Bühne geredet wurde – diese beiden verstand ich. Anfangs sahen sie sich bei ihrer Unterhaltung vor, aber nachdem sie meinen Reisebegleiter und mich hatten Englisch sprechen hören, ließen sie ihre Zurückhaltung fallen, und ich schnappte zahlreiche ihrer kleinen vertraulichen Mitteilungen auf – *ihrer* in der Einzahl, nämlich die vertraulichen Mitteilungen des älteren Teils; das junge Mädchen hörte nur zu und nickte zustimmend, sagte aber selber kein Wort. Wie hübsch sie war und wie reizend! Wie sehr ich wünschte, sie würde etwas sagen! Aber offensichtlich war sie in ihre eigenen Gedanken versunken, in ihre eigenen Jungmädchenträume, und fand größeres Entzücken im Schweigen. Aber sie träumte keine schläfrigen Träume, nein, sie war wach, lebendig, höchst munter; sie konnte keinen Augenblick lang stillsitzen. Bezaubernd war sie anzusehen: Ihr Gewand war aus weichem weißen Seidenstoff, der sich ihrer wohlgerundeten jungen Figur wie eine Fischhaut anschmiegte, und es war überkräuselt von den zierlichsten hauchdünnen Spitzen; sie hatte tiefe, sanfte Augen mit langen, gebogenen Wimpern; und sie hatte Pfirsichwangen und ein Grübchen am Kinn und einen Mund wie eine allerliebste taufrische Rosenknospe; und sie war so taubenhaft, so rein und anmutig, so süß und so bestrickend! Viele lange Stunden hindurch wünschte ich mit aller Macht, sie würde etwas sagen. Und schließlich sagte sie etwas; die roten Lippen hoben sich voneinander, und heraus sprang, was sie dachte – hüpfte mit der arglosesten und wunderhübschesten Begeisterung hervor: »Tante, ich habe ganz bestimmt fünfhundert Flöhe an mir!«

Fünfhundert waren wahrscheinlich mehr als der Durchschnitt. Ja, es muß sehr viel mehr als der Durchschnitt gewesen sein. Der Durchschnitt im Großherzogtum Baden betrug zu der Zeit laut amtlicher Schätzung des Innenministers bei jungen Personen fünfundvierzig (wenn allein); der Durchschnitt bei älteren Leuten wechselte und war nicht festzulegen, denn wenn sich ein gesundes Mädchen in die Nähe älterer Menschen begab, senkte es augenblicklich deren Durchschnitt und erhöhte seinen eigenen. Es wurde zu einer Art Sammelbüchse. Das liebe junge Persönchen im Theater hatte dort gesessen und unwissentlich eine Sammlung veranstaltet. Manch ein dürres altes Wesen in unserer Nachbarschaft war dank ihrem Erscheinen glücklicher und ruhiger.

Unter den zahlreichen Zuschauern befanden sich an diesem Abend acht sehr auffallende Personen. Dies waren Damen, die ihren Hut aufhatten. Wie segensreich wäre es doch, wenn eine Dame in unseren Theatern dadurch auffallen könnte, daß sie ihren Hut aufbehält. In Europa ist es nicht üblich, daß man den Damen und Herren erlaubt, Hüte, Mützen, Mäntel, Spazierstöcke oder Regenschirme in den Zuschauerraum mitzunehmen, aber in Mannheim wurde diese Regel nicht durchgesetzt, da die Zuschauerschaft zu einem großen Teil aus Leuten von auswärts bestand, und unter diesen gab es stets ein paar furchtsame Damen, die Angst hatten, sie würden ihren Zug verpassen, falls sie nach Schluß der Vorstellung in einem Vorraum ihre Sachen abholen mußten. Aber die große Mehrzahl derer, die von auswärts kamen, ging das Risiko ein und ließ es darauf ankommen, zog sie doch das Versäumen des Zuges einem Verstoß gegen die guten Sitten und dem Unbehagen vor, drei bis vier Stunden lang auf nicht angenehme Weise aufzufallen.

Eine Nacht in Heilbronn

Als wir in den Gasthof zurückkehrten, zog ich den Schrittmesser auf, stellte ihn und steckte ihn in die Tasche, denn ich sollte ihn am nächsten Tag tragen und die zurückgelegten Entfernungen notieren. Von der Arbeit, die das Instrument während des eben verflossenen Tages zu leisten gehabt hatte, war es nicht merklich ermattet. Um zehn Uhr begaben wir uns zur Ruhe, denn bei Tagesanbruch wollten wir zu unserer Wanderung heimwärts aufbrechen. Ich lag noch eine Weile wach, Harris jedoch schlief sofort ein. Mir mißfällt ein Mensch, der sofort einschläft; sein Verhalten birgt ein undefinierbares Etwas – nicht gerade eine Beleidigung, aber durchaus eine Unverschämtheit, und zwar eine schwer zu ertragende. Ich lag da und ärgerte mich über die Kränkung und versuchte, einzuschlafen; aber je energischer ich es versuchte, desto wacher wurde ich. Ich begann, mich sehr allein zu fühlen im Dunkeln mit nichts als einem unverdauten Abendessen zur Gesellschaft. Nach einer Weile machte sich mein Verstand an die Arbeit, ich dachte über den Anfang eines jeden Themas nach, über das jemals nachgedacht worden war; aber über den Anfang kam ich bei keinem hinaus; nichts hielt mich; mit besessener Eile floh ich von Gegenstand zu Gegenstand. Nach einer Stunde drehte sich alles in meinem Kopf, und ich war todmüde und vollkommen erschöpft.

Die Erschöpfung war so groß, daß sie alsbald einigen Vorsprung gegenüber meiner nervösen Gereiztheit gewann; während ich hellwach zu sein glaubte, dämmerte ich in Wirklichkeit in Augenblicke der Bewußtlosigkeit hinüber, aus denen ich jedesmal wieder sehr plötzlich unter spürbarem Zusammenzucken zurückkehrte: in diesen Augenblicken glaubte ich, rücklings in einen jähen Abgrund zu stürzen. Nachdem ich in acht oder neun jähe Abgründe gestürzt war und auf diese Weise herausgefunden hatte, daß die eine Hälfte meines Gehirns acht- oder neunmal eingeschlafen sein mußte, ohne daß die hart arbeitende, hellwache andere es auch nur ahnte, breiteten die periodischen Bewußtlosigkeiten allmählich ihre Zaubermacht über weitere Teile meines Hirnhoheitsgebietes aus, und schließlich sank ich in einen Schlummer, der tiefer und tiefer wurde und bestimmt gerade zu einer gesegneten, durch nichts zu erschütternden traumlosen Ohnmacht werden wollte, als – was war das?

Meine benommenen Sinne schleppten sich teilweise ins wache Leben zurück und nahmen Aufnahmehaltung ein. Nun drang aus unermeßlicher, aus grenzenloser Ferne ein Etwas heran, das wuchs und wuchs und rückte näher und wurde alsbald als ein Geräusch erkennbar – zunächst war es eher ein Gefühl gewesen. Dieses Geräusch war nun zwei Kilometer entfernt – vielleicht war es das Grollen eines Gewitters; und nun kam es näher – war nicht einmal mehr einen halben Kilometer weg; war es das gedämpfte Mahlen und Kratzen ferner Maschinen? Nein, es rückte immer noch näher; war es der Gleichschritt marschierender Soldaten? Aber es kam näher und immer noch näher – und schließlich war es im Zimmer selber: nur eine Maus, die am Holz nagte. Und wegen dieser Nichtigkeit hatte ich die ganze Zeit den Atem angehalten!

Nun gut, was geschehen war, war geschehen und ließ sich nicht mehr ändern; ich würde jetzt sofort einschlafen und die verlorene Zeit aufholen. Welch gedankenloser Gedanke! Ohne daß ich es wollte – ohne daß es mir auch nur ganz bewußt wurde –, machte ich mich daran, angespannt nach diesem Geräusch zu horchen und sogar unbewußt die Striche der mäuslichen Muskatnußreibe zu zählen. Schon bald bereitete mir diese Beschäftigung die größten Qualen, aber ich hätte sie vielleicht ertragen können, wäre die Maus nur beständig bei der Arbeit geblieben; aber gerade das tat sie nun nicht; immer wieder hielt sie inne, und ich litt mehr, wenn ich horchte und darauf wartete, daß sie wieder anfing, als dann, wenn sie nagte. Zu Beginn setzte ich im Geiste eine Belohnung von fünf, sechs, sieben, zehn Dollar für diese Maus aus; aber gegen Ende bot ich Belohnungen, die glatt über meine Verhältnisse gingen. Ich reffte die Ohren – das heißt, ich bog die Lappen herunter und rollte sie fünf- oder sechsmal zusammen und drückte sie gegen die Hör-öffnung –, aber es nützte nichts: mein Gehör war vor nervöser Gereiztheit so geschärft, daß es zu einem Mikrofon geworden war und ohne Mühe durch das dämpfende Polster empfangen konnte.

Mein Zorn steigerte sich zur Raserei. Schließlich tat ich das, was jeder vor mir zurück bis zu Adam hin getan hat – ich beschloß, etwas zu schmeißen. Ich griff unters Bett und bekam meine Wanderstiefel zu fassen, dann setzte ich mich aufrecht hin und horchte, um das Geräusch genau zu orten. Aber es gelang mir nicht; es war so unortbar wie das Zirpen einer Grille, und wo man glaubt, daß das herkomme, da kommt es ganz gewiß nicht her. Also warf ich schließlich einen der beiden Schuhe aufs Geratewohl und mit boshafter Wucht. Er knallte Harris zu Häupten gegen die Wand und fiel auf ihn; ich hatte nicht geglaubt, daß ich so weit würde werfen können. Der Schuh weckte Harris auf, und das freute mich, bis ich feststellte, daß er nicht ärgerlich war; da tat es mir leid. Er schlief bald wieder ein, und ich war froh darüber; aber sofort fing die Maus wieder an, was mich von neuem rasend machte. Ich wollte Harris nicht noch einmal wecken, aber das Nagen dauerte an, bis ich gezwungen war, den anderen Schuh zu werfen. Diesmal zerschmiß ich einen Spiegel – in dem Zimmer hingen zwei –, ich erwischte natürlich den größeren. Harris wurde abermals wach, beschwerte sich aber nicht, und es tat mir noch leider. Ich beschloß, lieber alle möglichen Martern zu erdulden, als ihn ein drittes Mal zu stören.

Die Maus zog sich schließlich zurück, und allmählich versank ich in Schlaf, da fing eine Uhr an zu schlagen; ich zählte, bis sie fertig war, und wollte gerade wieder eindösen, als eine andere Uhr anhub; ich zählte; dann begannen die beiden großen Rathausuhrengel, sanft und volltönend und melodisch auf ihren langen Trompeten zu blasen. Noch nie zuvor hatte ich etwas so Liebliches, so Überirdisches, so Geheimnisvolles gehört – aber als sie dann auch die Viertelstunden bliesen, dünkte mich doch, daß sie die Sache ein wenig übertrieben. Jedesmal, wenn ich einen Augenblick lang hinüber war, weckte ein neues Getön mich auf. Jedesmal, wenn ich wach wurde, vermißte ich mein Deckbett und mußte auf den Fußboden greifen und es zurückholen.

Endlich ließ mich alle Schläfrigkeit im Stich. Ich merkte, daß ich hoffnungslos und auf immer hellwach war. Hellwach und wie in einem Fieber und durstig. Nachdem ich mich so lange, wie es sich ertragen ließ, von einer Seite auf die andere geworfen hatte, fiel mir ein, daß es eine gute Idee wäre, wenn ich mich anzöge und auf den großen Platz ginge und eine erfrischende Waschung in dem Brunnen vornähme und rauchte und nachdachte, bis die Nacht vorüber war.

Ich glaubte, daß ich mich im Dunkeln würde anziehen können, ohne Harris aufzuwecken. Ich hatte meine Schuhe nach der Maus verschossen, aber meine Pantoffel würden in der Sommernacht genügen. Also stand ich leise auf und bekam auch nach und nach alles an – bis auf einen Socken. Wie ich es auch immer anstellte, diesem Socken schien ich einfach nicht auf die Spur kommen zu können. Aber ich mußte ihn haben: also ließ ich mich auf Hände und Knie hinunter und begann, leise herumzutapsen und den Boden abzusuchen, hatte jedoch keinen Erfolg. Ich vergrößerte meinen Kreis und tapste und suchte weiter. Wie der Fußboden unter jedem Druck meines Knies quietschte! Und jeder Gegenstand, an den ich zufällig stieß, schien fünfunddreißigmal oder gar sechsunddreißigmal soviel Lärm zu machen, als er bei Tage gemacht hätte. Ich machte jedesmal halt und hielt den Atem an, bis ich sicher war, daß ich Harris nicht aufgeweckt hatte – dann kroch ich weiter. Kreis um Kreis zog ich, jedoch den Socken fand ich nicht; ich schien überhaupt nichts außer Möbeln zu finden. Ich konnte mich nicht erinnern, daß viele Möbel in dem Zimmer gestanden hätten, als ich zu Bett ging, aber nun war es voll davon – besonders von

Stühlen – überall standen Stühle. Waren in der Zwischenzeit ein paar Familien eingezogen? Und es schien mir niemals zu gelingen, einen dieser Stühle nur zu streifen – jedesmal stieß ich voll und mit dem Kopf zuerst dagegen. Meine Wut wuchs langsam, aber sicher, und während ich weiter und weiter tapste, begann ich halblaut boshafte Bemerkungen hervorzuknirschen.

Schließlich erklärte ich mit giftiger Gereiztheit, ich würde ohne den Socken gehen; also erhob ich mich und hielt geradenwegs auf die Tür zu – glaubte ich, bis ich mich plötzlich meinem trüben, gespensterhaften Abbild in dem zerbrochenen Spiegel gegenübersah. Es jagte mir solch einen Schrekken ein, daß mir die Luft wegblieb, wenigstens einen Augenblick lang; es zeigte mir außerdem, daß ich mich verirrt hatte und nicht die blasseste Ahnung hatte, wo ich war. Als mir dies klar wurde, packte mich ein solcher Zorn, daß ich mich auf den Boden setzen und irgendwo festhalten mußte, um nicht das Haus mit einer Explosion meiner wahren Ansichten von der Sache aus den Fugen zu sprengen. Wäre nur ein Spiegel im Zimmer gewesen, hätte er mir vielleicht geholfen, mich zurechtzufinden; aber es waren zwei da, und zwei waren so schlimm wie tausend; überdies hingen sie an gegenüberliegenden Wänden. Ich sah den trübe verschwommenen Lichtfleck der Fenster. Aber in meinem verdrehten Zustand waren sie genau da, wo sie nicht hätten sein sollen, also verwirrten sie mich nur noch mehr, statt mir zu helfen.

Ich wollte aufstehen und stieß einen Regenschirm um; er knallte wie ein Pistolenschuß, als er auf dem harten, glatten, teppichlosen Fußboden aufschlug; ich knirschte mit den Zähnen und hielt den Atem an – Harris rührte sich nicht. Ich stellte den Schirm langsam und vorsichtig aufrecht gegen die Wand, aber sobald ich meine Hand fortnahm, rutschte er unten weg und lag unter erneutem Knall abermals da. Ich zuckte zusammen und horchte einen Augenblick lang in stummem, ingrimmigem Zorn – nichts war passiert, alles blieb ruhig. Mit peinlichster Sorgfalt stellte ich den Schirm noch einmal genau aufrecht hin, und wieder schlug er um.

Man hat mich streng erzogen, aber wenn es in dem abgeschiedenen, riesenhaften Zimmer nicht so dunkel und feierlich und furchterregend gewesen wäre, hätte ich gewiß in diesem Augenblick manches gesagt, was man in einem Sonntagsschulbuch nicht abdrucken könnte, ohne den Verkauf desselben zu gefährden. Die fortgesetzten Qualen mußten meinen Verstand bereits beträchtlich unterhöhlt haben, sonst wäre es mir wohl kaum eingefallen zu versuchen, auf einem von diesen glasglatten deutschen Fußböden im Dunkeln einen Regenschirm aufrecht hinzustellen; das geht selbst bei Tage nicht ohne vier Fehlschläge auf jeden Erfolg ab. Einen Trost hatte ich allerdings – Harris war auch jetzt noch still und stumm –, er hatte sich nicht gerührt.

Der Schirm konnte mir nicht verraten, wo ich war – rundum an den Wänden standen vier, und sie waren alle gleich. Aber ich konnte mich ja an der Wand entlangtasten und auf diese Weise die Tür finden. Ich stand auf und machte mich an dieses Unternehmen, riß aber dabei ein Bild herunter. Es war kein großes Bild, aber es machte Krach genug für ein Panorama. Harris gab auch jetzt keinen Laut von sich, aber ich war überzeugt, daß ihn weitere Experimente mit den Bildern aufwecken würden. Also gab ich es besser auf, hinausfinden zu wollen. Ja – ich würde noch einmal König Artus' runden Tisch suchen (dem ich schon mehrmals begegnet war) und ihn als Ausgangsbasis für einen meinem Bett geltenden Entdeckungsgang benutzen; falls ich mein Bett fand, konnte ich von da aus meinen Wasserkrug finden; ich würde meinen rasenden Durst löschen und mich dann hinlegen. Ich kroch also auf Händen und Knien los, denn so bewegte ich mich flinker und mit mehr Zuversicht vorwärts und konnte nichts umstoßen. Nach einigem Suchen fand ich den Tisch –

mit dem Kopf –, rieb ein bißchen über die Beule, stand dann auf und machte mich, mit ausgestreckten Armen und gespreizten Fingern balancierend, auf den Weg. Ich fand einen Stuhl; dann die Wand; dann noch einen Stuhl; dann ein Sofa; dann einen Alpenstock, dann noch ein Sofa – was mich verwirrte, denn ich erinnerte mich nur an ein Sofa. Ich spürte abermals den Tisch auf und begann noch einmal von vorne; fand noch ein paar Stühle.

Nun fiel mir ein, was mir schon längst hätte einfallen sollen, daß nämlich der Tisch, da er rund war, als Ausgangsposition für eine Kursbestimmung nichts taugte; also stapfte ich noch einmal, diesmal aufs Geratewohl, mitten in die Wildnis aus Stühlen und Sofas hinein – stieß in unbekannte Regionen vor und hieb alsbald einen Kerzenleuchter von einem Kaminsims, schnappte nach dem Kerzenleuchter und stieß dabei eine Lampe um, schnappte nach der Lampe und stieß dabei unter Klirren und Krachen einen Wasserkrug um und dachte bei mir: Endlich habe ich dich gefunden – wußte ich doch, daß ich ganz in der Nähe war! Harris schrie »Mord!« und »Diebe!« und »Hilfe! Ich ertrinke!«

Der Krach hatte das ganze Haus geweckt. Mr. X kam in seinem langen Nachthemd hereinstolziert, eine Kerze in der Hand, den jungen Z. mit einer anderen Kerze hinter sich; ein ganzer Festzug mit Kerzen und Laternen marschierte zu einer anderen Tür herein – der Wirt und zwei deutsche Gäste im Nachthemd, ein Stubenmädchen (desgleichen).

Ich blickte mich um; ich stand neben Harris' Bett, hundert Schritte von meinem Bett entfernt. Nur ein Sofa war da; es stand an der Wand; nur ein Stuhl stand so, daß man an ihn herankonnte – ich war die halbe Nacht wie ein Planet um ihn gekreist und die halbe Nacht wie ein Komet mit ihm zusammengestoßen.

Ich erklärte den Versammelten, womit ich mich beschäftigt hätte und warum. Danach zogen der Wirt und sein Gefolge sich zurück, und wir übrigen rüsteten uns zum Frühstück, denn die Morgendämmerung wollte eben anbrechen. Ich warf einen verstohlenen Blick auf meinen Schrittmesser und stellte fest, daß ich 75 Kilometer zurückgelegt hatte. Aber das focht mich nicht an; schließlich war ich hergekommen, um zu wandern.

Abenteuerliche Floßfahrt
auf dem Neckar

Während ich an jenem Morgen in Heilbronn auf die Flöße hinunterblickte, überkam mich plötzlich tollkühne Abenteuerlust und ich sagte zu meinen Weggenossen:

»*Ich* fahre mit einem Floß nach Heidelberg. Werden Sie es wagen, mich zu begleiten?«

Ihre Gesichter wurden ein bißchen blaß, aber sie willigten mit soviel Anstand ein, wie ihnen zu Gebote stand. Harris wollte seiner Mutter telegrafieren – hielt es für seine Pflicht, da sie außer ihm niemanden habe auf dieser Welt –, während er das also erledigte, ging ich zu dem längsten und besten Floß hinunter und begrüßte den Kapitän mit einem munteren »Ahoi, Schiffskamerad!«, was uns gleich in ein freundschaftliches Verhältnis zueinander brachte, und unverzüglich kamen wir zur Sache. Ich sagte zu ihm, wir befänden uns auf einer Fußwanderung nach Heidelberg und würden gerne als Passagiere bei ihm mitfahren. Ich sagte ihm dies teils durch den jungen Z., der sehr gut Deutsch sprach, und teils durch Mr. X., dessen Deutsch eigentümlich war. Ich *verstehe* Deutsch so gut wie der Wahnsinnige, der es erfunden hat, aber ich *spreche* es am besten mit Hilfe eines Dolmetschers.

Der Kapitän zog sich die Hose hoch, schob dann seinen Priem bedächtig aus der einen Backe in die andere. Schließlich sagte er genau das, was ich erwartet hatte – daß er keine Genehmigung besitze, Passagiere mitzuführen, und daher Angst habe, das Gesetz werde ihn beim Kragen packen, wenn die Angelegenheit herumgeschwätzt würde oder ihnen ein Unfall zustieße. Also *charterte* ich Floß und Besatzung und nahm alle Verantwortung auf mich.

Mit einem lärmenden Lied macht sich die Steuerbordwache an die Arbeit, holte das Haltetau ein, lupfte dann den Anker, und schon löste sich unsere Barke mit majestätischem Schwung und fuhr bald mit etwa zwei Knoten dahin.

Unsere Gesellschaft war mitschiffs versammelt. Anfangs klang die Unterhaltung ein wenig düster und drehte sich hauptsächlich um die Kürze des Lebens, die Ungewißheit desselben, die Fährnisse, von denen es heimgesucht wurde, und von der Notwendigkeit und Klugheit, immer auf das Schlimmste vorbereitet zu sein; dies leitete über zu leise vorgebrachten Hinweisen auf die Gefahren der Tiefe und verwandte Dinge; aber als der graue Osten sich zu röten begann und der geheimnisvolle Ernst und das feierliche Schweigen der Morgendämmerung allmählich in den Jubelgesängen der Vögel untergingen, nahm die Unterhaltung einen fröhlicheren Ton an, und unsere Stimmung stieg stetig.

Deutschland im Sommer ist die Vollendung des Schönen, aber niemand, der nicht auf einem Floß den Neckar hinuntergefahren ist, hat die äußersten Möglichkeiten dieser sanften und friedlichen Schönheit wirklich begriffen und ausgekostet. Die Bewegung eines Floßes ist genau die richtige; sie ist ruhig und gleitend und glatt und geräuschlos; sie besänftigt alle fieberhafte Geschäftigkeit, sie schläfert alle nervöse Hast und Ungeduld ein; unter ihrem friedlichen Einfluß schwinden alle Ärgernisse und alle Trübsal und alle Plagen, die uns quälen, und das Dasein wird ein Traum, ein Zauber, ein tiefes und stilles Entzücken. Welch ein Gegensatz zur erhitzenden, schwitzenden Fußwanderei, zur staubigen und ohrenbetäubenden Eisenbahnhatz und zum langweiligen Stuckern hinter müden Pferden und blendenden weißen Landstraßen!

Lautlos glitten wir zwischen den grünen, duftenden Ufern mit einem Gefühl der Wonne und Zufriedenheit dahin, das immer noch wuchs und zunahm. Manchmal hing dichtes Weidengezweig von den Ufern herab und verbarg die dahinterliegende Erde ganz; manchmal lagen stattliche Berge zur einen Seite, die bis an den Kamm dicht mit Laubwerk bekleidet waren, und zur anderen Seite flache Felder, die vom Klatschmohn flammten oder vom kräftigen Blau der Kornblume leuchteten; manchmal trieben wir im Schatten eines Waldes und manchmal am Rand langer Streifen samtigen Grases, das mit seinem frischen, glänzenden Grün nie aufhörte, das Auge zu bezaubern. Und die Vögel! – sie waren überall; ohne Unterlaß schossen sie über dem Fluß hin und her, und ihre jubilierende Musik verstummte nie.

Welch tief befriedigende Freude, zuzusehen, wie die Sonne den neuen Morgen erschuf und ihn allmählich, geduldig, liebend in eine Pracht und eine Herrlichkeit nach der anderen kleidete, bis das Wunder vollkommen war! Wie anders erscheint dieses Wunder, wenn man ihm von einem Floß zuschaut, statt durch die schmutzigen Fenster eines Bahnhofs in irgendeinem armseligen Dorf, während man an einem versteinerten Butterbrot würgt und auf den Zug wartet.

Männer und Frauen und Tiere waren nun auf den taunassen Feldern bei der Arbeit. Die Leute stiegen oftmals an Bord unseres Floßes, wenn wir an den Grasufern entlangglitten, und schwatzten auf etwa hundert Meter mit uns oder der Besatzung und stiegen dann, von der Fahrt erfrischt, wieder an Land.

Nur die Männer übrigens; die Frauen hatten zuviel zu tun. Frauen machen jede Arbeit in Europa. Sie graben, sie hakken, sie ernten, sie säen, sie tragen gewaltige Lasten auf ihrem Rücken, sie schieben ähnliche auf Schubkarren weite Strecken vor sich her, sie ziehen den Wagen, wenn kein Hund oder eine magere Kuh zum Ziehen da sind – und falls doch, helfen sie dem Hund oder der Kuh. Alter spielt keine Rolle – je älter die Frau ist, desto kräftiger ist sie offenbar. Auf dem Bauernhof sind die Aufgaben einer Frau nicht festgelegt – sie erledigt von allem etwas; in der Stadt hingegen ist es anders, dort obliegen ihr nur bestimmte Dinge, alles andere besorgen die Männer. Eine Hausmagd in einem Hotel zum Beispiel braucht nichts weiter zu tun, als die Betten und das Feuer in fünfzig bis sechzig Zimmern zu machen, Handtücher und Kerzen zu bringen und mehrere Tonnen Wasser hundertpfundweise in gewaltigen Metallkrügen mehrere Treppen hochzuschleppen. Sie braucht nicht mehr als achtzehn oder zwanzig Stunden am Tag zu arbeiten, und sie kann sich jederzeit hinknien und die Fußböden in Gängen und Kammern schrubben, wenn sie müde ist und eine Ruhepause benötigt.

Als es im Laufe des Morgens wärmer wurde, zogen wir unsere Überkleidung aus und setzten uns in einer Reihe an die Kante des Floßes, hielten unsere Sonnenschirme über uns und ließen die Beine ins Wasser baumeln. Von Zeit zu Zeit sprangen wir ins Wasser und schwammen eine Weile. Jeder grasbewachsene Ufervorsprung bot eine fröhliche Schar nackter Kinder, Jungen und Mädchen getrennt, letztere gewöhnlich in der Obhut eines Mütterchens, das mit seinem Strickzeug im Schatten eines Baumes saß. Die kleinen Jungen schwammen manchmal zu uns hinaus, aber die kleinen Mädchen standen knietief im Wasser und unterbrachen ihr Planschen und Herumtollen, um unser Floß mit arglosen Augen zu begucken, wenn es vorbeitrieb. Einmal bogen wir plötzlich um eine Kurve und überraschten ein schlankes Mädchen von zwölf oder mehr Jahren, als es gerade ins Wasser steigen wollte. Die Maid hatte keine Zeit mehr, fortzulaufen, aber sie tat, was ebenso dienlich war: zog mit der einen Hand prompt einen biegsamen jungen Weidenast vor ihren weißen Leib und betrachtete uns mit unschuldigem, unbekümmertem Interesse. So stand sie da, während wir vorbeiglitten. Sie war ein hübsches Geschöpf, und sie und ihr Weidenzweig fügten sich zu einem hübschen Bild, und zwar zu einem, das auch das Anstandsgefühl des mäkelsinnigsten Betrachters nicht hätte verletzen können. Ihre weiße Haut hatte eine niedrige Wand aus frischen grünen Weiden zum Hintergrund und wirkungsvollen Kontrast, und über ihr schauten die begierigen Gesichter und weißen Schultern zweier kleinerer Mädchen hervor.

Gegen Mittag hörten wir den aufmunternden Ruf: »Segel voraus!«

»Wo?« rief der Kapitän.

»Drei Strich in den Wind!«

Wir liefen nach vorne, um das Fahrzeug zu sehen. Es stellte sich heraus, daß es ein Dampfboot war – seit Mai verkehrte auf dem Neckar ein Dampfer. Es war ein Schlepper, und zwar einer von sehr eigentümlicher Bauart und eigentümlichem Aussehen. Ich hatte ihn des öfteren oben aus dem Hotel beobachtet und mich vergeblich gefragt, wie er angetrieben wurde, denn er besaß offensichtlich keine Schraube und keine Schaufelräder. Nun kam er herangepflügt unter allerlei Lärm, den er hin und wieder durch das Betätigen einer heiseren Dampfpfeife noch verschlimmerte. Neun Schleppkähne waren an ihn gehängt und folgten ihm in langer, schlanker Reihe. Wir begegneten ihm an einer schmalen Stelle zwischen Dämmen, und es war kaum Raum für uns beide in der beengten Fahrrinne. Als er knirschend und ächzend an uns vorbeifuhr, entdeckten wir das Geheimnis seines Antriebs. Er bewegte sich nicht mit Schaufelrädern oder Schrauben fort, sondern zog sich an einer dicken Kette flußaufwärts. Diese Kette liegt im Flußbett und ist nur an den beiden Enden befestigt. Sie ist über hundert Kilometer lang. Sie kommt über den Bug des Bootes an Bord, läuft um eine Trommel und wird achtern ausgesteckt. Das Dampfboot zieht an der Kette und schleppt sich so den Fluß hinauf und hinunter. Genau genommen hat es weder Bug noch Heck, denn es führt ein langes Ruder an beiden Enden und dreht nie. Es benutzt stets beide Ruder, und sie sind so stark, daß es trotz des heftigen Widerstandes der Kette nach rechts oder links ausweichen oder um Kurven steuern kann. Ich hätte nie geglaubt, daß diese Unmöglichkeit zu verwirklichen sei; aber ich habe es selber gesehen und weiß daher nun, daß es *eine* Unmöglichkeit gibt, die möglich ist. Welches Wunder wird der Mensch als nächstes zu vollbringen suchen?

Wir begegneten vielen Lastkähnen auf ihrem Weg flußaufwärts, die Segel, Maultiere und lästerliches Fluchen als Antrieb benutzten – ein langwieriges, beschwerliches Unternehmen. Ein Drahtseil führte von der Vormarsstenge zu der hundert Meter voraus auf dem Treidelpfad einherstapfenden Maultierkette, und mit gründlichem Schlagen und Fluchen und Stoßen gelang es dem Trupp der Treiber, drei bis vier Kilometer in der Stunde gegen die steife Strömung aus den Maultieren herauszuholen. Der Neckar ist von jeher als Schiffahrtsweg benutzt worden und hat auf diese Weise sehr vielen Menschen und Tieren Arbeit gegeben; aber nun, da dieser Dampfschlepper mit einer kleinen Besatzung und ein paar Scheffeln Kohle neun Kähne in einer Stunde weiter den Fluß hinaufziehen kann als dreißig Männer und dreißig Maultiere in zwei, glaubt man allgemein, daß die altmodische Treidelindustrie auf dem Sterbebett liegt. Ein zweiter Dampfer nahm drei Monate, nachdem der erste in Dienst gestellt worden war, seine Arbeit auf dem Neckar auf.

Um die Mittagszeit gingen wir an Land und kauften Flaschenbier und ließen uns, während das Floß wartete, ein paar Hähnchen braten; dann stachen wir unverzüglich wieder in See und verzehrten unser Mittagsmahl, bevor das Bier warm und die Hähnchen kalt wurden. Es gibt keinen angenehmeren Platz für solch ein Mahl als ein Floß, das den vielgewundenen Neckar hinuntergleitet, vorbei an grünen Weiden und bewaldeten Bergen und schlummernden Dörfern und felsigen, von verfallenen Türmen und Zinnen geschmückten Höhen.

Schlechte Erfahrungen in Baden-Baden

Baden-Baden liegt im Schoß der Berge, und die natürliche und künstliche Schönheit seiner Umgebung vereinigt sich wirkungsvoll und reizend. Der ebene Streifen Land, der sich durch die Stadt und dann noch weiter zieht, ist ein einziger schmucker, von edlen Bäumen überschatteter und in Abständen mit luftig glitzernden Springbrunnen verzierter Park. Dreimal täglich macht eine flotte Kapelle auf der öffentlichen Promenade vor dem Kurhaus Musik, und am Nachmittag und des Abends ist dieser Ort von elegant gekleideten Menschen beiderlei Geschlechts bevölkert, die vor dem großen Orchesterpavillon auf- und abspazieren und sehr gelangweilt aussehen, wenn sie auch so tun, als fühlten sie sich ganz anders. Es sieht alles nach einem ziemlich ziellosen und faden Dasein aus. Nicht wenige von diesen Leuten sind jedoch aus einem echten Grund hier; sie werden vom Rheuma geplagt und sind gekommen, damit es in den heißen Bädern verdampfe. Diese Kranken machten einen recht melancholischen Eindruck; sie humpelten an ihren Stöcken und Krücken daher und hingen ganz offensichtlich lauter trüben und unerfreulichen Gedanken nach. Es wird behauptet, daß Deutschland mit seinen feuchten Steinhäusern die Heimat des Rheumatismus sei. Falls dem so ist, hat die Vorsehung es schon vorher gewußt und darum das Land mit diesen Heilbädern durchsetzt. Wohl kein anderes Land ist so großzügig mit Heilquellen versehen wie Deutschland. Manche von diesen Bädern sind gut für eine Krankheit, manche für eine andere; und bestimmte Beschwerden werden wiederum bekämpft, indem man die besonderen Eigenschaften verschiedener Bäder miteinander verbindet. So trinkt der Patient zum Beispiel bei einigen Leiden das örtliche Baden-Badener heiße Wasser, in dem ein Löffel Salz aus den Karlsbader Quellen gelöst ist. Die Dosis sollte man möglichst nicht vergessen.

Dieses heiße Wasser wird nicht *verkauft* – o nein; man geht in die große Trinkhalle und steht herum, zuerst auf dem einen Fuß und dann auf dem anderen, während zwei oder drei junge Mädchen in der Nähe an irgendeiner damenhaften Näharbeit herumspielen und einen anscheinend nicht sehen können – höflich wie Dreidollarschreiber in Regierungsbüros.

Schließlich erhebt sich dann eins von diesen Mädchen mühsam und streckt sich – streckt Fäuste und Körper himmelwärts, bis sich die Absätze vom Boden heben, und erquickt sich gleichzeitig an einem solch umfassenden Gähnen, daß der Großteil ihres Gesichts hinter der Oberlippe verschwindet und man sehen kann, wie sie innen gebaut ist –, dann klappt sie ihre Höhle langsam zu, nimmt Fäuste und Absätze herunter, kommt schleichend näher, betrachtet einen verächtlich, füllt einem ein Glas von dem heißen Wasser ab und stellt es hin, wo man es in Empfang nehmen kann, wenn man die Hand weit genug danach ausstreckt. Man nimmt es und fragt:

»Was kostet es?« Und mit sorgsamer Gleichgültigkeit gibt sie einem die Bettlerantwort:

»Nach Beliebe.«

Diese Anwendung eines gewöhnlichen Bettlertricks und

des Losungswortes eines gewöhnlichen Bettlers, um einen bei seiner Freigebigkeit zu packen, wenn man auf nichts weiter als eine schlichte geschäftliche Transaktion gefaßt ist, fördert die bereits blühende und gedeihende Gereiztheit. Man überhört die Antwort und fragt noch einmal:

»Was kostet es?«

Und sie antwortet in aller Ruhe und Gleichgültigkeit:

»Nach Beliebe.«

Man kriegt allmählich die Wut, aber man versucht, es sich nicht anmerken zu lassen; man beschließt, die Frage so lange zu wiederholen, bis die Holde ihre Antwort ändert oder doch zumindest ihre ärgerlich gleichgültige Haltung. Wenn es daher wie in meinem Fall zugeht, steht man dann da, ein Hanswurst vor dem anderen, und ohne eine wahrnehmbare Gefühlsbewegung oder irgendeinen Nachdruck auf irgendeiner Silbe schaut man einander freundlich in die Augen und führt folgende idiotische Unterhaltung.

»Was kostet es?«

»Nach Beliebe.«

»Was kostet es?«

»Nach Beliebe.«

»Was kostet es?«

»Nach Beliebe.«

»Was kostet es?«

»Nach Beliebe.«

»Was kostet es?«

»Nach Beliebe.«

»Was kostet es?«

»Nach Beliebe.«

Ich weiß nicht, was andere getan hätten, aber an dieser Stelle gab ich es auf; diese gußeiserne Gleichgültigkeit, diese seelenruhige Verachtung bezwang mich, und ich strich die Flagge.

Nun wußte ich allerdings, daß sie gewohnt war, etwa einen

Cent von mannhaften Besuchern zu erhalten, die sich den Teufel um die Meinung einer Scheuermagd scheren, und etwa zwei Cent von Feiglingen im Geiste; aber ich legte ihr in Reichweite ein silbernes Vierteldollarstück hin und versuchte, sie mit folgender sarkastischen Ansprache einzuschrumpfen:

»Falls es nicht reicht, würden Sie sich dann freundlichst weit genug von Ihrer amtlichen Würde herablassen, um es mir zu sagen?«

Sie schrumpfte nicht. Ohne mich auch nur eines Blickes zu würdigen, griff sie schlaff nach der Münze und biß darauf, um zu sehen, ob sie echt war! Dann machte sie kehrt und watschelte gelassen an ihren Rastplatz zurück, im Vorbeigehen das Geld in eine offene Kassette werfend. So blieb sie Siegerin bis zum Schluß.

Ich habe mich so eingehend mit den Manieren dieses Mädchens befaßt, weil sie typisch sind; ihre Manieren sind die Manieren eines gut Teils der Baden-Badener Geschäftswelt. Die Geschäftsleute dort betrügen einen, wenn sie nur irgend können, und beleidigen einen, ob sie nun beim Betrügen Erfolg haben oder nicht. Auch die Badewärter geben sich die größte Mühe, einen schmählich zu behandeln. Die unordentliche, ungekämmte Frau, die hinter einem Stand in der Eingangshalle des großen Friedrichsbades saß und Badekarten verkaufte, hat mich nicht nur zweimal täglich beleidigt, sondern mich auch eines Tages um einen Schilling betrogen, und zwar unter solchen Mühen, daß ihr eigentlich mindestens zehn zustanden. Baden-Badens großartige Spieler sind dahin, geblieben sind nur die winzigkleinen Gauner.

Ein englischer Herr, der bereits seit Jahren dort wohnte, erklärte mir:

»Wenn man seine Nationalität verbergen könnte, würde man keinerlei Unverschämtheit begegnen. Diese Ladenbesitzer verabscheuen die Engländer und verachten die Amerikaner; unhöflich sind sie zu beiden, ganz besonders zu Damen Ihrer und meiner Nationalität. Falls diese ohne einen Herrn oder einen Bedienten einkaufen gehen, können sie ziemlich sicher sein, daß sie sich kleinen Unverschämtheiten aussetzen – Unverschämtheiten, die mehr im Verhalten und im Tonfall liegen als in dem, was gesagt wird, wenn es auch zuweilen an schwer zu ertragenden Worten nicht fehlt. Ich weiß von einem Fall, bei dem ein Ladenbesitzer einer amerikanischen Dame eine Münze mit der kurzangebundenen Bemerkung wieder hinwarf: ›Wir nehmen kein französisches Geld an.‹ Und ich weiß von einem anderen Fall, bei dem eine englische Dame zu einem von diesen Geschäftsleuten sagte: ›Meinen Sie nicht auch, daß Sie zuviel für diesen Artikel verlangen?‹ Und er ihr mit der Frage antwortete: ›Meinen Sie, Sie müßten ihn kaufen?‹ Diese selben Leute sind jedoch zu Russen oder Deutschen nicht unhöflich. Und was gesellschaftlichen Rang betrifft, den beten sie an, denn sie sind seit jeher an Generäle und den Adel gewohnt. Falls Sie einmal sehen möchten, in welche Abgründe Unterwürfigkeit hinabsteigen kann, brauchen Sie sich nur einem Baden-Badener Geschäftsmann gegenüber als russischer Fürst auszugeben.«

Es ist eine geistlose Stadt, voll von Schein und Schwindel und mickerigem Betrug und Aufgeblasenheit, aber die Bäder sind gut. Ich habe mit vielen Leuten gesprochen, und in diesem Punkt waren sie alle mit mir einer Meinung. Seit drei Jahren hatte mich immer wieder das Rheuma gezwackt, aber das letzte Ziehen verschwand nach vierzehntägiger Badekur in Baden-Baden und ist bisher nicht wieder zurückgekehrt. Ich glaube voll und ganz, daß ich mein Rheuma in Baden-Baden gelassen habe. Es sei Baden-Baden gegönnt. Es war wenig genug, aber alles, was ich zu geben hatte. Am liebsten hätte ich etwas Ansteckendes zurückgelassen, aber es stand nicht in meiner Macht.

Schwarzwaldwährung

Von Baden-Baden aus unternahmen wir den üblichen Ausflug in den Schwarzwald. Die meiste Zeit waren wir zu Fuß unterwegs. Diese erhabenen Wälder und die Empfindungen, die sie einem einflößen, lassen sich letztlich nicht beschreiben. Eine dieser Empfindungen jedoch ist eine tiefe Zufriedenheit und eine andere ein übermütiges jungenhaftes Entzücken, und eine dritte, stark hervortretende ist das Gefühl, die Werktagswelt weit zurückgelassen zu haben und von ihrem Getriebe vollkommen losgelöst zu sein.

Diese Wälder erstrecken sich ohne Unterbrechung über ein gewaltiges Gebiet; und wo man auch hinkommt, sind sie so dicht und so still, so tannig und so duftend. Die Stämme der Bäume sind sauber und kerzengerade, und vielerorts ist der Boden auf Kilometer hin von einem lebhaft grünen Moospolster bedeckt, das nirgendwo vermodert oder zerrissen ist und von keinem abgefallenen Blatt oder Zweig in seiner makellosen Reinheit und Ordentlichkeit gestört wird. Ein sattes, domhaftes Dämmerlicht fällt in die säulenbestandenen Gänge, so daß die verirrten Sonnensprenkel, die hier auf einen Stamm und dort auf einen Ast treffen, kräftig hervortreten und das Moos regelrecht zu brennen scheint, wo sie den Boden tüpfeln. Aber die eigentümlichste Wirkung und die zauberhafteste bringt das weichgestreute Licht der tiefstehenden Nachmittagssonne hervor; kein einziger Strahl kann dann eindringen, das weiche Licht aber nimmt Farbe an von Moos und Laub und erfüllt alles mit einem zarten grünen Dunst, der Theaterbeleuchtung des Märchenlandes. Die Stimmung des Geheimnisvollen und Übernatürlichen, die zu jeder Zeit über dem Wald liegt, wird durch dieses unirdische Licht noch eindringlicher.

Die Bauernhäuser und Dörfer des Schwarzwaldes sahen

genauso aus, wie sie in den Schwarzwaldgeschichten beschrieben werden. Das erste echte Exemplar, auf das wir
stießen, war das Herrenhaus eines reichen Bauern und Mit-
glieds des Gemeinderats. Er war eine wichtige Persönlichkeit in der Gegend und seine Frau natürlich ebenso, und
seine Tochter war *die* Partie, und vielleicht geht sie inzwischen gar als die Heldin von einem von Auerbachs Romanen
in die Unsterblichkeit ein. Wir werden es ja sehen, denn wenn
er sie in einen Roman steckt, werde ich sie erkennen an ihrer
Schwarzwaldtracht und ihrem sonnenverbrannten Gesicht,
ihrer molligen Figur, ihren fetten Händen, ihren stumpfen
Zügen, ihrem freundlichen Wesen, ihren großzügigen Füßen,
ihrem unbedeckten Kopf und den geflochtenen Zöpfen aus
hanfblondem Haar, die ihr über den Rücken herabhängen.

Das Haus wäre groß genug für ein Hotel gewesen; es war
dreißig Meter lang und fünfzehn breit und drei Meter hoch
von der Erde bis zur Traufe; aber von der Traufe bis zum
First maß es wohl zwölf Meter oder sogar noch mehr. Dieses
Dach bestand aus altem, schmutziggelbem Stroh von zwei
Handspannen Dicke und war mit Ausnahme einiger Flecken
über und über mit üppigem Grünzeug, hauptsächlich Moos,
bewachsen. Die mooslosen Flecken waren Stellen, die durch
das Einsetzen neuer Lagen gelben Strohs geflickt worden
waren. Die Traufen reichten weit hinunter wie schützende,
gastliche Schwingen. An der Giebelwand entlang, die der
Straße zugekehrt war, verlief etwa drei Meter über der Erde
eine schmale Veranda mit hölzernem Geländer; eine Reihe
kleiner Fenster mit sehr kleinen Scheiben blickte auf die
Veranda hinaus. Darüber lagen weitere zwei oder drei Fenster, und eins saß ganz oben unter dem spitzen Winkel des
Daches. Vor der Tür im Erdgeschoß lag ein riesiger Misthaufen. An der Seite des Hauses stand die Tür eines Zimmers im
zweiten Stock offen, und die Öffnung wurde vom Hinterviertel einer Kuh ausgefüllt. Vielleicht das Wohnzimmer? Der

ganze vordere Teil des Hauses wurde anscheinend von unten bis oben von Menschen, Kühen und Hühnern bewohnt und die ganze hintere Hälfte von den Zugtieren und vom Heu. Aber das Hauptmerkmal ums ganze Haus herum waren die großen Misthaufen.

Wir wurden im Schwarzwald sehr vertraut mit dem Stalldünger. Ohne daß wir es eigentlich wollten, gewöhnten wir uns an, Rang und Stand eines Mannes nach diesem äußeren, sehr beredten Zeichen festzusetzen. Manchmal sagten wir: »Da wohnt ein armer Teufel, das ist ganz offensichtlich.« Erblickten wir eine stattliche Anhäufung, sagten wir: »Ein Bankier.« Wenn wir einem Landsitz begegneten, der von alpiner Mistpracht umgeben war, sagten wir: »Hier wohnt zweifellos ein Herzog.«

Die Bedeutung dieses charakteristischen Merkmals ist in den Schwarzwaldgeschichten noch nicht so recht gewürdigt worden. Stalldung ist ganz offenbar des Schwarzwälders höchster Schatz – sein Goldstück, sein Juwel, sein Stolz, sein alter Meister, sein Porzellan, seine Raritätensammlung, seine ganze Liebe, sein Anspruch auf öffentliche Beachtung, Neid und Verehrung und seine erste Sorge, wenn er sich daranmacht, sein Testament aufzusetzen. Der wahre Schwarzwaldroman wird, sollte er jemals geschrieben werden, folgendes Handlungsgerüst haben:

Exposé für einen Schwarzwaldroman

Reicher alter Bauer namens Huß. Hat großen Reichtum an Mist geerbt und ihn durch Fleiß vergrößert. Haufen hat zwei Sterne im Baedeker. Der Schwarzwaldmaler malt ihn – sein Meisterwerk. Der König kommt, um ihn sich anzusehen. Gretchen Huß, Tochter und Erbin. Paul Hoch, junger Nachbar, wirbt um Gretchens Hand – angeblich: in Wirklichkeit will er den Mist. Hoch besitzt selber manch eine Wagenladung von der Schwarzwaldwährung und ist daher eine gute Partie; aber er ist schäbig, geizig und ohne jedes feine Gefühl, während Gretchen ganz Gefühl und Poesie ist. Hans Schmidt, ein junger Nachbar, voller Gefühl, voller Poesie, liebt Gretchen, Gretchen liebt ihn. Aber er hat keinen Mist. Der alte Huß verbietet ihm das Haus. Sein Herz bricht, er geht davon, um fern der grausamen Welt im Wald zu sterben – denn er sagt mit Bitterkeit: »Was ist der Mensch ohne Mist?« (Sechs Monate vergehen.)

Paul Hoch kommt zum alten Huß und sagt: »Nun bin ich so reich, wie Ihr es verlangt – kommt und seht Euch meinen Haufen an.« Der alte Huß sieht ihn sich an und sagt: »Das reicht – nimm sie und sei glücklich« – nämlich Gretchen.

(Zwei Wochen vergehen.)

Hochzeitsgesellschaft ist im Wohnzimmer des alten Huß versammelt. Hoch glücklich und zufrieden, Gretchen weint über ihr hartes Schicksal. Der Oberbuchhalter vom alten Huß tritt ein. Huß sagt heftig: »Ich habe Ihnen drei Wochen Zeit gegeben, um herauszufinden, warum Ihre Bücher nicht stimmen und um zu beweisen, daß Sie kein Missetäter sind; die Zeit ist um – entweder Sie finden den fehlenden Besitz, oder Sie gehen als Dieb ins Gefängnis.« Buchhalter: »Ich habe ihn gefunden.« »Wo?« Buchhalter (ernst, tragisch): »Im Haufen des Bräutigams! Seht den Dieb! Seht ihn erbleichen und zittern!« (Bewegung.) Paul Hoch: »Verloren, verloren!« – sinkt ohnmächtig über die Kuh und wird bei den Händen gefesselt. Gretchen: »Gerettet!« Sinkt über das Kalb, ohnmächtig vor Freude, wird jedoch aufgefangen von den starken Armen Hans Schmidts, der in diesem Augenblick hereinspringt. Der alte Huß: »Was, du hier, Schurke? Laß von der Maid und hebe dich von hinnen!« Hans (der immer noch das bewußtlose Mädchen hält): »Niemals! Grausamer alter Mann, wisset, daß ich mit Ansprüchen komme, die nicht einmal Ihr geringschätzen könnt!«

Huß: »Was, du? Nenne sie mir!«

Hans: »Hört zu. Die Welt hatte mich verlassen, da verließ ich die Welt; ich wanderte durch die Einsamkeit des Waldes, mich nach dem Tode sehnend, ihn aber nicht findend. Ich ernährte mich von Wurzeln, und in meiner Bitternis grub ich nach den bittersten, da ich die süßen verabscheute. Und als ich vor drei Tagen so grub, traf ich auf eine Mistmine – auf ein Dorado, auf eine unerschöpfliche Goldgrube aus gediegenem Mist! Ich kann euch *alle* kaufen, und habe doch immer noch ganze Gebirgszüge von Mist übrig! Ha-ha! Nun könnt Ihr lachen!« (Ungeheure Bewegung. Vorzeigen von Proben aus der Mine.)

Der alte Huß (begeistert): »Rüttele sie wach, schüttele sie wach, junger Mann, sie ist dein!« Hochzeit findet auf der Stelle statt; Buchhalter wird wieder in Amt und Gehalt eingesetzt, Paul Hoch ins Gefängnis abgeführt. Der Goldgrubenkönig des Schwarzwaldes lebt glücklich bis in ein hohes Alter, gesegnet mit der Liebe seiner Frau und seiner siebenundzwanzig Kinder und dem noch lieblicheren Neid aller um ihn herum.

Dakapo für Ludwig II.

Aber das muß ich näher erläutern. Der König von Bayern ist ein Dichter und besitzt die ausgefallenen Launen eines Dichters – nebst dem Vorteil gegenüber allen anderen Dichtern, daß er sie, ganz gleich, welche Form sie annehmen, auch befriedigen kann. Er hat eine Schwäche für die Oper, aber nicht gerne Publikum um sich; daher ist es in München zuweilen vorgekommen, daß die Darsteller, als die Oper aus war und sie sich gerade umzogen und abschminkten, Befehl erhielten, Schminke und Kostüm erneut anzulegen. Bald darauf traf dann, allein und ohne Begleitung, der König ein, und die Darsteller fingen noch einmal von vorne an und spielten die ganze Oper ein zweites Mal mit nur diesem einen Menschen in dem gewaltigen weihevollen Theater als Publikum. Einmal verfiel er auf einen besonders grillenhaften Gedanken. Hoch oben über der gewaltigen Bühne des Residenztheaters befindet sich ein unsichtbares Gewirr verschlungener Rohre, die so angebohrt sind, daß im Falle eines Feuers zahllose fadendünne Wasserstrahlen nach unten gesprüht werden können; und falls nötig, kann man das Sprühen zu einer Sturzflut anschwellen lassen. Amerikanische Theaterdirektoren möchten sich das vielleicht notieren. Der König war der einzige Zuhörer. Die Oper rollte ab, es war ein Stück, in dem ein Unwetter vorkam; der nachgeahmte Donner begann zu grollen, der nachgeahmte Wind begann zu klagen und zu heulen und der nachgeahmte Regen zu prasseln. Die Anteilnahme des Königs wuchs und wuchs; sie steigerte sich zur Begeisterung. Er rief:

»Gut, ja, sehr gut! Aber ich will richtigen Regen! Dreht das Wasser an!«

Der Direktor bat flehentlich um eine Zurücknahme des Befehls; wies darauf hin, daß die teuren Kulissen und die herrlichen Kostüme ganz und gar verdorben würden, aber der König rief:

»Macht nichts, macht nichts, ich will richtigen Regen! Dreht das Wasser an!«

Also wurde der richtige Regen angestellt, und er sprühte in spinnwebfeinen Speeren auf die nachgemachten Blumenbeete und Kieswege auf der Bühne. Die kostbar gekleideten Darsteller und Darstellerinnen hüpften tapfer singend umher und taten, als mache es ihnen nichts aus. Der König war entzückt – seine Begeisterung wallte noch höher. Er rief: »Bravo, bravo! Mehr Donner! Mehr Blitz! Noch mehr Regen andrehen!«

Der Donner dröhnte, der Blitz zuckte, die Sturmwinde tosten, die Flut stürzte herab. Den Mitgliedern der nachgemachten königlichen Familie auf der Bühne klebte die pudelnasse Seide auf dem Leib; sie planschten enkeltief durchs Wasser und gaben lieblich trällernd ihr Bestes; die Fiedler unter der Traufe der Bühne sägten, als gelte es ihr Leben, während sich ihnen der kalte Überfluß in den Nacken ergoß, und der trockene König saß zufrieden in seiner erhabenen Loge und klatschte seine Handschuhe zu Fetzen.

»Mehr!« rief der König. »Noch mehr! Laßt allen Donner los! Dreht alles Wasser an! Ich hänge den Mann, der seinen Schirm aufspannt!«

Als dieses gewaltigste und wirkungsvollste Unwetter, das je in einem Theater inszeniert wurde, schließlich vorüber war, kannte der Beifall des Königs keine Grenzen. Er rief:

»Großartig, großartig! Da capo! Das Ganze noch einmal!«

Aber der Direktor konnte ihn durch kluge Worte dazu bringen, daß er die Aufforderung zur Wiederholung zurücknahm. Er sagte, die Treppe fühle sich durch die bloße Tatsache, daß Seine Majestät ein Dakapo gewünscht hätten, ausreichend gelobt und belohnt und wolle ihren König nicht mit einer Wiederholung zur Befriedigung der eigenen Eitelkeit ermüden.

Während der restlichen Vorstellung priesen sich die Darsteller glücklich, deren Rolle einen Kostümwechsel verlangte; die übrigen waren ein gänzlich durchnäßtes, trostloses, aber überaus malerisches Häufchen. Die Kulissen waren ruiniert, die Versenkungen so aufgequollen, daß man sie eine ganze Woche lang nicht gebrauchen konnte, die prächtigen Kostüme waren hin, und die Zahl der kleineren Zerstörungen, die dieses bemerkenswerte Unwetter angerichtet hatte, war überhaupt nicht zu übersehen.

Frankreich: »Was für ein bezauberndes Land!«

Fünfhundert Meilen sind wir mit der Eisenbahn durch das Herz Frankreichs gefahren. Was für ein bezauberndes Land! Welch ein Garten! Bestimmt werden diese hellgrünen Wiesen täglich gefegt und gebürstet und gewässert und ihre Halme vom Barbier gestutzt. Bestimmt werden die Hekken von den fähigsten Gartenarchitekten geschnitten und vermessen und in ihrer Symmetrie erhalten. Bestimmt sind die langen, geraden Pappelalleen, die die schöne Landschaft wie die Quadrate eines Schachbretts unterteilen, mit Schnur und Senkblei gepflanzt und ihre gleichmäßige Höhe mit einer imaginären Wasserwaage festgelegt worden. Bestimmt werden die geraden, ebenen, blütenweißen Chausseen täglich mit dem Hobel bearbeitet und mit Schmirgelpapier geglättet. Wie wären diese Wunder an Symmetrie, Reinlichkeit und Ordnung sonst möglich? Es ist erstaunlich. Es gibt keine unansehnlichen Steinwälle und nirgendwo irgendwelche Zäune. Nirgendwo Schmutz, Verfall, Müll – nichts, was auch nur im entferntesten auf Unordnung hindeutet –, nichts, was irgendwie auf Schlamperei schließen ließe. Alles ist ordentlich und schön – alles eine Augenweide.

Welch herrliche Blicke taten sich uns zur Rhône hin auf, wie sie zwischen ihren grasigen Uferböschungen dahingleitet; auf behagliche Hütten, ganz zugewachsen von Blumen und Sträuchern, auf malerische alte Dörfer mit roten Ziegeldächern, aus deren Mitte bemooste mittelalterliche Kathedralen aufragen; auf bewaldete Hügel mit efeuumrankten Türmen und Erkern von Ritterburgen, die durch den Blätterwald lugen; Blicke ins Paradies, wie uns schien, Traumbilder eines sagenumwobenen Feenlandes!

Da verstanden wir, was der Dichter damit meinte, als er sang:

»Deine grünen Kornfelder und sonnenbeschienenen Reben, o herrlich Frankenland!«

Es ist wirklich ein reizendes Land. Kein Wort beschreibt es so treffend wie dieses. Man sagt, die französische Sprache habe kein Wort für »Heimat«. Nun ja, da sie die Sache selbst in so reizvoller Gestalt besitzen, können sie wohl gut ohne das Wort auskommen. Wir wollen also nicht zuviel Mitleid auf das »heimatlose« Frankreich verschwenden. Ich habe die Beobachtung gemacht, daß Franzosen im Ausland selten den Gedanken ganz aufgeben, irgendwann einmal nach Frankreich zurückzukehren. Das überrascht mich jetzt nicht mehr.

Die französischen Eisenbahnwaggons allerdings versetzten uns nicht gerade in Begeisterung. Wir nahmen erste Klasse, nicht etwa, weil wir durch ein solches für Europa ungewöhnliches Verhalten Aufmerksamkeit auf uns lenken wollten, sondern weil wir auf diese Weise schneller vorankamen. Eine Reise mit der Eisenbahn angenehm zu gestalten, ist in jedem Lande ein Problem. Es ist gar zu langweilig. Es macht unendlich mehr Spaß, in der Postkutsche zu reisen. Einmal durchquerte ich die Ebenen und Wüsten und Gebirge des nordamerikanischen Westens in einer Postkutsche, vom Lauf des Missouri bis nach Kalifornien, und seitdem müssen sich alle meine Vergnügungsreisen an jenem besonderen Ferienspaß messen lassen. Zweitausend Meilen unaufhörlichen Rasens und Ratterns und Rumpelns bei Tag und bei Nacht, und ohne daß ich mich auch nur einen Augenblick gelangweilt oder kurzzeitig das Interesse verloren hätte! Die ersten siebenhundert Meilen nur flaches Land, dessen Grasteppich grüner und weicher und glatter war als jedes Meer, auf dem sich Figuren abzeichneten, die zu seiner Größe paßten – den Schatten der Wolken. Hier gab es nichts anderes zu sehen als das Schauspiel, das die sommerliche Natur den

Blicken darbot, und zu nichts anderem hatte man Lust, als sich in der wohltuenden Brise der Länge nach auf die Postsäcke auszustrecken und schläfrig die Friedenspfeife zu rauchen – welche sonst, wo doch alles Ruhe und Zufriedenheit war? Am kühlen Morgen, ehe die Sonne richtig aufgegangen war, hätte man ein ganzes Leben voll Stadtgewühl und -gedröhn hingegeben, um auf dem Bock neben dem Kutscher zu hocken und die sechs Mustangs unter dem scharfen Knallen der Peitsche, die sie nicht berührte, dahintraben zu sehen, um die Blicke auf den blauen Horizonten einer Welt schweifen zu lassen, die keinen anderen Herrn kannte außer uns; mit bloßem Haupt den Wind zu durchpflügen und zu spüren, wie der träge Puls zu einer Geschwindigkeit hinaufgejagt wurde, die es mit dem unwiderstehlichen Rasen eines Wirbelsturms aufnehmen zu wollen schien! Danach dreizehnhundert Meilen Wüsteneinsamkeit, grenzenlose Panoramen verblüffender Anblicke; Formationen, die wie Städte aussahen, wie zinnengekrönte Kathedralen, trutzige Festungen, zum Schein in den ewigen Fels gebaut und erleuchtet vom Purpur und Gold der untergehenden Sonne; schwindelerregende Höhen zwischen nebelverhangenen Gipfeln und ewigem Schnee, wo Donner und Blitze und Stürme in großartiger Pracht zu unseren Füßen miteinander kämpften und hoch oben Sturmwolken uns ihre zerfetzten Banner ins Gesicht schlugen.

Aber ich vergaß. Ich bin ja jetzt im eleganten Frankreich, und jage momentan nicht über den gewaltigen Südpaß und die Wind River Mountains zwischen Antilopen und Büffeln und bemalten Indianern auf dem Kriegspfad dahin. Es schickt sich nicht, daß ich allzu abträgliche Vergleiche zwischen langweiligen Eisenbahnfahrten und jenem köstlichen Sommerausflug durch einen ganzen Kontinent in einer Postkutsche anstelle. Ich wollte anfangs eigentlich nur sagen, daß Eisenbahnreisen eintönig und ermüdend sind, und das stimmt auch – obwohl ich dabei vor allem an eine trübselige fünfzig Stunden während Pilgerfahrt von New York nach St. Louis dachte. Natürlich war unser Abstecher durch Frankreich nicht eigentlich langweilig, weil die Anblicke und Erfahrungen, die er uns bot, neu und fremdartig waren; aber er hatte, wie Dan sagt, seine »Ungereimtheiten«.

Die Waggons bestehen aus Abteilen für jeweils acht Personen. Jedes Abteil ist seinerseits noch einmal unterteilt, und so finden, einigermaßen voneinander getrennt, zwei Gruppen von je vier Leuten darin Platz. Vier sitzen den anderen vieren gegenüber. Die Sitze und Rückenlehnen sind dick gepolstert und ausgestopft und sehr bequem; man kann rauchen, wenn man mag; es gibt hier keine aufdringlichen Hausierer; die Belästigung durch eine Unzahl unangenehmer Mitreisender bleibt einem erspart. So weit, so gut. Aber dann schließt einen der Schaffner ein, wenn der Zug abfährt; es gibt im Wagen kein Trinkwasser; es gibt keine Heizvorrichtungen für Nachtreisen; sollte ein betrunkener Rüpel hereinkommen, kann man nicht zwanzig Sitze wegrücken oder in einen anderen Waggon gehen; aber schlimmer als alles: wenn man todmüde ist und Schlaf braucht, muß man sein Nickerchen aufrecht sitzend und mit verkrampften Beinen halten und eine derart unbequeme Haltung einnehmen, daß man am nächsten Tag völlig erledigt ist – denn, man merke sich, es gibt in ganz Frankreich nicht jene Gestalt gewordene Barmherzigkeit und Menschenfreundlichkeit, nämlich den Schlafwagen. Das amerikanische System ist mir da bei weitem lieber. Es hat nicht so viele bedauerliche »Ungereimtheiten«.

In Frankreich geht alles nach der Uhr, alles hat seine Ordnung. Man macht keine Fehler. Jeder Dritte trägt eine Uniform, und ob er nun ein Marschall des Kaiserreichs oder ein Bremser ist, stets ist er bereit und willens, alle deine Fragen mit nie erlahmender Höflichkeit zu beantworten, bereit, dir zu sagen, welchen Waggon du nehmen mußt, ja, und bereit, dich hineinzusetzen, damit du auch wirklich nicht verlorengehst. In den Warteraum des Bahnhofs kommt man erst, wenn man sich eine Fahrkarte beschafft hat, und diesen darf man durch den einzigen Ausgang erst dann verlassen, wenn der Zug davor hält, um einen aufzunehmen. Ist man erst einmal drinnen, so fährt der Zug nicht eher los, als bis man seinen Fahrschein gezückt hat – bis jeder Mitreisende seinen Fahrschein vorgezeigt hat. Das kommt vor allem eincm selbst zugute. Wenn man es dennoch geschafft hat, in den falschen Zug geraten zu sein, wird man einem höflichen Beamten übergeben, der einen mit manch einer verbindlichen Verbeugung dorthin bringt, wohin man gehört. Während der Fahrt muß man den Fahrschein immer wieder vorzeigen, und wenn es Zeit ist umzusteigen, bekommt man es gesagt. Man ist in den Händen von Beamten, die mit Feuereifer auf das Wohlbefinden und Interesse der Reisenden bedacht sind, statt ihre Talente auf die Erfindung neuer Methoden zu verwenden, die Reisenden zu belästigen und anzuschnauzen, worin sehr oft die Hauptbeschäftigung jenes maßlos selbstgefälligen Herrschers, des amerikanischen Eisenbahnschaffners, besteht.

Aber die glücklichste Regelung in der französischen Eisenbahnverwaltung ist – dreißig Minuten für das Dinner! Nicht das fünfminütige Hinunterwürgen lascher Brötchen, trüben Kaffees, fragwürdiger Eier, gummiartigen Rindfleischs und Pasteten, deren Zusammensetzung und Herstellung für alle, außer dem Koch, der sie hervorbringt, ewig ein düsteres und blutiges Geheimnis bleiben! Nein, wir setzten uns in aller Seelenruhe hin – es war im alten Dijon, das so leicht zu buchstabieren und so unmöglich auszusprechen ist, es sei denn, man übersetzt es in eine zivilisierte Sprache und nennt es Demijohn – und schenkten uns schwere Burgunderweine ein und aßen uns schmatzend und bedächtig durch die gesamte Speisekarte, Schneckenpastetchen, köstliches Obst und all das, bezahlten dann die Kleinigkeit, die das kostete, und stiegen wieder zufrieden in unseren Zug, ohne ein einziges Mal die Eisenbahngesellschaft zu verfluchen. Eine seltene Erfahrung und eine, die man für immer wie einen Schatz hüten sollte.

Es heißt, auf diesen französischen Schienen gäbe es keine Unfälle, und ich glaube, es stimmt. Wenn ich mich recht erinnere, fuhren wir hoch über den Landstraßen hinweg oder in Tunnels unter ihnen durch, nie aber überquerten wir sie auf gleicher Ebene. Ungefähr im Abstand einer Viertelmeile, so schien mir's, trat immer ein Mann heraus und hielt eine Kelle hoch, bis der Zug vorüber war, um zu signalisieren, daß vor uns alles in Ordnung sei. Weichen wurden schon eine Meile im voraus gestellt, indem man ein Drahtseil zog, das von Bahnhof zu Bahnhof neben den Schienen entlanglief. Signale für den Tag und solche für die Nacht informierten laufend und rechtzeitig über die Stellung der Weichen.

Nein, es gibt in Frankreich keine Eisenbahnunfälle, die der Rede wert wären. Aber warum? Weil jedesmal, wenn einer passiert, *irgend jemand* dafür hängen muß (sie verfahren nach dem Grundsatz, daß es besser ist, wenn ein Unschuldiger dran glauben muß als fünfhundert). Vielleicht nicht gerade hängen, aber zumindest wird er so drakonisch bestraft, daß Nachlässigkeit zu einer Sache wird, die Eisenbahnbeamten noch so manchen Tag danach kalte Schauer über den Rücken jagt. »Die Beamten trifft keine Schuld« – dieses verlogene und verhängnisvolle Urteil, das unseren weichherzigen Geschworenen gewöhnlich so leicht über die Lippen geht, wird in Frankreich selten gefällt. Wenn das Malheur im Zuständigkeitsbereich des Schaffners geschehen ist, muß dieser Beamte dafür büßen, falls seinem Untergebenen keine Schuld nachgewiesen werden kann; wenn es im Zuständigkeitsbereich des Lokführers auftritt und der Fall ähnlich liegt, muß der Lokführer dafür geradestehen.

Die »alten Hasen« unter den Reisenden – jene köstlichen Papageien, die »schon hier gewesen sind« und mehr Ahnung von dem Land haben, als Louis Napoleon derzeit hat oder je haben wird – erzählen uns diese Dinge, und wir glauben sie ihnen, weil es Dinge sind, die man so gern glaubt, und die durchaus plausibel sind, und die von der strengen Unterwerfung unter Recht und Ordnung zeugen, die wir allenthalben um uns herum wahrnehmen.

Aber wir lieben die »alten Hasen« durchaus. Wir hören ihnen gern zu, wenn sie faseln und schwatzen und lügen. Wir erkennen sie auf Anhieb. Sie strecken immer erst ein paar Fühler aus; sie gehen nie aus sich heraus, ehe sie jeden einzelnen ausgehorcht und sich vergewissert haben, daß er noch nicht gereist ist. Sodann öffnen sie ihre Ventile, und wie sie da prahlen und spötteln und sich aufblasen und in höheren Regionen schweben und den geheiligten Namen der Wahrheit in den Schmutz ziehen! Der Gedanke, um den sich bei ihnen alles dreht, ihr Sinnen und Trachten, besteht darin, einen unter ihr Joch zu zwingen und niederzuhalten, einem ein Gefühl der Bedeutungslosigkeit und Demut einzuflößen im Angesicht ihres weltbürgerlichen Heiligenscheins! Sie wollen nicht zulassen, daß man etwas erfährt. Die arglosesten Mutmaßungen quittieren sie mit einem spöttischen Grinsen; gefühllos machen sie sich über deine teuersten Träume von fremden Ländern lustig; die Bemerkungen deiner weitgereisten Onkeln und Tanten brandmarken sie als die dümmsten Absurditäten; sie belächeln die Autoren, denen man am meisten vertraut, und mit der gnadenlosen Roheit fanatischer Bilderstürmer zertrümmern sie die schönen Bilder, die diese, deinem Verehrungsbedürfnis entgegenkommend, aufgestellt haben! Und dennoch mag ich die »alten Hasen« unter den Reisenden. Ich mag sie wegen ihrer witzlosen Plattheiten, ihres übernatürlichen Talents, einen zu langweilen, wegen ihrer herrlichen, eselhaften Eitelkeit, wegen ihrer üppig wuchernden Phantasie, wegen ihrer erstaunlichen, ihrer brillanten, ihrer überwältigenden Verlogenheit!

An Lyon und der Saône (wo wir die Dame von Lyon erblickten und von ihrer Anmut gar nicht angetan waren), an Villa Franca, Tonnere, dem ehrwürdigen Sens, Melun, Fontainebleau und Dutzender anderer schöner Städte rasten wir vorbei, und nirgendwo sahen wir Schweinesuhlen, beschädigte Zäune, verwahrloste Grundstücke, ungestrichene Häuser und Schmutz, und zugleich fiel uns immer wieder auf, daß Reinlichkeit, Anmut, Geschmack herrschten, wenn es darum ging, etwas zu schmücken und zu verschönern, selbst beim Standort eines Baumes oder der Krümmung einer Hecke, dem Schotter der tadellos ausgebesserten Landstraßen, die keine Wagenspuren und nicht die geringste Unebenheit aufwiesen – stundenlang rollten wir an diesem strahlenden Sommertag dahin, und als es dunkel zu werden begann, tauchten wir in eine Wildnis von duftenden Blumen und Sträuchern ein, fuhren mit großer Geschwindigkeit durch sie hindurch, und dann, aufgeregt, entzückt und fast überzeugt, nur einem wunderschönen Traum aufzusitzen, standen wir wahrhaftig im prachtvollen Paris!

Pariser Spezialitäten: Barbiere, Billard und Billfinger

Im Hotel bekamen wir Zimmer oder besser gesagt: bekamen drei Betten in ein Zimmer gestellt, so daß wir zusammenbleiben konnten, und dann, es waren eben die Laternen angegangen, begaben wir uns in ein Restaurant und nahmen ein reichliches, sättigendes, ausgedehntes Dinner ein. Es war eine Lust zu essen, wo alles so sauber war, die Speisen so gut zubereitet, die Kellner so höflich und die Männer, die kamen und gingen, so riesige Schnurrbärte hatten und so ausgelassen, so leutselig, so schrecklich und herrlich französisch waren! Alles um uns herum wirkte fröhlich und anregend. Zweihundert Leute saßen an kleinen Tischen auf dem Bürgersteig und schlürften Wein und Kaffee; in den Straßen drängten sich leichte Wagen und vergnügungssüchtige Flaneure. Musik lag in der Luft, rings um uns her Leben und Betriebsamkeit, und überall sorgte die Gasbeleuchtung für eine strahlende Helle wie bei einer Feuersbrunst!

Nach dem Dinner stand uns der Sinn nach solchen Pariser Spezialitäten, deren Besichtigung uns keine große Anstrengung abverlangte, und so bummelten wir durch die erleuchteten Straßen und schauten uns den niedlichen Tinnef in Kramläden und Schmuckgeschäften an. Gelegentlich, einfach aus Spaß am Schabernack, spannten wir harmlose Franzosen auf die Folter mit Fragen, die wir ihnen im unverständlichen Kauderwelsch ihrer Muttersprache stellten, und während sie sich wanden und krümmten, hielten wir sie fest, bombardierten sie mit ihren eigenen gräßlichen Verben und Partizipien und machten sie nieder.

Wir stellten fest, daß man in den Schmuckgeschäften einige Artikel mit der Aufschrift »Gold« und andere mit einem Schildchen »Imitation« bezeichnet hatte. Wir wunderten uns über diese übertriebene Ehrlichkeit und fragten nach dem Grund hierfür. Man sagte uns, daß die Regierung, angesichts der Tatsache, daß die meisten Leute falsches Gold nicht von echtem unterscheiden könnten, es den Juwelieren zur Pflicht mache, ihre Goldsachen prüfen und offiziell gemäß ihres Feingehalts stempeln zu lassen, und ihre Imitate entsprechend mit dem Hinweis auf ihre Falschheit auszuzeichnen. Man sagte uns, daß die Juweliere dieses Gesetz nicht zu verletzen wagten, und daß, was immer ein Fremder auch in ihren Geschäften kaufe, er sich darauf verlassen könne, daß

64

es genau das sei, als was es ausgegeben werde. – Wahrlich, Frankreich ist ein wunderbares Land!

Danach machten wir uns auf die Suche nach einem Barbiersalon. Von frühester Kindheit an hegte ich den Wunsch, mich eines Tages in einem palastartigen Pariser Barbiersalon rasieren zu lassen. Ich wollte mich so gern der Länge nach in einen weich gepolsterten Liegestuhl zurücklehnen, inmitten von Bildern und aufwendigem Mobiliar; umgeben von Wandmalereien und überwölbt von vergoldeten Bögen, und endlosen Reihen korinthischer Säulen vor mir, eingehüllt in die Düfte Arabiens, die meine Sinne berauschen, und dem einschläfernden Summen ferner Geräusche, die mich in den Schlaf wiegen würden. Nach Ablauf einer Stunde würde ich dann voll Bedauern aufwachen und feststellen, daß mein Gesicht so glatt und so weich wie das eines Säuglings ist. Zum Abschied würde ich die Hände über dem Kopf des Barbiers erheben und sagen: »Gott schütze dich, mein Sohn!«

Also suchten wir überall, was zwei Stunden in Anspruch nahm, aber nirgends war ein Barbiersalon zu entdecken. Nur Perückenmacher-Geschäfte sahen wir mit Schöpfen toten und widerwärtigen Haares, die auf die Köpfe bemalter wächserner Banditen gebunden waren, die aus Glaskästen auf den Vorübergehenden starrten mit ihren Glasaugen und ihm mit dem gespensterhaften Weiß ihrer Gesichter einen Schrecken einjagten. Eine Zeitlang machten wir einen Bogen um diese Auslagen, aber endlich kamen wir zu dem Schluß, daß die Perückenmacher notwendigerweise auch die Barbiere sein mußten, da wir keinen einzigen legitimen Vertreter dieser Zunft auftreiben konnten. Wir traten ein und fragten und erfuhren, daß es genau so war.

Ich sagte, ich wollte mich rasieren lassen. Der Barbier fragte, wo sich mein Zimmer befinde. Ich sagte, es tue nichts zur Sache, wo sich mein Zimmer befindet, ich wollte rasiert werden – hier, auf der Stelle. Der Doktor sagte, er wolle sich ebenfalls rasieren lassen. Daraufhin entstand Aufregung unter diesen beiden Barbieren! Man beriet sich hektisch, und danach setzte ein Hin- und Herrennen und ein fieberhaftes Zusammensuchen von Rasierklingen aus obskuren Örtlichkeiten und ein Herumstöbern nach Seife ein. Als nächstes brachten sie uns in ein kleines, elendes, schäbiges Hinterzimmer; sie holten zwei ganz gewöhnliche Wohnzimmerstühle und setzten uns darauf, wobei wir nicht einmal unsere Mäntel ausziehen mußten. Mein alter, alter herrlicher Traum löste sich in Luft auf!

Ich saß kerzengerade da, stumm, traurig und ernst. Einer dieser Schufte von Perückenmachern seifte zehn schreckliche Minuten lang mein Gesicht ein und stopfte mir zum Schluß noch eine Menge Schaum in den Mund. Ich spuckte das eklige Zeug mit einem kräftigen englischen Fluch aus und sagte: »Nimm dich in acht, Fremder!« Dann zog dieser Halunke sein Rasiermesser an seinem Stiefel ab und schwebte sechs fürchterliche Sekunden lang drohend über mir und stürzte sich dann wie der Geist der Zerstörung auf mich. Beim ersten Streich seines Rasiermessers löste sich schon die Haut von meinem Gesicht, und ich fuhr vom Stuhl hoch. Ich wütete und tobte, und die anderen Knaben amüsierten sich darüber. Ihre Bärte sind nicht so kräftig und dicht. Wir wollen den Vorhang des Vergessens über diese schreckliche Szene breiten. Genug, daß ich die grausame Heimsuchung durch ein Messer, geführt von einem französischen Barbier, über mich ergehen ließ und überstand; ab und zu rannen mir Tränen höchster Todesangst über die Wange, aber ich überlebte. Dann hielt mir der angehende Mörder eine Schüssel mit Wasser unters Kinn und schüttete mir ihren Inhalt ins Gesicht und in meine Hemdbrust und den Rücken hinab, unter dem niederträchtigen Vorwand, die Seife und das Blut abzuwaschen. Er trocknete mein Gesicht mit einem Handtuch ab und schickte sich an, mir das Haar zu kämmen; aber ich bat ihn, davon abzusehen. Mit vernichtender Ironie sagte ich, es sei schon genug, gehäutet zu werden – ich lehnte es entschieden ab, auch noch skalpiert zu werden.

Mein Taschentuch aufs Gesicht gedrückt, verließ ich diesen Ort und verspürte nicht die geringste Lust, jemals wieder von einem palastartigen Pariser Barbiersalon zu träumen. Tatsache ist, wie ich inzwischen herausgefunden zu haben glaube, daß es in Paris keine Barbiersalons gibt, die diesen Namen verdienen – und somit auch keine Barbiere. Der Schwindler, der als Barbier seine Pflicht tut, kommt mit seinen Tiegeln und Tüchern und Folterwerkzeugen in deine Wohnung und häutet dich mit Bedacht in deinen eigenen vier Wänden. Ah, ich habe gelitten und gelitten hier in Paris, aber keine Angst – es kommt die Zeit, da ich düstere und blutige Rache nehmen werde. Eines Tages wird ein Pariser Barbier auf mein Zimmer kommen, um mir die Haut abzuziehen, und von diesem Tag an wird nichts mehr von diesem Barbier zu hören sein.

Um elf Uhr stießen wir zufällig auf ein Schild, das offenkundig auf Billard hinwies. Hurra! Wir hatten auf den Azoren Billard gespielt mit Kugeln, die nicht rund waren, und auf einem altertümlichen Tisch, der nicht viel ebener war als ein gepflasterter Bürgersteig – einer jener elenden alten Dinger mit gehärteten Banden und Flicken auf dem verschossenen Tuch und unsichtbaren Hindernissen, die die Kugeln die erstaunlichsten und unerwartetsten Winkel beschreiben und wahre Bravourstücke ausführen ließen in Form von unbeabsichtigten und fast unmöglichen Zufallstreffern, die total verwirrend waren. In Gibraltar hatten wir mit Kugeln von der Größe einer Walnuß gespielt auf einem Tisch von den Ausmaßen eines öffentlichen Platzes – und in beiden Fällen hatten wir mehr Ärger als Vergnügen dabei. Wir nahmen nun fest an, daß es uns hier besser erginge, aber wir irrten uns. Die Banden waren ein gutes Stück höher als die Kugeln, und da die Kugeln die Angewohnheit hatten, ständig unter den Banden stecken zu bleiben, gelangen uns nur ganz wenige Karambolagen. Die Banden waren hart und unelastisch, und die Queues waren so krumm, daß man bei jedem Stoß die Krümmung berücksichtigen mußte oder unweigerlich den »Effet« an der falschen Seite der Kugel angesetzt hätte. Dan sollte anschreiben, während der Doktor und ich spielten. Am Ende einer Stunde hatte keiner von uns beiden einen Punkt gemacht, und so war Dan es leid, den Markör zu spielen, wo es nichts zu markieren gab, und wir waren aufgebracht und verärgert und entrüstet. Wir zahlten die stolze Rechnung – an die sechs Cents – und sagten, wir würden wieder vorbeischauen, wenn wir eine Woche Zeit hätten, und dann das Spiel beenden.

Wir verzogen uns in eines jener hübschen Cafés und nahmen das Abendessen ein und probierten die Weine des Landes, wie man es uns geraten, und fanden sie harmlos und nicht gerade anregend. Sie wären vielleicht anregend gewesen, wenn wir eine ausreichende Menge davon getrunken hätten.

Um unseren ersten Tag in Paris heiter und angenehm zu beschließen, suchten wir nun unser großartiges Zimmer im Grand Hôtel du Louvre auf und kletterten in unsere prächtigen Betten, um zu lesen und zu rauchen – aber ach!

Es war zum Erbarmen,
in der ganzen Stadt
gab's für uns kein Gas.

Kein Gas, bei dem man lesen konnte – nichts als trübe Kerzen. Es war ein Jammer. Wir versuchten, Ausflüge für den nächsten Morgen vorauszuplanen; wir zerbrachen uns den Kopf über französischen »Reiseführern für Paris«; wir redeten wirr durcheinander, in dem vergeblichen Bemühen, aus dem wilden Chaos der Anblicke und Erfahrungen des Tages klug zu werden; wir verfielen in müßiges Rauchen; wir hielten Maulaffen feil und gähnten, streckten uns aus – fragten uns dann vage, ob wir wirklich und wahrhaftig im weltberühmten Paris wären und dämmerten dahin in jene weite, geheimnisvolle Leere, die die Menschen Schlaf nennen.

Am nächsten Morgen waren wir um zehn Uhr auf den Beinen und gestiefelt und gespornt. Wir gingen zum *commissionaire* des Hotels – ich weiß nicht, was ein *commissionaire* ist, aber zu diesem Mann gingen wir jedenfalls – und sagten ihm, wir bräuchten einen Fremdenführer. Er erwiderte, die große Weltausstellung habe eine solche Menge Engländer und Amerikaner angezogen, daß es nahezu unmöglich sei, einen guten Führer zu finden, der noch frei sei. Er sagte, daß er normalerweise ein paar Dutzend bei der Hand habe, aber im Augenblick habe er nur drei. Er rief sie. Der eine sah einem Seeräuber dermaßen zum Verwechseln ähnlich, daß wir ihn gleich wieder wegschickten. Der nächste bemühte sich um eine pingelig genaue Aussprache, die störend war, und sagte: »Wenn die 'Erren mir die große Honneur erweisen wollen, mich zu nehmen in ihre Dienste, werde ich Ihnen alles zeigen, was im 'errlichen Parie sehenswert ist. Ich sprecke Engliesch parfaitemang.«

Er hätte gut daran getan, es hiermit bewenden zu lassen, weil er das auswendig konnte und es flüssig aufsagte, ohne einen Fehler zu machen. Aber seine Selbstgefälligkeit verführte ihn dazu, einen Höhenflug in ihm fremde Bereiche der englischen Sprache zu wagen, und das tollkühne Experiment war sein Verhängnis. Innerhalb von zehn Sekunden hatte er sich derart in einem Labyrinth von verstümmelten Verben und zerrissenen, blutenden Redewendungen verheddert, daß kein menschlicher Scharfsinn ihm einen ehrenvollen Rückzug hätte ermöglichen können. Es war klar, daß er nicht ganz so »parfaitemang« Englisch »sprecken« konnte, wie er behauptet hatte.

Der dritte Mann nahm uns sofort für sich ein. Er war einfach gekleidet, aber er wirkte auffallend adrett. Er trug einen seidenen Zylinder, der etwas alt, aber sorgfältig gebürstet war. Er trug Glacéhandschuhe, die schon getragen, aber in gutem Zustand waren, und einen kleinen Rohrstock mit einem gekrümmten Griff aus Elfenbein – geformt wie das Bein einer Frau. Er stolzierte so vorsichtig und geziert einher wie eine Katze, die eine schmutzige Straße überquert; und ach, er war die Liebenswürdigkeit, er war die ruhige, unaufdringliche Selbstsicherheit, er war die Ehrerbietung in Person! Er sprach leise und bedächtig, und wenn er sich anschickte, eine Bemerkung in eigener Sache zu machen oder einen Vorschlag zu unterbreiten, legte er sie erst, den Griff seines Stöckchens sinnend gegen seine Zähne gepreßt, auf die Goldwaage. Seine einführende Rede war perfekt. Sie war perfekt in Aufbau, Wortwahl, Grammatik, Betonung und Aussprache – einfach in allem. Danach sprach er wenig und das mit Bedacht. Wir waren sehr angetan. Wir waren noch mehr als angetan – wir waren überglücklich. Wir heuerten ihn auf der Stelle an. Wir fragten nicht einmal nach seinem Preis. Dieser Mann – obwohl er unser Lakai, unser Diener, uns blind ergeben war – war dennoch ein Gentleman – das konnten wir sehen –, während der eine von den beiden anderen ungeschliffen und linkisch und der andere ein ausgemachter Seeräuber gewesen war. Wir fragten unseren Freitag nach seinem Namen. Er zog ein blütenweißes Kärtchen aus seiner Brieftasche und überreichte es uns mit einer tiefen Verbeugung:

A. Billfinger

Fremdenführer für Paris, Frankreich,
Deutschland, Spanien, etc.

Grand Hôtel du Louvre

»Billfinger! Oh, das halte ich im Kopf nicht aus!« Das war
eine von Dans Randbemerkungen. Auch mir klang der gräßliche Name unangenehm im Ohr. Die meisten von uns können sich an ein Gesicht, das einen zunächst unangenehm
berührt, gewöhnen und es sogar liebgewinnen, aber wenige,
bilde ich mir ein, finden sich ohne weiteres mit einem so
übelklingenden Namen ab. Es tat mir fast schon leid, daß wir
diesen Mann angeheuert hatten, sein Name war unausstehlich. Doch, egal. Voller Ungeduld wollten wir nun endlich los.
Billfinger trat zur Tür, um eine Kutsche herbeizurufen, und
daraufhin sagte der Doktor:

»Nun, der Führer paßt zum Barbiersalon, zum Billard-
tisch, zum Zimmer ohne Gas und vielleicht auch zu manch
anderer romantischen Vorstellung von Paris. Ich habe mich
auf einen Führer eingestellt, der Henri de Montmorency
oder Armand de la Chartreuse heißt oder so; mit einem Namen jedenfalls, der in den Briefen an die Hinterwäldler zu
Hause was hermacht, aber man stelle sich einen Franzosen
mit Namen Billfinger vor! Oh! Das ist ja wirklich absurd! Das
geht einfach nicht. Billfinger können wir nicht sagen, es ist
abscheulich. Taufen wir ihn doch einfach um; wie sollen wir
ihn nennen? Alexis de Caulaincourt?«

»Alphonse Henri Gustave de Hauteville«, schlug ich vor.
»Nennt ihn doch Ferguson«, sagte Dan.

Das war zweckmäßig, prosaisch, zeugte von gesundem
Menschenverstand. Ohne weitere Debatte radierten wir
Billfinger *als* Billfinger aus und nannten ihn Ferguson.

Der Wagen – ein offener Landauer – stand bereit. Ferguson
setzte sich neben den Kutscher, und wir begaben uns eilends
zu unserem Frühstück. Wie es sich gehörte, stand Mr. Ferguson dabei, um unsere Bestellungen weiterzugeben und Fragen zu beantworten. Nach einem Weilchen bemerkte er ganz
beiläufig – der durchtriebene Bursche –, daß er frühstücken
gehen wolle, sobald wir mit dem unseren fertig wären. Er

wußte, daß wir nicht ohne ihn zurechtkommen würden und nicht die Zeit vertrödeln und auf ihn warten wollten. Wir luden ihn daher ein, sich zu uns zu setzen und mit uns zu essen. Unter so mancher Verbeugung bat er uns, ihn entschuldigen zu wollen. Es schicke sich nicht; er werde sich an einen anderen Tisch setzen. Ohne eine Widerrede zuzulassen, befahlen wir ihm nun, sich zu uns zu setzen.

Hier endete die erste Lektion. Sie erwies sich als ein Fehler.

So lange wir den Burschen bei uns hatten, war er immer hungrig, war er immer durstig. Er kam morgens zeitig, und blieb bis spät in die Nacht, er konnte an keinem Wirtshaus vorübergehen; jedes Weinhaus verschlang er mit gierigen Blicken. Stets kamen ihm Vorschläge über die Lippen, einen Halt einzulegen, ständig hatte er Vorwände parat, um essen und trinken zu gehen. Wir versuchten nach Kräften, so viel in ihn hineinzustopfen, daß er zwei Wochen lang keinen Platz mehr für weiteres habe, aber es war ein Reinfall. Er hatte nicht genug Fassungsvermögen, um die Gelüste seines übermenschlichen Appetits zu stillen.

Noch einen »Haken« hatte er an sich. Er wollte immer, daß wir irgendwelche Dinge kauften. Unter den fadenscheinigsten Vorwänden lockte er uns in Hemdenläden, Schuhgeschäfte, Schneiderateliers, Handschuhläden – überallhin unter dem weiten Himmelszelt, wo eine Chance zu bestehen schien, daß wir irgendetwas kaufen könnten. Jeder hätte sich wohl an den fünf Fingern abzählen können, daß ihm die Ladenbesitzer eine Provision auf die Verkäufe auszahlten, aber in unserer heiligen Einfalt dämmerte uns das erst, als dieser Zug seines Benehmens unerträglich zutage trat. Eines Tages erwähnte Dan beiläufig, daß er drei oder vier Seidenstoffe für Kleider als Mitbringsel zu kaufen gedenke. Fergusons hungriges Auge heftete sich sogleich auf ihn. Zwanzig Minuten später hielt der Wagen an.

»Was ist das?«

»Das ist die feinste Seiden'andlung in Parie – die berühmteste.«

»Was wollen Sie hier? Wir sagten Ihnen doch, Sie sollen uns in den Louvre bringen.«

»Isch 'abe gedacht, der 'Err will kaufen Seide.«

»Sie sind nicht dazu da, sich für die Reisegesellschaft den Kopf zu zerbrechen, Ferguson. Wir möchten Ihre Kräfte nicht allzu sehr strapazieren. Etwas von der Last und Hitze des Tages wollen wir schon selbst auf uns nehmen. Was wirklich bedacht werden muß, besorgen wir schon selbst. Fahren Sie weiter!« so sprach der Doktor.

Fünfzehn Minuten später hielt die Kutsche abermals an, und zwar vor einer weiteren Seidenhandlung. Der Doktor sagte: »Ah, der Louvre – schönes, wunderschönes Gebäude. Wohnt der Kaiser Napoleon jetzt hier, Ferguson?«

»Ach, Docteur! Sie scherzen ja; dies ist nischt der Palast, gleisch wir kommen 'in. Aber da wir direkt an diese Laden vorbeifahren, wo es gibt so schöne Seide...«

»Ah, ich verstehe, ich verstehe. Ich meinte Ihnen doch gesagt zu haben, daß wir heute keine Seidenstoffe kaufen möchten, aber in meiner Geistesabwesenheit vergaß ich es wohl. Auch meinte ich, Ihnen gesagt zu haben, daß wir direkt zum Louvre fahren möchten, aber auch das vergaß ich offenbar. Jetzt jedoch wollen wir gleich hinfahren. Verzeihen Sie meine offensichtliche Zerstreutheit, Ferguson. Fahren Sie weiter.«

Es war noch keine halbe Stunde vergangen, da hielten wir erneut – vor einer weiteren Seidenhandlung. Wir waren wütend; aber der Doktor war stets heiter und sprach mit sanfter Stimme. Er sagte:

»Endlich! Wie imposant der Louvre ist; und dennoch wie klein! Wie geschmackvoll gestaltet! Wie bezaubernd gelegen! Ehrwürdiger, ehrwürdiger Bau –.«

»Pardon, Docteur, das ist nischt der Louvre – es ist – «

»Was ist es denn?«

»Isch 'abe die Einfall ge'abt – er kam zu mir diese Moment –, daß die Seidenstoffe in diese 'andlung –.«

»Ferguson, wie zerstreut ich doch bin. Ich hatte die feste Absicht, Ihnen zu sagen, daß wir heute keine Seide kaufen möchten und ich hatte die gleiche feste Absicht, Ihnen zu sagen, daß wir uns danach sehnten, sogleich zum Louvre-Palast zu fahren; aber das Glück genießen zu dürfen, Sie heute morgen vier Frühstücksportionen verschlingen zu sehen, hat mich mit so angenehmen Empfindungen erfüllt, daß ich die gewöhnlicheren Belange des Augenblicks vernachlässigte. Jetzt allerdings wollen wir zum Louvre weiterfahren, Ferguson.«

»Aber, Docteur« (aufgeregt), »es dauert nicht eine Minute, nicht mehr als eine kleine Minute! Der 'Err braucht nicht zu kaufen, wenn er will nicht kaufen – aber werfen Sie nur eine Blick auf die Seide – eine Blick auf das schöne Gewebe.« (Dann flehentlich) »Sir – nur eine kleine Augenblick.«

Dan sagte: »Zum Teufel mit dem Idioten! Ich will heute keine Seidenstoffe sehen und werde keinen Blick darauf werfen. Fahren Sie weiter.«

Und der Doktor: »Wir brauchen jetzt keine Seidenstoffe, Ferguson. Unsere Herzen verzehren sich nach dem Louvre. Lassen Sie uns weiterfahren – lassen Sie uns weiterfahren.«

»Aber, Docteur! Es dauert ja nur eine Augenblick – eine kleine Augenblick. Und die Zeit wird nischt verloren sein – überhaupt nischt verloren! Weil es gibt jetzt nix zu sehen – es ist zu spät. Es sind noch zehn Minuten bis vier, und der Louvre ist geschlossen um vier – nur eine kleine Augenblick, Docteur!«

Der verräterische Schurke! Nach vier Frühstücksportionen und einer Gallone Champagner mit einem solch faulen

Trick aufzuwarten! An diesem Tag bekamen wir nichts von den zahllosen Kunstschätzen in den Gängen des Louvre zu sehen, und einzig und allein der Gedanke, daß Ferguson keinen einzigen Seidenstoff verkaufte, verschaffte uns eine gewisse armselige Genugtuung.

Dieses Kapitel schreibe ich zum Teil der Befriedigung wegen, die ich empfinde, wenn ich über diesen ausgemachten Schuft Billfinger schimpfe, und zum Teil, um jedem, der es auch immer lesen mag, zu demonstrieren, wie es Amerikanern in den Händen von Pariser Fremdenführern ergeht, und welche Art von Leuten Pariser Fremdenführer sind. Man braucht nicht zu meinen, daß wir eine einfältigere oder leichtere Beute gewesen wären, als es unsere Landsleute im allgemeinen sind, denn das waren wir nicht. Die Fremdenführer täuschen und hauen jeden Amerikaner übers Ohr, der zum ersten Mal nach Paris kommt und sich die dortigen Sehenswürdigkeiten allein oder in Gesellschaft anderer anschaut, die ebenso unerfahren sind wie er. Eines Tages werde ich Paris erneut besuchen, und dann mögen die Fremdenführer auf der Hut sein! Ich werde in voller Kriegsbemalung hinfahren – ich werde meinen Tomahawk mitnehmen.

Père-Lachaise

Einer unserer angenehmsten Besuche führte uns zum Père-Lachaise, dem Nationalfriedhof Frankreichs, der allseits geehrten Ruhestätte einiger seiner größten und besten Söhne und Töchter, der letzten irdischen Heimstatt Dutzender berühmter Männer und Frauen, die von Geburts wegen keinen Anspruch auf besondere Vorrechte hatten, sondern sich durch ihre eigene Tatkraft und ihr eigenes Genie Ruhm erwarben. Es ist eine ehrwürdige Stadt mit gewundenen Straßen, mit Tempelchen aus Marmor und den Wohnstätten der Toten, die durch ein Dickicht aus Blattwerk und frischen Blumen weiß hervorschimmern. Nicht jede Stadt ist so gut bevölkert und hat innerhalb ihrer Mauern so viel Platz wie diese. Es gibt überhaupt nur wenige Paläste in irgendwelchen Städten, die so geschmackvoll angelegt, so reich an Kunstwerken, so kostbar im Material, so anmutig, so schön sind.

Wir hatten in der alten Kirche von St. Denis gestanden, wo die marmornen Bildnisse von dreißig Generationen von Königen und Königinnen der Länge nach ausgestreckt auf den Gräbern liegen, und die Empfindungen, die dieser Anblick auslöste, waren überraschend und neuartig; die merkwürdigen Rüstungen, die altertümlichen Gewänder, die friedlichen Gesichter, die zu demütiger Bitte gefalteten Hände – ein Bild wie aus grauer Vorzeit. Es mutet schon recht seltsam an, dem alten Dagobert I. und Chlodwig und Karl dem Großen, jenen schemenhaften, übermenschlichen Helden, jenen Schatten, jenen Mythen von vor tausend Jahren somit gewissermaßen von Angesicht zu Angesicht gegenüberzustehen!

Ich berührte ihre staubbedeckten Gesichter mit dem Finger, aber Dagobert war toter als die sechzehn Jahrhunderte, die über ihn hinweggegangen sind, Chlodwig schlief fest nach seinen Mühen für Christus, und der alte Karl der Große träumte ruhig weiter von seinen Paladinen, vom blutigen Roncesvalles, und scherte sich nicht um mich.

Auch die großen Namen des Père-Lachaise lassen einen nicht unbeeindruckt, wenn auch auf andere Weise. Der Gedanke, der sich einem dort unentwegt aufdrängt, ist, daß dieser Ort einem edleren Königtum geweiht ist – dem Königtum des Herzens und des Geistes. Jede Geistesgabe, jeder edle Zug der menschlichen Natur, jede erhabene Beschäftigung, der Menschen sich verschreiben, scheint durch einen berühmten Namen vertreten. Die Wirkung ist ein merkwürdiges Durcheinander. Davoust und Masséna, die in so mancher Schlachtentragödie mitgewirkt hatten, sind hier und ebenso Rachel, durch ihre mimischen Darstellungen in Tragödien auf der Bühne nicht minder bekannt. Der Abbé Sicard schläft hier – der erste bedeutende Lehrer der Taubstummen –, ein Mann, dessen Herz sich jedem Unglücklichen zuwandte, und dessen Leben mildtätigen Werken zu deren Wohl gewidmet war; und nicht weit davon entfernt liegt, endlich in Ruhe und Frieden, Marschal Ney, dessen stürmischer Geist keine schönere Musik kannte als den Hörnerklang, der zur Schlacht ruft. Der Mann, der die öffentliche Gasbeleuchtung erfand, und jener andere Wohltäter, der den Anbau der Kartoffel einführte und so Millionen seiner Landsleute vor dem Hungertod rettete, liegen neben dem Prinzen von Masserano und verbannten Königinnen und Fürsten von Hinterindien. Der Chemiker Gay-Lussac, der Astronom Laplace, der Wundarzt Larrey, der Advokat de Sèze liegen hier, und neben ihnen Talma, Bellini, Rubini; Balzac, Beaumarchais, Béranger; Molière und La Fontaine, und Dutzende anderer Männer, deren Namen und Verdienste in den entferntesten Winkeln der zivilisierten Welt ebenso bekannt sind wie die historischen Taten der Könige und Prinzen, die in den Marmorgrüften von St. Denis schlafen.

Aber unter den Tausenden und Abertausenden von Gräbern auf dem Père-Lachaise ist eines, an dem kein Mann, keine Frau, kein junger Mensch, sei er männlichen oder weiblichen Geschlechts, vorübergeht, ohne stehenzubleiben und es zu betrachten. Jeder Besucher hat eine vage Vorstellung von der Geschichte der dort ruhenden Toten und weiß, daß hier Huldigung angebracht ist, aber nicht einer von zwanzigtausend entsinnt sich der Geschichte jenes Grabes und derer, die es einnehmen, wirklich genau. Dies ist das Grab von Abélard und Héloïse – ein Grab, das mehr verehrt wird, in weiteren Kreisen bekannt ist, über das in siebenhundert Jahren mehr geschrieben und gesungen und geweint wurde als über irgendein anderes in der gesamten Christenheit – das des Erlösers freilich ausgenommen. Alle Besucher verweilen sinnend bei ihm; alle jungen Leute nehmen sich Souvenirs und Andenken davon mit; alle Pariser Jünglinge und Mädchen, die in der Liebe Enttäuschung erfuhren, kommen hierher, um sich auszuweinen, wenn sie voll von Tränen sind; ja, selbst von weither unternehmen viele unglücklich Verliebte Wallfahrten zu diesem Schrein, um daran zu weinen und zu wehklagen und mit den Zähnen zu klappern über ihr schweres Herzeleid und sich mit Opfergaben von Immortellen und knospenden Blumen das Mitgefühl der geläuterten Geister jener Gruft zu erkaufen.

Wann immer man hingeht, man findet immer irgendjemanden über dem Grabe schluchzen. Wann immer man hingeht, man findet es immer mit jenen Blumenbouquets und Immortellen geschmückt. Wann immer man hingeht, es kommt immer ein Kieszug aus Marseilles an, der die Lücken auffüllt, die von Andenken raubenden Vandalen verursacht wurden, denen in der Liebe kein Glück beschieden war.

Ein Amerikaner in Versailles

Versailles! Es ist wunderschön! Man schaut und macht große Augen und versucht zu begreifen, daß es wirklich, daß es von dieser Welt, daß es nicht der Garten Eden ist – aber es wird einem schwindelig, man ist ganz benommen von all der Schönheit ringsumher, und man meint fast, von einem herrlichen Traum genarrt worden zu sein. Der Anblick durchschauert einen wie Marschmusik! Ein prächtiges Schloß, dessen reichverzierte Fassade sich ganze Häuserzüge weit erstreckt, als wolle sie kein Ende finden; eine imposante Promenade davor, auf der die Armeen eines Kaiserreichs aufmarschieren könnten; überall Regenbogen von Blumen und Kolossalstatuen, so viele, daß man sie kaum zählen könnte, und doch wirkten sie auf dem weiten Raum wie vereinzelt hingestreut; breite Treppenfluchten aus Stein führen von der Promenade zu tiefer gelegenen Teilen des Parks – Treppen, auf denen ganze Regimenter in Waffen stehen könnten und noch Platz übrig ließen; riesige Springbrunnen, deren große Bronzefiguren Ströme funkelnden Wassers in die Luft ergossen und hundert Fontänen zu Gebilden von unvergleichlicher Schönheit verschmelzen ließen; breite, mit Teppichen von Gras bedeckte Alleen, die sich in alle Richtungen verzweigten und, wie es schien, in endlose Entfernungen verloren, auf beiden Seiten gesäumt von dichten Reihen von Laubbäumen, deren Äste sich über der Straßenmitte berührten und Bögen bildeten, die so makellos und so symmetrisch waren, wie aus Stein gemeißelte nur immer sein können. Und hier und da tauchten Waldseen auf mit Miniaturschiffen, die sich in ihrer Oberfläche spiegelten. Und überall – auf den Stufen des Schlosses und der großen Promenade, bei den Springbrunnen, zwischen den Bäumen und unter den Gewölben der unabsehbaren Alleen dahin – spazierten oder rannten oder tanzten Hunderte und Aberhunderte von Leuten in bunten Kleidern und verliehen dem Märchenbilde jenes Leben und jene Bewegtheit, die ihm zu seiner Vollendung noch fehlen mochten.

Dieser Anblick war eine Pilgerfahrt wert. Alles ist von so gigantischen Ausmaßen. Nichts ist klein – nichts ist billig. Die Statuen sind allesamt überlebensgroß, das Schloß ist gewaltig; der Park bedeckt die Fläche einer ansehnlichen Grafschaft; die Alleen sind endlos. Alle Entfernungen und Dimensionen in Versailles sind riesig. Ich habe immer gedacht, die Abbildungen übertrieben diese Entfernungen und Dimensionen maßlos und machten Versailles schöner, als irgendein Ort auf der Welt überhaupt sein könne. Jetzt weiß ich, daß die Abbildungen in keiner Hinsicht an das Original heranreichen, und daß kein Maler Versailles auf der Leinwand je so schön darstellen könnte, wie es in Wirklichkeit ist. Ich schimpfte immer über Ludwig XIV., weil er zweihundert Millionen Dollar ausgab, um diesen wundervollen Park entstehen zu lassen, als bei manchen seiner Untertanen ein solcher Mangel an Brot herrschte, aber jetzt habe ich ihm verziehen. Er nahm ein Stück Landes mit einem Umfang von sechzig Meilen und machte sich an die Arbeit, um diesen Park anzulegen und diesen Palast zu bauen und eine Straße, die ihn mit Paris verbindet. Täglich beschäftigte er an diesem Werk 36 000 Menschen, und die Arbeit war so ungesund, daß sie wegstarben wie die Fliegen und allnächtlich ganze Wagenladungen voller Leichen weggekarrt wurden. Die Frau eines Adligen jener Tage bezeichnet dies als eine »inconvenance«, bemerkt aber ganz unbefangen, daß »es im glücklichen Zustande der Ruhe, die wir jetzt genießen, nicht der Beachtung wert ist.«

Von den Leuten zu Hause, die ihre Sträucher zu Pyramiden und Würfeln und spitzen Türmchen und allerlei unnatürlichen Formen zusammenstutzten, hatte ich immer eine schlechte Meinung, und als ich sah, daß man hier in diesem großen Park das gleiche tat, begann mich das unangenehm zu berühren. Aber bald erkannte ich die Idee, die dem ganzen zugrundelag, und den Sinn derselben. Es geht ihnen um den *Gesamteindruck*. Wir zwingen ein Dutzend kränklicher Bäume in ungewohnte Formen, und dies auf einer kleinen Fläche, nicht größer als ein Eßzimmer, und dann sehen sie zweifellos ziemlich lächerlich aus. Aber hier nimmt man zweihunderttausend stattliche Waldbäume und setzt sie in eine Doppelreihe, gestattet nicht dem kleinsten Blatt oder Zweig tiefer am Stamm zu wachsen als sechs Fuß überm Boden, von diesem Punkt aus beginnen dann die Ästchen auszuschlagen und dehnen sich allmählich immer weiter aus, bis sie oben zusammentreffen und ein makelloser Tunnel aus Blattwerk entstanden ist. Der Bogen ist von mathematischer Genauigkeit. Das Ergebnis wirkt dann sehr schön. Man läßt die Bäume fünfzig verschiedene Formen annehmen, und so wirkt dieses kunstvolle Gebilde unendlich abwechslungsreich und malerisch. Es gibt keine zwei Alleen, deren Bäume die gleiche Form hätten, und folglich wird das Auge durch nichts ermüdet, was eintönig und einförmig wäre. Ich will nun dieses Thema fallen lassen und es anderen anheimstellen zu entscheiden, wie diese Leute es fertigbringen, daß endlose Reihen hoher Waldbäume nur bis zu einer bestimmten Dicke des Stammes (sagen wir, einzweidrittel Fuß) wachsen, wie sie es schaffen, daß sie über Meilen hinweg stets die gleiche Höhe erreichen, und daß sie so dicht nebeneinander gedeihen, wie sie jeweils einen gewaltigen Ast dazu bringen können, an allen Bäumen an genau derselben Stelle herauszutreiben und die Hauptstütze des Bogens zu bilden; und wie all das Monat um Monat, Jahr um Jahr im immer gleichen Zustand und im gleichen vortrefflichen Ebenmaß und der gleichen Symmetrie erhalten werden kann – denn ich habe versucht, das Problem zu ergründen, und bin daran gescheitert.

Wir gingen durch die große Skulpturenhalle und die einhundertundfünfzig Gemäldesäle im Schloß von Versailles und spürten, daß es sinnlos war, sich hier aufzuhalten, wenn man nicht ein ganzes Jahr zur Verfügung hatte. Alle diese Bilder stellen Schlachten dar, und nur eine einzige kleine Leinwand unter allen hat etwas anderes zum Thema als große französische Siege. Wir schlenderten auch durch das Grand Trianon und das Petit Trianon, jene Monumente königlicher Verschwendungssucht und Schauplätze so düsterer Ereignisse – – voller Erinnerungen an Napoleon I. und drei tote Könige und ebensoviele Königinnen. In einem einzigen prunkvollen Bette hatten sie alle nacheinander geschlafen, aber heute benutzt es niemand mehr. In einem großen Eßzimmer stand der Tisch, an dem Ludwig XIV. und seine Maitresse Madame de Maintenon, und nach ihnen Ludwig XV. und die Pompadour nackt und sich selbst überlassen beim Mahle saßen – denn der Tisch stand auf einer Falltür, die sich mit ihm in die Tiefe senkte, wenn die Schüsseln neu gefüllt werden mußten. In einem Zimmer des Petit Trianon standen die Möbel noch genauso da, wie sie die arme Marie Antoinette verlassen hatte, als der Pöbel kam und sie und den König nach Paris zerrte, von wo sie niemals zurückkehren sollten. Gleich daneben in den Ställen befanden sich wunderbare Karossen, die keine andere Farbe aufwiesen als Gold – Karossen, die von früheren französischen Königen bei zeremoniellen Anlässen benutzt wurden, und die jetzt nur noch in Gebrauch genommen werden, wenn ein königliches Haupt gekrönt oder ein Kaiserkind getauft werden soll. Und neben ihnen standen einige merkwürdige Schlitten, die die Gestalt von Löwen, Schwänen, Tigern etc. hatten – Fahrzeuge, die einst recht hübsch gewesen waren mit ihren Bemalungen und ihrem zierlichen Schnitzwerk, jetzt aber verstaubten und vermoderten. Sie hatten ihre Geschichte gehabt. Als Ludwig XIV. das Grand Trianon fertiggestellt hatte, sagte er zur Maintenon, er habe für sie ein Paradies geschaffen, und fragte, ob sie noch irgendeinen Wunsch habe. Er sagte, er wolle, daß das Trianon der Inbegriff von Vollkommenheit sei – nichts Geringeres. Sie sagte, nur eines könne sie sich noch vorstellen – es war Sommer und man befand sich im milden Frankreich – und dennoch würde sie gern eine Schlittenpartie in den belaubten Alleen von Versailles unternehmen! Am nächsten Morgen waren die grasbewachsenen Alleen meilenweit mit schneeweißem Salz und mit Zucker bestreut, und es wartete ein Zug jener merkwürdigen Schlitten auf die erste Mätresse des lebenslustigsten und sittenlosesten Hofs, den Frankreich je gesehen hat!

Der »Löwe von Luzern«

Luzern ist ganz reizend. Es beginnt mit einem Saum von Hotels unten am Wasser und krabbelt dichtgedrängt und ohne Ordnung, aber malerisch über drei steil ansteigende Berge, so daß sich dem Auge ein aufgetürmter Wirrwarr von roten Dächern, wunderlich altmodischen Giebeln, Bodenfenstern und zahnstocherähnlichen Spitztürmen bietet, in dem sich hier und dort ein Stück zinnenbewehrter alter Mauer wie ein Wurm über den Firsten krümmt und hier und dort ein alter viereckiger Turm aus wuchtigen Bruchsteinen aufragt. Und außerdem hier und dort eine Stadtuhr mit nur einem Zeiger – einem Zeiger, der sich pfeilgerade ohne Gelenk über das ganze Zifferblatt erstreckt; solch eine Uhr erhöht den Reiz des Bildes, aber die Tageszeit kann man von ihr nicht ablesen. Zwischen der geschwungenen Kette der Hotels und dem See verläuft eine breite Promenade mit Lampen und einer Doppelreihe breitkroniger Bäume. Das Seeufer hat eine Steinmauer wie ein Pier, und oben an der Kante der Mauer läuft eine Reling entlang, damit die Leute nicht über Bord fallen. Den ganzen Tag über sausen Wagen über die Promenade, und Kinderfrauen, Kinder und Touristen sitzen im Schatten unter den Bäumen oder beugen sich über das Geländer und beobachten die Fischschwärme, die in dem klaren Wasser hin und her schießen, oder blicken über den See zu dem stattlichen Gestade schneebedeckter Bergspitzen hinüber. Kleine Vergnügungsdampfer fahren schwarz von Menschen den ganzen Tag hinüber und herüber; und überall sieht man junge Mädchen und junge Männer in altertümlichen Ruderbooten umherpaddeln oder, falls sich ein Wind auftut, unter Segeln dahingleiten. Die dem See zugekehrten Zimmer des Hotels haben einen kleinen, mit einem Eisengitter umschlossenen Balkon, auf dem man für sich allein in ruhiger und kühler Behaglichkeit speisen und diesen geschäftigen und hübschen Anblick genießen kann, ohne irgend etwas mit der dazugehörigen Arbeit zu schaffen zu haben.

Die meisten Leute, Männer und Frauen, tragen Wandertracht und führen Alpenstöcke mit. Allem Anschein nach gilt es in der Schweiz selbst in der Stadt als zu gefährlich, ohne Alpenstock zu gehen. Falls ein Tourist es vergißt und ohne seinen Alpenstock zum Frühstück herunterkommt, geht er zurück und holt ihn und stellt ihn in die Ecke. Ist seine Schweizer Rundreise beendet, wirft er diesen Besenstiel nicht weg, sondern schleppt ihn mit nach Hause bis in den fernsten Winkel der Erde, obwohl es ihn mehr Geld und Mühe kostet, als ein Säugling oder ein Reisebegleiter ihn je kosten könnten. Nämlich der Alpenstock ist seine Trophäe; sein Name ist in ihm eingebrannt; und falls er mit ihm einen Berg erklommen, einen Bach übersprungen oder eine Ziegelei durchquert hat, werden die Namen dieser Örtlichkeiten ebenfalls eingebrannt. Demnach ist er sozusagen seine Regimentsfahne: er kündet von seinen Errungenschaften. Er ist drei Schweizer Franken wert, wenn er ihn kauft, aber nicht einmal mit einer Goldgrube wäre er zu erstehen, wenn einmal seine Heldentaten in ihn eingegraben sind. Überall in der Schweiz gibt es Handwerker, deren Handwerk darin besteht, daß sie diese Dinge in die Alpenstöcke der Touristen einbrennen. Und wohlgemerkt, der Respekt, den man einem Menschen in der Schweiz zollt, hängt von seinem Alpenstock ab. Ich mußte feststellen, daß niemand mich auch nur beachtete, solange ich einen ungezeichneten trug. Das Brennen ist jedoch nicht teuer, also war der Schaden schnell behoben. Die Wirkung auf die nächste Reisegesellschaft war bemerkenswert. Ich fühlte mich für meine Mühe belohnt...

Die Hofkirche ist berühmt für ihre Orgelkonzerte. Den ganzen Sommer über strömen die Touristen abends gegen sechs Uhr zu ihr hin, bezahlen ihren Franken und hören sich den Lärm an. Nicht den ganzen allerdings. Sie stehen irgendwann auf und trappeln über den laut hallenden Steinboden hinaus, wobei sie Zuspätgekommenen begegnen, die mit lebhaften und laut hallenden Schritten hereingetrappelt kommen. Dieses Raus- und Reingetrappel hält fast die ganze Zeit über an und wird von dem ununterbrochenen Türenschlagen und dem Husten und Belfern und Niesen der Menge mit Akzenten versehen. Unterdessen dröhnt und kracht und donnert die große Orgel daher und tut ihr möglichstes, um zu beweisen, daß sie die größte und lauteste Orgel Europas ist und eine enge kleine Schachtel von Kirche der günstigste Ort zur rechten Würdigung ihrer Fähigkeiten. Zugegeben, es gab hin und wieder ein paar leise, sich erbarmende Passagen, aber das Trapp-Trapp der Touristen gestattete einem sozusagen nur einen flüchtigen Blick auf sie, und schon ließ der Organist seine nächste Lawine los.

Luzerns Handel liegt hauptsächlich auf dem Gebiet des Firlefanzes von der Andenkensorte; die Läden sind mit Bergkristall, Ansichtskarten und Holz- und Elfenbeinschnit-

zereien vollgepackt. Ich will nicht verschweigen, daß Minia-
turnachbildungen des »Löwen von Luzern« in ihnen zum
Verkauf ausliegen. Millionen davon. Aber jede einzelne ist
eine Schmähung. Das majestätische Pathos des Originals hat
ein subtiles Etwas, das der Kopist nicht wiedergeben kann.
Selbst der Sonne gelingt es nicht – Fotograf und Bildschnit-
zer liefern beide einen sterbenden Löwen und weiter nichts.
Die Form stimmt, die Haltung stimmt, die Proportionen
stimmen, aber es fehlt dieses nicht zu beschreibende Etwas,
das den Löwen von Luzern zu dem traurigsten und bewe-
gendsten Stück Stein auf der Welt macht.

Der Löwe liegt in seiner Höhle in der senkrechten Wand
eines nicht sehr hohen Felsens – denn er ist aus dem gewachsenen Stein der Felswand herausgehauen worden. Seine
Größe ist kolossal, seine Haltung edel. Er hat den Kopf ge-
senkt, die abgebrochene Lanze steckt in seiner Schulter,
seine Pranke liegt schützend auf den Lilien Frankreichs.
Ranken hängen von der Felswand herab und pendeln im
Wind, und ein klarer Bach rieselt von oben herab und er-
gießt sich in einen Teich zu seinen Füßen, und in der glatten
Fläche des Teiches spiegelt sich der Löwe zwischen den Was-
serlilien.

Rundum wachsen grüne Bäume und Gras. Der Ort ist ein
geschützter, ruhevoller Waldwinkel, weitab von Lärm und
Betrieb und Gewirr – und alles das ist angemessen, denn
Löwen sterben tatsächlich an solchen Orten und nicht auf
granitenen Sockeln auf öffentlichen Plätzen, von verschnör-
kelten Eisengittern umgeben. Der Löwe von Luzern wäre
überall eindrucksvoll, aber nirgendwo so eindrucksvoll wie
dort, wo er ist.

Gipfelstürmer mit Eispickel und Zylinder: Expedition von Zermatt auf den Riffelberg

Als ich meine Lektüre beendet hatte, war ich nicht mehr ich selber; ich war verzückt und benommen, erhoben und berauscht von den fast unglaublichen Gefahren und Abenteuern, bei denen ich die Verfasser begleitet, und von den Triumphen, an denen ich teilgenommen hatte. Eine Zeitlang saß ich schweigend da, dann wandte ich mich zu Harris und sagte:

»Mein Entschluß steht fest.«

Mein Tonfall ließ ihn aufhorchen; und als er mir in die Augen sah und las, was dort geschrieben stand, wurde sein Gesicht merklich blaß. Er zögerte einen Augenblick, dann sagte er:

»Sprechen Sie!«

Ich antwortete mit vollkommener Gelassenheit:

»Ich werde den Riffelberg besteigen.«

Mein armer Freund hätte nicht plötzlicher vom Stuhl fallen können, wenn ich auf ihn geschossen hätte. Wäre ich sein Vater gewesen, hätte er mich nicht inständiger anflehen können, von meinem Vorsatz abzulassen. Aber ich verschloß meine Ohren gegen alles, was er sagte. Als er schließlich merkte, daß nichts meinen Beschluß umstoßen konnte, hörte er auf, mich zu bestürmen, und lange Zeit wurde unser Schweigen nur von seinem Schluchzen unterbrochen. Ich saß, den Blick ins Leere gerichtet, in steinharter Entschlossenheit da, denn im Geiste rang ich bereits mit den Gefahren der Berge, und mein Freund starrte mich in anbetender Bewunderung durch seine Tränen an. Endlich warf er sich in einer liebevollen Umarmung auf mich und rief mit versagender Stimme:

»Ihr Harris wird Sie nie verlassen. Wir werden zusammen sterben!«

Ich munterte den edlen Mann mit lobenden Worten auf, und schon bald hatte er seine Ängste vergessen und sah dem Abenteuer begierig entgegen. Er wollte die Führer auf der Stelle herbeirufen und um zwei Uhr in der Frühe aufbrechen, wie er es für üblich hielt; aber ich erklärte ihm, daß um die Zeit niemand zuschauen würde; und daß der Aufbruch im Dunkeln gewöhnlich nicht vom Dorf aus erfolge, sondern vom ersten Nachtlager oben am Berghang. Ich sagte ihm, daß wir das Dorf am nächsten Tag gegen 3 oder 4 Uhr nachmittags verlassen würden; in der Zwischenzeit könne er die Führer benachrichtigen und auch die Allgemeinheit von der Besteigung wissen lassen, die wir zu unternehmen gedachten.

Ich ging zu Bett, fand jedoch keinen Schlaf. Niemand kann schlafen, der sich vorgenommen hat, eins dieser alpinen Abenteuer zu bestehen. Die ganze Nacht warf ich mich wie im Fieber von einer Seite auf die andere, und ich war heilfroh, als ich die Uhr halb zwölf schlagen hörte und wußte, daß es Zeit war, zum Essen aufzustehen. Ich erhob mich matt und steif und ging zum Mittagsmahl hinunter, wo ich den Mittelpunkt von allerlei Anteilnahme und Neugierde bildete, denn die Nachricht hatte bereits die Runde gemacht. Es ist nicht leicht, gelassen zu speisen, wenn man eine Berühmtheit ist, aber sehr angenehm ist es trotzdem.

Wie immer in Zermatt, wenn eine große Besteigung bevorsteht, vergaß alles, Einheimische wie Fremde, vorübergehend jegliches eigene Vorhaben und verschaffte sich einen guten Platz, um dem Aufbruch zuzuschauen. Die Expedition umfaßte 198 Personen einschließlich der Maultiere oder 205 einschließlich der Kühe. Hier ist die Aufstellung:

Leitende Teilnehmer	Untergebene
Ich	1 Veterinär
Mr. Harris	1 Butler
17 Bergführer	12 Kellner
4 Ärzte	1 Lakai
1 Geologe	1 Barbier
1 Botaniker	1 Chefkoch
3 Geistliche	9 Gehilfen
2 Zeichner	4 Pastetenbäcker
15 Büfettiers	1 Zuckerbäcker
1 Latinist	

Transport usw.

27 Träger	3 Wäscherinnen und Büglerinnen für Grobwäsche
44 Maultiere	1 dito für Feinwäsche
44 Maultiertreiber	2 Melker
7 Kühe	

Zusammen 154 Leute, 51 Tiere; summa summarum: 205

Vorräte usw.	Ausrüstung
16 Schinken	25 Sprungfedermatratzen
2 Fässer Mehl	2 Roßhaarmatratzen, dazu Bettzeug
22 Fässer Whisky	2 Mückennetze
1 Faß Zucker	29 Zelte
1 Fäßchen Zitronen	Wissenschaftliche Instrumente
2000 Zigarren	
1 Faß Pasteten	97 Eispickel
1 Faß Fleischkuchen	5 Kisten Dynamit
143 Krücken	7 Kanister Nitroglyzerin
2 Fässer Arnika	22 Leitern (12 Meter)
1 Ballen Zupflinnen	3 Kilometer Seil
27 Fäßchen Opiumtinktur	154 Regenschirme

Es wurde vier Uhr nachmittags, bevor meine Kavalkade zum Aufbruch bereitstand. Um diese Zeit setzte sie sich in Bewegung. Zahlenmäßig und der aufsehenerregenden Wirkung nach stellte sie die eindrucksvollste Expedition dar, die jemals von Zermatt ausgezogen war.

Ich befahl dem obersten Bergführer, Leute und Tiere in einer Reihe mit jeweils vier Meter Abstand voneinander Aufstellung nehmen zu lassen und sie allesamt an ein starkes Seil zu binden. Er wandte ein, daß die ersten drei Kilometer flach wie ein Brett seien und mehr als genug Platz böten und man vom Seil nur an sehr gefährlichen Stellen Gebrauch mache. Aber ich ließ den Einwand nicht gelten. Meine Lektüre hatte mich gelehrt, daß viele schwere Unfälle in den Alpen nur darum geschehen waren, weil man die Leute nicht früh genug angeseilt hatte; ich hatte nicht die Absicht, der Liste einen weiteren hinzuzufügen. Der Führer fügte sich daraufhin meiner Anweisung.

Als der Zug dann angeleint und marschbereit in Rührteuch-Haltung da stand, bot er einen Anblick, wie ich einen trefflicheren noch nicht gesehen hatte. Er war 936 Meter lang – fast ein Kilometer; alles außer Harris und mir war zu Fuß, und jeder trug seinen grünen Schleier und seine blaue Schutzbrille und sein weißes Tuch um den Hut und seine Leine aufgerollt über der Schulter und quer über die Brust und sein Eisbeil im Gürtel und seinen Alpenstock in der linken Hand und seinen Regenschirm (zusammengerollt) in der rechten und seine Krücken an einer Schnur auf dem Rücken. Die Lasten der Packesel und die Hörner der Kühe waren mit Edelweiß und Alpenrosen geschmückt.

Ich und mein Reisebegleiter waren die einzigen Berittenen. Wir befanden uns auf dem gefährlichen Posten ganz hinten und waren mit sicheren Leinen an je fünf Bergführern festgebunden. Unsere Waffenträger trugen unsere Eispickel, Alpenstöcke und anderes Zubehör für uns. Wir hatten – aus

Sicherheitsgründen – sehr kleine Esel als Reittiere gewählt; in Augenblicken der Gefahr konnten wir die Beine strecken und aufstehen und den Esel unter uns weitergehen lassen. Trotzdem kann ich dieses Tier nicht empfehlen – wenigstens nicht für reine Vergnügungsausflüge –, denn seine Ohren versperren die Aussicht. Ich und mein Reisebegleiter besaßen zwar die vorschriftsmäßige Bergsteigertracht, beschlossen jedoch, sie nicht anzulegen. Aus Ehrerbietung gegenüber den zahlreichen Reisenden beiderlei Geschlechts, die sich vor dem Hotel versammeln würden, um uns vorbeiziehen zu sehen, und aus Ehrerbietung gegenüber den vielen Touristen, denen wir bei unserer Expedition begegnen würden, beschlossen wir, den Aufstieg im Abendanzug zu unternehmen.

Fünfzehn Minuten nach vier erteilte ich den Befehl zum Abmarsch, und meine Untergebenen gaben ihn nach vorne durch. Die große Menschenmenge vor dem Hotel Monte Rosa teilte sich unter Hochrufen, als der Zug sich näherte, und als die Spitze vorbeidefilierte, kommandierte ich: »Abprotzen – fertig – *Hißt*!« – und wie mit einer einzigen Bewegung ging ein Kilometer von Regenschirmen hoch. Es war ein wundervoller Anblick und eine vollkommene Überraschung für die Zuschauer. So etwas hatte man in den Alpen noch nicht gesehen. Der Beifall, den er hervorrief, erfreute mich zutiefst, und ich ritt mit gezogenem Zylinder vorbei, um meine Wertschätzung zu bezeugen. Anderes Zeugnis vermochte ich nicht zu geben, denn zum Sprechen war ich zu bewegt.

Wir tränkten die Karawane an dem kalten Bach, der am Ende des Dorfes durch einen Trog sprudelt, und bald danach ließen wir die Stätten der Zivilisation hinter uns. Gegen halb sechs trafen wir vor der Brücke ein, die die Visp überspannt, und nachdem wir eine Abteilung hinübergeworfen hatten, um festzustellen, ob sie hielt, überquerte die Karawane den

Fluß ohne Zwischenfälle. Der Weg führte uns nun in leichtem Anstieg über frisches grünes Gras zur Kirche von Winkelmatten. Ohne mich mit einer Besichtigung dieses Bauwerks aufzuhalten, führte ich ein Flankenmanöver nach rechts aus und überquerte die Brücke über den Findelenbach, nachdem wir sie auf ihre Haltbarkeit hin geprüft hatten. Von hier aus schwenkte ich abermals nach rechts und betrat alsbald ein einladendes Stück Weideland, das bis auf ein paar verlassene Hütten am äußersten Ende leer stand. Diese Wiesen gaben einen vortrefflichen Lagerplatz ab. Wir schlugen unsere Zelte auf, aßen, richteten einen ordentlichen Wachdienst ein, zeichneten die Ereignisse des Tages auf und gingen zu Bett.

Um zwei Uhr in der Frühe standen wir auf und kleideten uns bei Kerzenlicht an. Es war eine elende und frostige Angelegenheit. Ein paar Sterne leuchteten, aber der Himmel im allgemeinen war bedeckt und der gewaltige Schaft des Matterhorns in düstere Wolkenfahnen gehüllt. Der oberste Bergführer riet zum Verweilen; er sagte, er rechne mit Regen. Wir warteten bis neun Uhr und brachen dann bei einigermaßen klarem Wetter auf.

Unser Weg führte uns einige fürchterliche Steilhänge hinauf, die dicht mit Lärchen und Zedern bewaldet waren und von Pfaden gekreuzt wurden, die der Regen ausgewaschen hatte, so daß sie voll hinderlicher loser Steine lagen. Doch nicht genug der Gefahr und Unbequemlichkeit – wir begegneten noch dazu dauernd zurückkehrenden Touristen zu Fuß oder zu Pferde, und nicht weniger beständig wurden wir von aufsteigenden Touristen bedrängt und hin- und hergestoßen, die es eilig hatten und an uns vorbei wollten.

Es sollte noch schlimmer kommen. Um die Mitte des Nachmittags ließen die siebzehn Bergführer halten und hielten eine Beratung ab. Nachdem sie eine Stunde beraten hatten, blieb ihr anfänglicher Verdacht bestehen – das heißt, sie glaubten, daß sie sich verirrt hätten. Ich fragte sie, ob sie es nicht *wüßten*. Nein, sagten sie, sie *könnten* einfach nicht wissen, ob sie sich verirrt hätten oder nicht, da keiner von ihnen schon jemals zuvor in dieser Gegend gewesen sei. Ihr Instinkt sagte ihnen, daß sie sich verirrt hätten, aber sie hätten keine Beweise – außer daß sie nicht wüßten, wo sie seien. Sie waren schon seit einer ganzen Zeit keinen Touristen mehr begegnet, und das hielten sie für ein verdächtiges Zeichen.

Da saßen wir wahrhaftig in einer bösen Klemme. Die Führer waren natürlich nicht gewillt, alleine loszuziehen und einen Ausweg aus der schwierigen Lage zu suchen, also machten wir uns alle zusammen auf. Der größeren Sicherheit halber rückten wir langsam und vorsichtig vor, denn der Wald war sehr dicht. Wir marschierten nicht den Berg hinauf, sondern um ihn herum, nämlich in der Hoffnung, den alten Pfad wiederzufinden. Bei Einbruch der Nacht, als wir fast vollkommen erschöpft waren, stießen wir auf einen Felsblock, der war fast so groß wie eine Sennhütte. Dieses Hindernis nahm den Leuten den letzten Mut, und Furcht und Verzweiflung griffen um sich. Sie jammerten und weinten und sagten, sie würden ihr Zuhause und ihre Lieben nie wiedersehen. Dann fingen sie an, mir dafür Vorwürfe zu machen, daß ich sie auf diese Expedition mitgenommen hatte. Einige stießen sogar Drohungen gegen mich aus.

Dies war nicht die Zeit, Schwäche zu zeigen. Also hielt ich eine Rede, in der ich sagte, auch andere Alpenbesteiger hätten sich schon in solch einer gefährlichen Lage befunden und seien ihr doch mit Mut und Ausdauer entronnen. Ich versprach ihnen, daß ich ihnen zur Seite stehen würde, ich versprach ihnen, sie zu retten. Ich schloß mit dem Hinweis, daß wir ausreichend Vorräte für eine recht lange Belagerung hätten, und ob sie etwa glaubten, Zermatt werde einen Kilometer von Leuten und Maultieren eine nennenswerte Zeitlang geheimnisvoll verschwinden lassen, einfach so vor der Nase weg, ohne Nachforschungen anzustellen? Nein, Zermatt würde Suchtrupps aussenden und uns retten.

Die Ansprache erzielte eine große Wirkung. Die Männer schlugen fast fröhlich ihre Zelte auf, und wir lagen behaglich eingerollt, als die Nacht sich über uns senkte. Nun heimste ich die Belohnung für meine kluge Voraussicht ein, die mich für einen Artikel sorgen ließ, der in keinem anderen Buch über Abenteuer in den Alpen erwähnt wird, nur in diesem. Ich meine die Opiumtinktur. Ohne diese wohltätige Droge hätte keiner der Männer in dieser schrecklichen Nacht auch nur einen Augenblick geschlafen. Ohne diesen sanften Zwang hätten sie sich allesamt die ganze Nacht hindurch unruhig hin- und hergewälzt; denn der Whisky war für mich. O ja, sie wären untauglich für ihre Aufgabe am nächsten Morgen aufgestanden. So aber schliefen alle, nur mein Reisebegleiter und ich nicht – nur wir beiden und die Büfettiers nicht. Ich gestatte es mir nicht, in solch einer Lage zu schlafen. Ich fühlte mich für das Leben aller dieser Leute verantwortlich. Ich wollte zur Hand und bereit sein, wenn eine Lawine kam. Ich weiß nun, daß es in der Gegend keine Lawinen gab, aber das wußte ich damals nicht.

Wir beobachteten das Wetter die ganze furchtbare Nacht hindurch und behielten das Barometer im Auge, um auf den geringsten Umschlag vorbereitet zu sein. Das Instrument zeigte während der ganzen Zeit auch nicht die winzigste Veränderung an. Worte können nicht beschreiben, welchen Trost ich in diesen sorgenvollen Stunden aus dem freundlichen, hoffnungsvollen, unerschütterlichen kleinen Ding schöpfte. Es war ein schadhaftes Barometer und hatte keinen Zeiger außer dem feststehenden aus Messing, aber das fand ich erst hinterher heraus. Sollte ich jemals wieder in solch eine Situation geraten, wünsche ich mir dieses Barometer und kein anderes.

Alle Mann standen um zwei Uhr in der Frühe auf und frühstückten, und sobald alles hell wurde, seilten wir uns aneinander und gingen diesen Felsblock an. Eine Zeitlang versuchten wir unser Glück mit dem Hackenseil und anderen Möglichkeiten der Besteigung, jedoch ohne Erfolg – das heißt ohne wirklichen Erfolg. Der Haken blieb einmal hängen, und Harris kletterte Hand über Hand an dem Seil aufwärts, aber dann rutschte der Haken ab, und wenn nicht gerade ein Geistlicher unter Harris gesessen hätte, wäre er gewiß zum Krüppel geworden. So aber wurde es der Geistliche. Er griff zu seinen Krücken, und ich befahl, daß man das Hakenseil beiseite lege. Es war ein zu gefährliches Gerät, wenn so viele Leute umherstanden.

Eine Weile wußten wir nicht, was wir machen sollten; dann fielen jemandem die Leitern ein. Eine davon wurde an den Felsen gelehnt, und die Männer kletterten zu Paaren zusammengebunden an ihr hoch. Eine zweite Leiter wurde hinaufgereicht zum Gebrauch beim Abstieg. Nach einer halben Stunde war alles hinüber und der Felsen bezwungen. Wir erhoben unser erstes lautes Triumphgeschrei. Aber die Freude dauerte nicht lange, denn jemand fragte, wie wir die Tiere hinüberschaffen sollten.

Dies war eine ernste Schwierigkeit, ja, es war eine Unmöglichkeit. Sofort begann der Mut der Männer zu wanken; abermals drohte uns eine Panik. Aber als die Gefahr am allergrößten war, wurden wir auf wunderbare Weise gerettet. Ein Maultier, das schon von Anfang an Aufsehen erregt hatte wegen seiner Neigung zum Experimentieren, versuchte, einen Fünfpfundkanister Nitroglyzerin zu fressen. Dies geschah unmittelbar neben dem Felsblock. Die Explosion warf uns alle zu Boden und überschüttete uns mit Erde und Gesteinschutt; und einen heillosen Schrecken jagte sie uns noch dazu ein, denn der Krach, den sie machte, war ohrenbetäubend, und die Erschütterung so heftig, daß die Erde unter uns bebte. Dennoch waren wir dankbar, denn der Felsblock war weg. Sein Platz wurde von einem etwa zehn Meter breiten und fünf Meter tiefen neuen Keller eingenommen. Die Explosion konnte man bis Zermatt hören, und anderthalb Stunden später wurden viele Bewohner dieses Städtchens von herabfallenden hartgefrorenen Maultierfleischbrocken niedergestreckt und ernstlich verletzt. Dies zeigt deutlicher als irgendeine Schätzung in Zahlen, wie hoch der Experimentierende flog.

Wir brauchten nun nur noch den Keller zu überbrücken und weiterzuziehen. Mit einem Hochruf machten die Männer sich an die Arbeit. Ich leitete die Konstruktion persönlich. Zunächst stellte ich eine starke Abteilung an, mit Eispickeln Bäume zu fällen und sie zu Stützpfeilern für die Brücke zurechtzukappen. Diese Arbeit ging nur langsam voran, denn Eispickel taugen nicht viel zum Holzhacken. Ich ließ meine Pfeiler in Reihen fest in dem Keller aufrichten, und auf die Pfeiler legte ich dicht nebeneinander sechs von meinen zwölf Meter langen Leitern und auf die sechs noch einmal sechs. Über die Brücke ließ ich ein Bett aus Zweigen breiten und auf die Zweige ein fünfzehn Zentimeter dickes Bett aus Erde. Ich spannte auf beiden Seiten Seile als Geländer, und dann war meine Brücke fertig. Ein Zug Elefanten hätte sie sicher und bequem überschreiten können. Bei Einbruch der Nacht waren alle Tiere der Karawane auf der anderen Seite und die Leitern wieder aufgenommen.

Am nächsten Morgen zogen wir eine Zeitlang guten Mutes weiter, obwohl unser Weg beschwerlich war und wir nur langsam vorwärts kamen, denn das Gelände war steil und steinig und der Wald sehr dicht; aber schließlich breitete sich dumpfe Verzweiflung über die Gesichter der Männer aus, und es wurde offenbar, daß nicht nur sie, sondern sogar die Führer überzeugt waren, daß wir uns verirrt hatten. Die Tatsache, daß wir immer noch keinen Touristen begegneten, war ein nur allzu bedeutsamer Beweis. Ein anderer Umstand schien darauf hinzudeuten, daß wir uns nicht nur verirrt, sondern sehr gründlich verirrt hatten; denn es mußten ganz gewiß inzwischen Suchtrupps unterwegs sein, aber bis jetzt hatten wir nichts davon gesehen.

Entmutigung griff um sich; es mußte etwas geschehen, und zwar schnell. Zum Glück bin ich nicht unfruchtbar im Ersinnen von Hilfsmitteln. Ich dachte mir nun eins aus, das von allen begrüßt wurde, denn es sah erfolgversprechend aus. Ich nahm zwölfhundert Meter Seil, band ein Ende einem der Bergführer um den Leib und trug ihm auf, loszugehen und den Weg zu suchen, während die Karawane zurückblieb und wartete. Ich wies ihn an, im Falle eines Fehlschlags mit Hilfe des Seils zu uns zurückzukehren; im Falle des Erfolgs sollte er mehrmals heftig an dem Seil rucken, woraufhin die Expedition sofort nachkommen würde. Er brach auf und war nach zwei Minuten zwischen den Bäumen verschwunden. Ich steckte die Leine persönlich aus, während alles gespannt das hinkriechende Ding beobachtete. Das Seil krabbelte manchmal recht langsam davon und manchmal auch ein bißchen munterer. Zweimal oder dreimal schien das Signal zu uns durchzukommen, und schon wollten die Männer in einen Jubelschrei ausbrechen, da merkten sie, daß es ein falscher Alarm war. Aber als schließlich fast ein Kilometer Seil davongespurt war, hörte die Leine auf zu gleiten und stand vollkommen still – eine Minute – zwei Minuten – drei –, während wir darauf starrten und den Atem anhielten.

Machte der Führer Rast? Suchte er von einer hohen Stelle aus das Gelände ab? Erkundigte er sich bei einem zufällig dahergekommenen Bergsteiger? Halt – war er am Ende von einem Übermaß an Erschöpfung und ängstlicher Sorge ohnmächtig geworden?

Der Gedanke jagte uns einen ganz schönen Schreck ein. Ich war gerade dabei, eine Expedition zu seiner Rettung auf den

Weg zu schicken, da wurde mehrmals hintereinander mit solcher Besessenheit an dem Seil geruckt, daß ich es kaum festhalten konnte. Das Hurra, das sich da erhob, tat dem Herzen wohl. »Gerettet! Gerettet!« war das Wort, das von einem Ende der Karawane bis zum anderen widerhallte.

Wir erhoben uns und marschierten sofort ab. Eine Weile war der Weg recht gut, aber dann wurde er allmählich beschwerlich und dann immer beschwerlicher. Als wir unserer Schätzung nach etwa achthundert Meter hinter uns gebracht hatten, rechneten wir damit, jeden Augenblick den Führer vor uns zu erblicken; aber nein, er war nirgends zu sehen; und er wartete auch nicht auf uns, denn das Seil bewegte sich immer noch, also rückte er auch noch vor. Dies ließ vermuten, daß er den richtigen Weg doch noch nicht gefunden hatte, sondern mit irgendeinem Bauern daraufzumarschierte. Uns blieb nichts anderes übrig als weiterzustapfen, und dies taten wir denn auch. Nach drei Stunden stapften wir immer noch. Das war nicht nur rätselhaft, sondern auch erbitternd. Und dazu noch sehr ermüdend, denn anfangs hatten wir mit aller Kraft versucht, den Führer einzuholen, und uns dabei vergeblich abgearbeitet; denn er marschierte zwar langsam, kam aber in diesem Gelände doch immer noch schneller vorwärts als die behinderte Karawane.

Um drei Uhr nachmittags waren wir fast zu Tode erschöpft – und immer noch glitt das Seil langsam davon. Das Murren gegen den Führer war beständig angewachsen und wurde schließlich laut und wütend. Eine Meuterei brach aus. Die Männer weigerten sich, noch einen Schritt weiterzugehen. Sie erklärten, wir seien den ganzen Tag lang immer wieder durch dasselbe Gelände gezogen, gleichsam im Kreis. Sie forderten, daß das Seil an unserem Ende an einem Baum festgemacht werde, damit wir den Führer zum Halten brächten, bis wir ihn einholen und erschlagen könnten. Das war keine unbillige Forderung, also gab ich den Befehl dazu.

Sobald die Leine festgebunden war, marschierte die Expedition weiter – mit jener Bereitwilligkeit, die der Durst nach Rache gewöhnlich mit sich bringt. Aber nach einem beschwerlichen Marsch von fast einem Kilometer stießen wir auf einen Berg, der dick mit zerbröckelndem Felsgeröll bedeckt und so steil war, daß keiner von uns allen in der Verfassung, in der wir uns nun befanden, erklettern konnte. Jeder Versuch schlug fehl und endete damit, daß jemand Schaden an seinen Gliedern erlitt. Nach zwanzig Minuten hatte ich fünf Leute an Krücken. Sooft ein Kletterer versuchte, sich an dem Seil hochzuziehen, rutschte es weg und ließ ihn rücklings abstürzen. Die Häufigkeit dieses Ergebnisses brachte mich auf eine Idee. Ich kommandierte »Ganze Abteilung – kehrt!« und ließ die Karawane in Marschordnung Aufstellung nehmen. Dann machte ich das Schleppseil an dem letzten Maultier fest und gab das Kommando:

»Im Gleichschritt – halbrechts schwenkt – vorwärts – *Marsch!*«

Der Zug setzte sich unter den eindrucksvollen Klängen eines Schlachtgesanges in Bewegung, und ich dachte bei mir: Wenn das Seil nicht reißt, dann wird *das* ja wohl diesen Führer ins Lager zurückholen! Ich beobachtete das herabgleitende Seil und plötzlich, als ich schon ganz auf Triumph eingestimmt war, sah ich mich einer herben Enttäuschung gegenüber; kein Führer hing am Ende des Seils, sondern nur ein entrüsteter alter Ziegenbock. Die Wut der verblüfften Expedition überstieg jedes Maß. Die Leute wollten sogar ihre vernunftlose Rache an der unschuldigen stummen Kreatur üben. Aber ich stellte mich zwischen sie und ihre Beute, von einer starken Wand aus Eispickeln und Alpenstöcken bedroht, und verkündete, daß es nur einen Weg zu diesem Mord gebe, und der führe geradenwegs über meine Leiche. Aber als ich noch sprach, sah ich schon, daß mein Schicksal besiegelt war, es sei denn, ein Wunder griffe ein und hielte diese

Wahnsinnigen von ihrem unmenschlichen Vorhaben ab. Noch heute sehe ich diese widerwärtige Wand von Waffen vor mir; ich sehe diese vorrückende Heerschar, wie ich sie damals sah, ich sehe den Haß in diesen grausamen Augen; ich erinnere mich, wie ich meinen Kopf auf die Brust sinken ließ, ich fühle erneut den erdbebengleichen Stoß in mein Hinterviertel, der mir von demselben Ziegenbock beigebracht wurde, den ich retten wollte, indem ich mich für ihn opferte; ich höre abermals den Taifun des Gelächters, der aus der angreifenden Kolonne hervorbarst, als ich sie vom Voraustrupp bis zur Nachhut wie ein Kanonenschuß zerteilte.

Ich war gerettet. Ja, ich war gerettet, gerettet durch den barmherzigen Instinkt der Undankbarkeit, den die Natur in die Brust dieses heimtückischen Tieres eingepflanzt hatte. Die Gnade, die Beredsamkeit nicht in den Herzen dieser Männer hatte wecken können, war von einem Lachen geweckt worden. Der Ziegenbock wurde freigelassen und mein Leben geschont.

Hinterher fanden wir heraus, daß dieser Führer uns im Stich gelassen hatte, sobald er einen knappen Kilometer voraus war. Damit kein Verdacht aufkam, hatte er sich gesagt, daß es das beste sei, wenn das Seil sich weiterbewegte; also fing er den Ziegenbock ein, und als er auf ihm hockte und das Seil an ihm festband, das waren die Minuten, da wir glaubten, er liege, von Erschöpfung und Elend überwältigt, ohnmächtig darnieder. Als er dann den Ziegenbock wieder losließ, raste der hin und her in dem Bemühen, sich von dem Seil zu befreien, und das war das Signal, dem zu folgen wir uns unter allerhand Freudenrufen erhoben hatten. Wir waren den ganzen Tag über im Kreis hinter diesem Ziegenbock hergelaufen – eine Vermutung, die durch die Entdeckung bewiesen wurde, daß wir die Expedition in sieben Stunden siebenmal an ein und derselben Quelle getränkt hatten. Als erfahrener Waldläufer, der ich bin, hätte mir das auffallen müssen, aber es war mir irgendwie entgangen, bis meine Aufmerksamkeit durch eine Sau darauf gelenkt wurde. Diese Sau wälzte sich jedesmal an der Quelle im Schlamm, und da sie die einzige Sau war, die wir sahen, brachten mich ihr häufiges Auftauchen und dazu ihre niemals sich ändernde Ähnlichkeit mit sich selber auf den Gedanken, daß sie dieselbe Sau sein mußte, und dies wiederum führte mich zu dem Schluß, daß es ebenfalls dieselbe Quelle sein mußte – was dann auch tatsächlich zutraf.

Ich notierte mir diese Merkwürdigkeit, zeigte sie doch aufs erstaunlichste den Unterschied zwischen dem Verhalten eines Gletschers und dem Verhalten eines Schweines. Es gilt heute als fest erwiesen, daß Gletscher wandern; ich bin der Ansicht, daß meine Beobachtungen mit ebensogroßer Schlüssigkeit beweisen, daß ein Schwein in einer Quelle nicht wandert. Es würde mich freuen, hierzu die Meinungen anderer Beobachter zu erfahren.

Um noch einmal kurz zu diesem Bergführer zurückzukehren – und dann ist er für mich erledigt. Nachdem er den Ziegenbock an das Seil gebunden hatte, war er eine Weile ziellos umhergeirrt und dann zufällig auf eine Kuh gestoßen. In der Vermutung, daß eine Kuh sich natürlich besser auskennen würde als er, packte er sie beim Schwanz, und das Ergebnis gab seiner Vermutung recht. Die Kuh knabberte sich gemächlich bergabwärts, bis die Zeit zum Melken näherrückte; dann machte sie sich auf den Heimweg und zog ihn im Schlepp nach Zermatt.

An dieser Stelle mitten in der Wildnis, zu der der Ziegenbock uns geführt hatte, schlugen wir unser Lager auf. Die Leute waren sehr, sehr erschöpft. Die Überzeugung, daß wir uns verirrt hatten, schwand über einem tüchtigen Abendschmaus dahin, und bevor die Reaktion auch nur eine Chance hatte, einzusetzen, lud ich die Männer mit Opiumtinktur auf und steckte sie ins Bett.

Am nächsten Morgen war ich gerade dabei, unsere verzweifelte Situation zu überdenken und mir einen Ausweg einfallen zu lassen, da kam Harris mit einer Baedekerkarte, die überzeugend dartat, daß der Berg, auf dem wir uns befanden, noch in der Schweiz lag – ja, er lag ganz in der Schweiz. Wir hatten uns also doch nicht verirrt. Das war eine ungeheure Erleichterung – es nahm mir die Last zweier solcher Berge von der Seele.

Ich ließ die Nachricht sofort ausstreuen und die Karte für jedermann sichtbar anschlagen. Die Wirkung war wundervoll. Sobald die Leute mit ihren eigenen Augen sahen, daß sie wußten, wo sie waren, und daß nicht sie selber, sondern nur der Gipfel abhanden gekommen war, wurden sie fröhlich und guter Dinge und sagten einstimmig, der Gipfel möge sehen, wo er bleibe, seine Verlegenheiten interessierten sie nicht.

Nun, da unsere Not ein Ende hatte, beschloß ich, den Leuten eine Ruhepause im Lager zu gönnen und gleichzeitig der wissenschaftlichen Abteilung eine Gelegenheit zur Forschungsarbeit zu geben. Zuerst las ich den Barometerdruck ab, um unsere Höhe zu bestimmen, aber von einem Resultat konnte nicht recht die Rede sein. Aus meiner Lektüre wissenschaftlicher Werke wußte ich, daß entweder Thermometer oder Barometer abgekocht werden müssen, wenn sie genau anzeigen sollen; ich wußte nicht, welches von den beiden, also kochte ich beide. Immer noch kein Resultat. Darauf untersuchte ich die Instrumente und entdeckte, daß sie mit wesentlichen Mängeln behaftet waren: das Barometer hatte keinen Zeiger, nur den feststehenden Messingpfeil, und die Kugel des Thermometers war mit Silberpapier vollgestopft. Ich hätte beide zu Fetzen kochen können, ohne auch nur zu dem geringsten Ergebnis zu kommen.

Ich spürte ein anderes Barometer auf; es war neu und völlig in Ordnung. Ich kochte es eine halbe Stunde in einem Topf mit Bohnensuppe, die gerade von den Köchen zubereitet wurde. Das Ergebnis war überraschend: das Instrument blieb gänzlich unbeeinflußt, aber die Suppe hatte einen solch starken Barometergeschmack, daß der Chefkoch, der ein außerordentlich gewissenhafter Mensch war, ihren Namen auf dem Speisezettel änderte. Das Gericht mundete allen so sehr, daß ich dem Koch befahl, fortan jeden Tag Barometersuppe zu kochen. Man machte geltend, daß das Barometer nach einer Weile Schaden nehmen könne, aber das war mir ganz gleich. Ich hatte zu meiner Zufriedenheit demonstriert, daß es nicht anzeigen konnte, wie hoch ein Berg war, und damit war es für mich eigentlich nutzlos. Wetterumschläge konnte ich auch ohne Barometer voraussehen; ich wollte nicht wissen, wann das Wetter gut werden würde, sondern wann es schlecht werden würde, und das las ich an Harris' Hühneraugen ab. Harris hatte seine Hühneraugen am staatlichen Observatorium in Heidelberg prüfen und adjustieren lassen, und man konnte sich vertrauensvoll auf sie verlassen. Also gab ich das neue Barometer an die Küche zur Verwendung für die Messe der Expeditionsleitung. Es stellte sich heraus, daß sogar mit dem defekten Barometer eine durchaus eßbare Suppe hergestellt werden konnte; also gab ich die Erlaubnis, daß man dieses der Untergebenenkantine überließ.

Sodann kochte ich das Thermometer und erhielt ein ganz vorzügliches Resultat; das Quecksilber kletterte auf etwa 90° Celsius. Nach Ansicht der anderen Wissenschaftler unserer Expedition zeigte dies an, daß wir die ungewöhnliche Höhe von 70 000 m über dem Meeresspiegel erklommen hatten. Die Wissenschaft setzt die Grenze des ewigen Schnees bei etwa 3 000 m über dem Meeresspiegel an. Es lag kein Schnee, wo wir waren, folglich durfte als bewiesen gelten, daß die Grenze des ewigen Schnees irgendwo in etwa 3 000 m Höhe aufhört und nicht wieder anfängt. Dies war ein interessantes

Faktum und dazu noch eins, das noch von keinem Beobachter zuvor beobachtet worden war. Und es war nicht nur interessant, sondern auch wertvoll, denn dank dieses Tatbestands würde man die verlassenen Gipfel der höchsten Alpenberge der Besiedlung und Beackerung zugänglich machen können. Hier zu sein, erfüllte uns mit Stolz, aber es schmerzte uns zu denken, daß wir ohne den Ziegenbock noch 70 000 m höher hätten sein können.

Der Erfolg meines letzten Experimentes verleitete mich dazu, ein Experiment mit meinem photographischen Zubehör zu machen. Ich holte es heraus und kochte einen von den Apparaten, aber die Sache war ein Fehlschlag: das Holz quoll auf und platzte, und die Linsen sahen eigentlich auch nicht besser aus als vorher.

Ich beschloß nun, einen Führer zu kochen. Vielleicht würde er besser davon, jedenfalls würde es seine Nützlichkeit nicht schmälern können. Aber es war mir nicht vergönnt, dieses Experiment durchzuführen. Führer haben keinen Sinn für die Wissenschaft, und dieser wollte nicht seine Zustimmung dazu geben, daß man ihn in ihrem Interesse Unerfreulichkeiten unterzog.

Inmitten meiner wissenschaftlichen Arbeit ereignete sich einer von diesen unnötigen Unfällen, wie sie immer wieder unter den Unwissenden und Gedankenlosen vorkommen. Ein Träger schoß auf eine Gemse und verfehlte sie und verwundete den Latinisten. Dies war für mich nichts Ernstes, kann doch ein Latinist seiner Aufgabe an Krücken ebensogut nachkommen wie ohne Krücken. Aber es blieb der Umstand, daß es ein Maultier erwischt hätte, wenn der Latinist nicht im Wege gewesen wäre. Das wäre schon eine recht andere Sache gewesen, denn wenn man nach dem vergleichsweisen Wert fragt, dann besteht ein fühlbarer Unterschied zwischen einem Latinisten und einem Maultier. Ich konnte nicht darauf bauen, daß jedesmal ein Latinist an der richtigen Stelle stehen würde; um also sicherzugehen, befahl ich, daß in Zukunft die Gemse innerhalb des Lagers mit keiner anderen Waffe als dem Zeigefinger gejagt würde.

Meine Nerven hatten sich nach dieser Angelegenheit kaum beruhigt, da traf sie auch schon der nächste Schlag, und zwar einer, der mir einen Augenblick lang allen Mut nahm: Ein Gerücht lief plötzlich durch das Lager, daß einer von den Büfettiers über eine Felskante abgestürzt sei!

Es stellte sich jedoch heraus, daß es sich nur um einen Geistlichen handelte. Ich hatte für genügend Ersatz bei den Geistlichen gesorgt, und zwar ausdrücklich, um auf Fälle dieser Art vorbereitet zu sein, war jedoch – ein unerklärliches Versehen – mit einem recht knapp bemessenen Büfettiertrupp aufgebrochen.

Am nächsten Morgen zogen wir erfrischt und guten Mutes weiter. Ich erinnere mich an diesen Tag mit besonderem Vergnügen, denn in seinem Verlauf sollte uns unser Weg wiedergeschenkt werden. Ja, wir fanden den Weg wieder, und zwar auf die außerordentlichste Weise. Wir waren etwa zweieinhalb Stunden einhergestapft, da stießen wir auf ein schieres Felsmassiv von etwas sieben Meter Höhe. Diesmal bedurfte ich nicht der Unterweisung durch ein Maultier. Ich kannte mich allmählich besser aus als jedes Maultier der Expedition. Ich brachte unverzüglich eine Ladung Dynamit an und sprengte diesen Felsen aus dem Weg. Aber zu meiner Überraschung und zu meinem Verdruß mußte ich feststellen, daß obenauf eine Sennhütte gestanden hatte.

Ich hob alle Mitglieder der Familie auf, die in meiner Nähe niederfielen, und Subordinierte meines Korps sammelten den Rest ein. Keiner von diesen unglücklichen Leuten war zum Glück verletzt, aber sie waren alle sehr, sehr ärgerlich. Ich erklärte dem rangältesten Sennhüttler genau, wie die Geschichte passiert war, und daß ich nur nach dem Weg suchte und ihm ganz gewiß rechtzeitig Bescheid gesagt hätte, wenn mir bewußt gewesen wäre, daß er oben auf dem Felsen saß. Ich sagte ihm, daß es nicht böse gemeint gewesen sei und daß ich hoffte, in seiner Wertschätzung nicht gesunken zu sein, nur weil ich ihn meinerseits einige Klafter in die Luft gehoben hätte. So sprach ich noch manch verständiges Wort, und nachdem ich ihm angeboten hatte, die Sennhütte wieder aufzubauen und den Bruch zu bezahlen und den Keller noch dazuzugeben, war er schließlich besänftigt und zufrieden. Vorher hatte er überhaupt keinen Keller gehabt; nun würde er zwar nicht so eine schöne Aussicht haben wie zuvor, aber was er an Aussicht eingebüßt hatte, hatte er an Keller gewonnen, und zwar genau. Er sagte, solch ein Loch gebe es im ganzen Gebirge nicht noch einmal – und er hätte recht gehabt, wenn das hingegangene Maultier nicht versucht hätte, unser Nitroglyzerin zu fressen.

Ich stellte hundertsechzehn Mann ab, und sie bauten die Sennhütte aus ihren eigenen Trümmern in fünfzehn Minuten wieder auf. Sie sah sehr viel malerischer aus als zuvor. Der Mann sagte, wir befänden uns nun auf dem Fälli-Stutz oberhalb Schwegmatten – eine Auskunft, über die ich herzlich froh war, zeigte sie uns doch unsere Position mit einem Grad der Genauigkeit, an den wir schon seit einem Tag oder noch länger nicht mehr gewohnt waren. Wir erfuhren außerdem, daß wir am Fuß des eigentlichen Riffelberges standen und daß damit das Anfangskapitel unseres Werkes vollendet war.

Es bot sich uns an dieser Stelle ein herrlicher Ausblick auf die kraftsprühende Visp, die dort unter einem riesigen Bogen aus schierem Eis hervor, den sie durch die Fußwand des großen Gorner-Gletschers gespült hat, ihren ersten Sprung in die Welt macht; und auch den Furggenbach konnten wir sehen, den Abfluß des Furggen-Gletschers.

Der Maultierpfad zum Gipfel des Riffelberges führte genau vor der Sennhütte vorbei, ein Umstand, den wir fast augenblicklich bemerkten, denn eine nahezu ununterbrochene Prozession von Touristen zog darauf einher. Des Senners Beruf bestand darin, den Reisenden mit Erfrischungen aufzuwarten. Meine Sprengung hatte sein Geschäft für ein paar Minuten lahmgelegt, indem sie sämtliche Flaschen im Haus zu Bruch gehen ließ; aber ich gab dem Mann eine Menge Whisky, den er als Alpensekt verkaufen konnte, und eine Menge Essig, der recht gut den Rheinwein vertrat, und folglich blühte das Geschäft schon bald wieder so munter wie eh und je.

Ich ließ die Expedition draußen, wo sie rasten konnte, und quartierte mich zusammen mit Harris in der Sennhütte ein, denn ich wollte vor Fortsetzung des Aufstiegs meine Tagebuchnotizen und wissenschaftlichen Beobachtungen korrigieren. Kaum hatte ich mit der Arbeit begonnen, da trat ein großer, schlanker, kräftiger, auf dem Abstieg befindlicher junger Amerikaner von etwa dreiundzwanzig Jahren ein und kam mit dieser munteren Selbstgefälligkeit auf mich zu, die Halbwüchsige für die wohlerzogene Ungezwungenheit eines Mannes von Welt halten. Sein Haar war kurz und genau in der Mitte gescheitelt, und er sah durch und durch nach dieser gewissen Sorte von Amerikanern aus, die ihre Unterschrift mit einer Abkürzung anfangen und den zweiten Vornamen ausschreiben. Er stellte sich mit einem Schmunzeln vor, das er den Höflingen auf der Bühne abgeguckt hatte, streckte seine hellhäutige Klaue aus, und während er meine Hand damit ergriff, knickte er dreimal in der Hüfte ein, wie der Bühnenhöfling es zu tun pflegt, und sagte im affektiertesten und herablassendsten und gönnerhaftesten Tonfall – ich zitiere wörtlich:

»Freut mich sehr, Sie kennenzulernen, o ja, gewiß, freut mich außerordentlich, ich versichere Sie. Ich habe all Ihre kleinen Sächelchen gelesen und sehr bewundert, und als ich hörte, Sie seien hier...«

Ich deutete auf einen Stuhl, und er setzte sich. Dieser Edelmensch war der Enkel eines zu seiner Zeit recht bekannten und auch nun noch nicht gänzlich vergessenen Amerikaners – eines Mannes, dem zu einem großen Mann so wenig fehlte, daß man ihn zu seinen Lebzeiten allgemein dafür hielt.

Ich schritt gemächlich im Zimmer auf und ab, über wissenschaftliche Probleme nachdenkend, und hörte die folgende Unterhaltung:

Enkel: Zum erstenmal in Europa?

Harris: Ich? Ja.

Enkel (mit einem leisen Seufzen der Erinnerung, das auf vergangene Freuden hindeutet, die in ihrer ganzen Frische nur einmal genossen werden können): Ah, ich weiß, was es Ihnen bedeutet. Zum erstenmal! Ah! – der Überschwang! Ich wünsche, ich könnte ihn noch einmal verspüren.

Harris: Ja, ich finde, daß es alle meine Träume übertrifft. Es ist eine einzige Verzauberung. Ich gehe...

Enkel (mit einer zierlichen Geste der Hand, die besagt: »Ersparen Sie mir Ihren unreifen Enthusiasmus«): Ja, ich weiß, ich weiß; Sie gehen in Dome und geraten in Entzücken; und Sie schleppen sich durch meilenlange Gemäldegalerien und geraten in Entzücken; und Sie stehen hier und dort und noch woanders auf historischem Boden und geraten weiter in Entzücken; und Sie werden durchdrungen von Ihrem ersten unverdauten Kunsterlebnis und sind stolz und glücklich. Hm, ja, stolz und glücklich – so kann man es ausdrükken. Ja doch, ja doch – freuen Sie sich dessen – recht so –, es ist ein unschuldiges Vergnügen.

Harris: Und Sie? Tun Sie alles dies nun nicht auch?

Enkel: Ich! Oh, das ist sehr gut! Mein lieber Mann, wenn Sie ein solch alter Reisender sind wie ich, werden Sie solch eine Frage nicht mehr stellen. *Ich* die vorgeschriebenen Galerien besuchen, in den vorgeschriebenen Kathedralen herumgaf-

fen, die Kette der vorgeschriebenen Sehenswürdigkeiten ab-
klappern – *ich?* Jetzt noch? Ich bitte Sie!

Harris: Hm, ja, aber was machen Sie denn?

Enkel: Was ich mache? Ich flitze – ich eile dahin – ich bin
immer unterwegs –, aber ich meide die Herde. Heute bin ich
in Paris, morgen in Berlin und dann wieder in Rom; aber Sie
würden mich vergeblich in den Galerien des Louvre suchen
oder an den allgemeinen Treffpunkten der Gaffer in jenen
anderen Hauptstädten. Falls Sie mich finden wollen, müssen
Sie in den unbesuchten Ecken und Winkeln nachschauen,
die niemand sonst des Ansehens für wert erachtet. An einem
Tag werden Sie mich antreffen, wie ich es mir in der Hütte
eines unbedeutenden Bauern bequem mache, an einem anderen Tag werden Sie mich in irgendeinem vergessenen
Schloß finden, wo ich irgendein kleines Meisterwerk anbete,
das das achtlose Auge übersehen hat und das das unerfahrene
geringschätzen würde; und dann wieder werden Sie mich als
Gast im innersten Heiligtum von Palästen finden, während
die Herde sich damit begnügt, einen eiligen Blick in die un-
benutzten Zimmer zu werfen, indem sie einen Bedienten
dafür entlohnt.

Harris: Sie sind *Gast* an solchen Orten?

Enkel: Und ein gern gesehener.

Harris: Das ist überraschend. Wie kommt's?

Enkel: Der Name meines Großvaters ist ein Paß zu allen
Höfen Europas. Ich brauche nur diesen Namen zu nennen,
und alle Türen öffnen sich mir. Ich eile von Hof zu Hof, ganz
wie es mir gefällt und paßt, und bin stets willkommen. Ich
bin in den Palästen Europas so sehr zu Hause wie Sie unter
Ihren Verwandten. Ich kenne wohl jeden Adligen in Europa.
Ich habe die Taschen dauernd voller Einladungen. Ich habe
nun versprechen müssen, nach Italien zu reisen, wo ich nacheinander Gast in einer Reihe der vornehmsten Häuser des
Landes sein werde. In Berlin ist mein Leben eine ununter-

brochene Folge von Lustbarkeiten im kaiserlichen Schloß.
Und so geht's, wohin ich mich auch wende.

Harris: Es muß sehr erfreulich sein. Aber gewiß wirkt Boston ein wenig langweilig, wenn Sie zu Hause sind.

Enkel: Ja, natürlich, das tut's. Aber ich bin nicht oft zu Hause. Da ist kein Leben – wenig nur für das höhere Wesen des Menschen. Boston ist nämlich sehr eng. Es weiß es nicht, und man könnte es nicht davon überzeugen – also sage ich nichts, wenn ich drüben bin, hat ja keinen Zweck. Ja, Boston ist sehr eng, aber es hat solch eine gute Meinung von sich selber, daß es nichts davon merkt. Ein Mann, der soviel gereist ist wie ich und soviel von der Welt gesehen hat, der sieht es mehr als deutlich, aber daran ändern kann er auch nichts, wissen Sie, und da ist es das beste, man geht und sucht sich eine Sphäre, die mehr mit dem eigenen Geschmack und der persönlichen Kultur harmoniert. Ich fahre vielleicht einmal im Jahr hinüber, wenn nichts Wichtiges ansteht, aber ich bin dann schon bald wieder hier. Ich bringe mein Leben in Europa zu.

Harris: Ah ... Sie entwerfen Ihr Programm und ...

Enkel: Aber nein, wenn Sie gestatten. Ich entwerfe ganz und gar kein Programm. Ich folge Tag um Tag einfach nur meinen Neigungen. Ich bin durch keine Verpflichtungen behindert, durch keine Erfordernisse; ich bin in gar keiner Weise gebunden. Ich bin ein zu erfahrener Reisender, als daß ich mich durch vorgefaßte Absichten in meiner Freiheit beschränken ließe. Ich bin einfach nur ein Reisender – ein eingefleischter Reisender – mit einem Wort: ein Mann von Welt –, einen anderen Namen kann ich mir nicht beilegen. Ich sage nicht: »Ich gehe hierhin, und ich gehe dorthin« – ich sage überhaupt nichts, ich handele. So werden Sie mich in der nächsten Woche zum Beispiel als Gast bei einem spanischen Granden antreffen – oder aber unterwegs nach Venedig, oder wie ich einmal rasch nach Dresden flitze. Ich werde wahrscheinlich plötzlich nach Ägypten reisen; meine Freunde werden zu ihren Freunden sagen: »Jetzt ist er an den Nilfällen« – und genau in dem Augenblick werden sie zu ihrer Überraschung erfahren, daß ich irgendwo ganz weit weg in Indien bin. Ich überrasche die Leute unentwegt. Sie sagen immerzu: »Ja, er war in Jerusalem, als wir das letzte Mal von ihm hörten, aber weiß der Himmel, wo er jetzt ist.«

Nach einer Weile erhob sich der Enkel und wandte sich zum Gehen – vermutlich war ihm eingefallen, daß er eine Verabredung mit irgendeinem Kaiser hatte. Er beehrte uns abermals mit seinen hoch vornehmen Manieren: griff auf Armlänge mit der einen Klaue nach meiner Hand, drückte mit der anderen seinen Hut gegen den Magen, knickte dreimal in der Hüfte ein und murmelte:

»War mir ein Vergnügen; großes Vergnügen, wahrhaftig. Wünsche Ihnen viel Erfolg.«

Dann beraubte er uns seiner gnädigen Anwesenheit. Es ist etwas Großes und Ernstes, etwas Feierliches geradezu, einen Großvater zu haben.

Es war nicht meine Absicht, diesen Jungen in irgendeiner Weise schief darzustellen, denn der geringfügige Unwillen, den er in mir wachrief, schlief bald wieder ein, und es blieb nichts als Mitleid zurück. Man kann keinen Groll gegen ein Vakuum empfinden. Ich habe versucht, die Worte des Kerlchens genau wiederzugeben; wenn mir das auch nicht ganz gelungen sein mag, so ist mir doch auf jeden Fall gelungen, den Kern und den Sinn dessen, was er gesagt hat, festzuhalten. Er und die harmlose Plaudertasche, der ich auf dem Genfer See begegnet bin, waren die einzigartigsten und interessantesten Exemplare des jungen Amerika, die mir bei meinen Reisen im Ausland über den Weg gelaufen sind. Ich habe getreuliche Porträts von ihnen gezeichnet, keine Karikaturen. Der Enkel von dreiundzwanzig Jahren bezeichnete sich selber fünf- oder gar sechsmal als »alten Reisenden«, und mindestens dreimal (mit einer heiteren Selbstgefälligkeit, die einen wahnsinnig machen konnte) als einen »Mann von Welt«. Es hatte etwas sehr Köstliches, wie er Boston, ohne es zurechtzuweisen oder eines Besseren zu belehren, seiner »Enge« überließ.

Ich ließ die Karawane alsbald in Marschordnung antreten, und nachdem ich einmal an der Kolonne auf- und abgeritten war, um mich zu vergewissern, daß sie richtig aneinandergeseilt war, gab ich den Befehl zum Weitermarsch. Nach kurzer Zeit führte uns der Weg in ein offenes, grasbewachsenes Gelände. Wir befanden uns nun oberhalb des lästigen Waldes und erfreuten uns eines unbehinderten Blicks auf den genau vor uns liegenden Gipfel – den Gipfel des Riffelberges.

Wir folgten dem Maultierpfad, einem Zickzackkurs, nun nach links und nun wieder nach rechts, aber immerzu aufwärts und immerzu bedrängt und belästigt von langen Reihen aufsteigender und absteigender unbesonnener Touristen, die in keinem einzigen Falle aneinandergebunden waren. Ich war gezwungen, die äußerste Bedachtsamkeit walten zu lassen, denn an vielen Stellen war der Weg keine zwei Meter breit, und oft fiel an der talwärts gelegenen Seite der schräge Felsenhang zweieinhalb oder gar drei Meter tief ab. Ich mußte den Männern immerzu Mut zusprechen, damit sie nicht ganz ihrer unmännlichen Furcht erlagen.

Wir hätten den Gipfel vielleicht noch vor Einbruch der Nacht erreicht, wenn wir nicht durch den Verlust eines Regenschirms aufgehalten worden wären. Ich war dafür, den Regenschirm als verloren zu betrachten und damit gut, aber die Leute murrten, und zwar nicht ohne Grund, denn in diesem offenen Gelände war ein Schutz gegen Lawinen ganz besonders vonnöten; also ließ ich das Lager aufschlagen und stellte einen starken Trupp ab, der nach dem fehlenden Ausrüstungsstück suchen sollte.

Die Schwierigkeiten des nächsten Morgens waren groß,

aber unser Mut war größer, denn unser Ziel rückte nahe. Um die Mittagszeit bezwangen wir das letzte Hindernis, dann standen wir endlich und wirklich auf dem Gipfel, und zwar ohne einen einzigen Mann verloren zu haben, das Maultier, das den Sprengstoff fraß, ausgenommen. Unsere Großtat war getan – die Möglichkeit des Unmöglichen war bewiesen worden, und Harris und ich zogen stolz in den großen Speisesaal des Riffelberghotels ein und stellten unsere Alpenstöcke in die Ecke.

Jawohl, ich hatte den großen Aufstieg unternommen; aber es war ein Fehler gewesen, ihn im Abendanzug zu machen. Die Zylinder waren verbeult, die Frackschöße flatterten in Fetzen, der Schmutz bedeutete keine Zierde, der allgemeine Eindruck war unerfreulich und sogar unschicklich.

Etwa fünfundsiebzig Touristen befanden sich zu der Zeit im Hotel – hauptsächlich Damen und kleine Kinder –, und sie empfingen uns voller Bewunderung, was uns für alle Entbehrungen und Leiden entschädigte. Der Aufstieg war geschafft, und die Namen und die Daten stehen nun dort auf einem Gedenkstein verzeichnet, der es allen zukünftigen Reisenden beweist.

Ich kochte ein Thermometer ab und stellte die Höhe fest. Das Resultat war höchst verwunderlich: *der Gipfel lag nicht so hoch wie die Stelle am Hang, an der ich die erste Höhenmessung vorgenommen hatte.* Da ich vermutete, eine wichtige Entdeckung gemacht zu haben, schickte ich mich an, sie zu überprüfen. Es traf sich, daß über dem Hotel ein noch höherer Gipfel aufragte, der sogenannte Gornergrat, und trotz der Tatsache, daß er sich in schwindelnder Höhe über einem Gletscher erhebt und der Aufstieg schwierig und gefährlich ist, beschloß ich, mich dort hinaufzuwagen und ein Thermometer zu kochen. Also schickte ich unter der Führung zweier leitender Expeditionsmitglieder einen starken Trupp mit geborgten Hacken aus, der den ganzen Weg hinauf eine Treppe ins Erdreich hieb, und auf dieser Treppe unternahm ich, an die Führer geseilt, den Aufstieg. Diese windige Höhe war der eigentliche Gipfel – ich vollbrachte also sogar noch mehr, als ich mir ursprünglich vorgenommen hatte. Von diesem tollkühnen Unternehmen zeugt ein zweiter Gedenkstein.

Ich kochte mein Thermometer, und tatsächlich – es erwies sich, daß diese Stelle, die dem Anschein nach etwa siebenhundert Meter höher als das Hotel lag, in Wirklichkeit dreitausend Meter *tiefer* lag. Also war eindeutig bewiesen: *Je höher oberhalb eines bestimmten Punktes ein Punkt zu liegen scheint, desto tiefer liegt er in Wirklichkeit.* War schon unser Aufstieg an sich eine Heldentat – unvorstellbar größer noch war dieser Beitrag zur Wissenschaft.

Spitzfindler werden einwenden, daß Wasser bei immer niedrigerer Temperatur zu kochen beginnt, je höher man hinaufsteigt, und daß sich daraus die scheinbare Anomalie erkläre. Ich gebe zur Antwort, daß ich meine Theorie nicht auf das gründe, was das kochende Wasser tut oder läßt, sondern was ein gekochtes Thermometer anzeigt. Am Thermometer ist nicht zu rütteln.

Ich hatte von dieser Höhe eine herrliche Aussicht auf den Monte Rosa und allem Anschein nach auf die ganze übrige Alpenwelt. Der Horizont war rundum ein hochgetürmter, mächtiger Wirrwarr schneebedeckter Kämme. Man hätte glauben können, die Zelte einer belagernden Heerschar von Brobdingnagiern vor sich zu sehen.

Aber für sich allein und beherrschend und unübertrefflich erhob sich der wundervolle aufrechte Keil des Matterhorns. Seine steilen Hänge waren mit Schnee überpudert, und die obere Hälfte verbarg sich in dichten Wolken, die sich hin und wieder zu einem spinnwebfeinen Vorhang auflösten, durch den einen Augenblick lang der achtunggebietende Turm wie durch einen Schleier sichtbar wurde. Ein wenig später nahm das Matterhorn Ähnlichkeit mit einem Vulkan an*; es war nackt bis zum Scheitel, und um diesen kreisten gewaltige weiße Wolkenkränze, die sich langsam dehnten und schräg zur Sonne hoch davonzogen – wohl dreißig Kilometer quirlenden, sich wälzenden Dampfes, der genauso aussah, als entströme er einem Krater. Wiederum eine Weile später war die eine Seite des Berges sauber und klar und die andere vom Fuß bis zum Gipfel in dichte rauchähnliche Wolken gehüllt, die hoch oben ausfiederten und um die scharfen Kanten des Schaftes geblasen wurden wie Qualm um die Ecken eines brennenden Hauses. Das Matterhorn experimentiert ununterbrochen und erzielt auch immerzu die schönsten Wirkungen. Bei Sonnenuntergang, wenn die ganze niedere Welt bleich in der Finsternis daliegt, zeigt es aus dem durchdringenden Dunkel wie ein Feuerfinger zum Himmel. Bei Sonnenaufgang – nun, es heißt, das Matterhorn sei sehr schön bei Sonnenaufgang.

Meine Gewährsleute stimmen darin überein, daß man von keiner anderen zugänglichen Stelle aus eine solch gewaltige »Anlage« schneeiger alpiner Größe und Erhabenheit überblicken könne wie die, die der Reisende auf dem Gipfel des Riffelberges vor sich sieht. Darum möge der Reisende sich anseilen und dort hinaufsteigen; denn ich habe bewiesen, daß es mit Mut, Umsicht und Besonnenheit zu schaffen ist.

Ich möchte hier noch – in Parenthese, sozusagen – eine Bemerkung anfügen, zu der mich das Wort »schneeig«

---

* Ich hatte das seltene Glück, das Matterhorn einen flüchtigen Augenblick lang von Wolken vollkommen unbehindert zu erhaschen. Sofort richtete ich meinen Photoapparat darauf, und es wäre ein großartiges Bild geworden, wenn sich mein Esel nicht eingemischt hätte. Es war meine Absicht, diese Photographie ganz allein für mein Buch zu zeichnen, aber ich stelle fest, daß Landschaft nicht meine starke Seite ist und sah mich daher gezwungen, den Bergteil einem Künstler vom Fach anzuvertrauen.

drängt, das ich soeben benutzt habe. Wir haben alle schon Hügel und Berge und Ebenen mit Schnee darauf gesehen und glauben daher, wir kennten alle Aspekte, die der Schnee bietet, und alle Wirkungen, die er erzielen kann. Aber dem ist durchaus nicht so, bevor wir nicht die Alpen gesehen haben. Möglich, daß Masse und Entfernung etwas dazutun – fest steht jedenfalls, daß hier tatsächlich etwas hinzutritt. So ist zum Beispiel der Alpenschnee in der Ferne, wenn die Sonne auf ihn scheint, von einem blendenden, eindringlichen Weiß, das man als eigentümlich und dem Auge unvertraut erkennt. Der Schnee, an den man gewöhnt ist, zeigt eine ganz leichte Schattierung – Maler geben ihm meistens einen Stich ins Blaue –, nicht so jedoch der ferne Alpenschnee, wenn er bemüht ist, sich von der allerweißesten Seite zu zeigen; an ihm ist nicht die geringste Tönung wahrzunehmen. Und was seine unvorstellbare Pracht betrifft, wenn die Sonne auf ihn niederflammt – nun, sie ist einfach unvorstellbar.

Aufstieg zum Montblanc – per Fernrohr

Nach dem Frühstück an jenem nächsten Morgen in Chamonix gingen wir in den Garten hinaus und sahen den zum Ausflug gerüsteten Touristen zu, die nun allmählich hier eintrafen und sich mit ihren Maultieren und Bergführern und Trägern auf den Weg machten. Dann warfen wir einen Blick durch das Fernrohr auf den Schneebuckel des Montblanc. Er gleißte im Sonnenschein, und die gewaltige glatte Wölbung schien kaum fünfhundert Meter entfernt zu sein. Mit unbewaffnetem Auge war gerade noch das Haus am Pierre Pointue zu erkennen, das neben dem großen Gletscher liegt – neunhundert Meter über der Talsohle. Aber mit dem Fernrohr konnten wir alle Einzelheiten ausmachen. Als ich gerade hindurchschaute, ritt eine Frau auf einem Maultier vorbei, und ich sah sie scharf und deutlich; ich hätte ihre Kleidung genau beschreiben können. Ich sah, wie sie den Leuten am Haus zunickte, ihr Maultier zügelte und eine Hand zum Schutz gegen die Sonne über die Augen legte. Ich war nicht an Fernrohre gewöhnt; ja, ich hatte noch nie zuvor durch ein gutes geguckt; es erschien mir unglaublich, daß diese Frau so weit weg sein konnte. Ich war überzeugt, daß ich all diese Einzelheiten auch mit bloßem Auge sehen konnte; aber als ich es versuchte, waren das Maultier und die lebhaft sichtbaren Leute vollkommen verschwunden, und das Haus selber war klein geworden und verschwamm. Ich probierte es abermals mit dem Fernrohr, und wieder war alles deutlich und lebhaft. Der kräftige schwarze Schatten des Maultiers und der Frau wurde gegen die Hauswand geworfen, und ich sah die Silhouette des Maultiers mit den Ohren wackeln.

Der Fernrohrwärter sagte, ein Klettertrupp sei zur Zeit bei einem großen Aufstieg und müsse jeden Augenblick sehr weit oben sichtbar werden. Wir warteten daher, um uns diese Darbietung anzusehen.

Plötzlich kam mir eine vortreffliche Idee. Ich wollte mit einer Klettergesellschaft auf dem Gipfel des Montblanc stehen, nur um hinterher sagen zu können, daß ich oben gewesen sei, und ich nahm an, daß das Fernrohr mich zwei Meter von dem obersten Mann entfernt absetzen konnte. Der Fernrohrwärter versicherte mir, daß es das könne. Ich fragte ihn darauf, wieviel ich ihm bis zu der Stelle schuldete, an die ich gelangt war. Einen Franken, sagte er. Ich fragte ihn, was mich der gesamte Aufstieg kosten würde? Drei Franken. Ich beschloß auf der Stelle, den Aufstieg bis ganz oben zu unternehmen. Aber zunächst erkundigte ich mich, ob irgendeine Gefahr bestehe. Er sagte nein – nicht mit dem Fernrohr; er habe schon zahllose Gesellschaften zum Gipfel geführt, und nicht ein einziger sei dabei umgekommen. Ich fragte ihn, was er mir berechnen würde, wenn ich meinen Reisebegleiter mitnähme und dazu die Führer und Träger, die sich als notwendig erweisen sollten. Er erwiderte, er werde Harris für zwei Franken mitgehen lassen; und falls wir nicht ungewöhnlich furchtsam seien, halte er Bergführer und Träger für unnötig; es sei nicht üblich, sie mitzunehmen, wenn man per Fernrohr aufstieg, denn sie seien eher ein Hindernis als eine Hilfe. Er sagte, die Gesellschaft, die sich nun auf dem Berg befinde, nähere sich dem schwierigsten Stück, und falls wir uns beeilten, müßte es uns gelingen, sie in zehn Minuten einzuholen, und dann könnten wir uns den Kletterern anschließen und Nutzen aus ihren Führern und Trägern ziehen, ohne daß sie es merkten und ohne daß es uns etwas kostete.

Ich erklärte daraufhin, daß wir sofort aufbrechen würden. Ich glaube, daß ich es recht gelassen sagte, wenn ich auch merkte, wie mich ein Schauder erfaßte und das Blut aus meinen Wangen wich angesichts des Abenteuers, in das ich mich da so unüberlegt stürzte. Aber die mir angeborene Tollkühnheit hatte wieder einmal ganz von mir Besitz ergriffen, und ich erklärte, meine Entscheidung sei gefallen und ich würde nun nicht mehr zurücktreten; ich würde den Montblanc besteigen, und sollte es mein Leben kosten. Ich wies den Mann an, seinen Apparat in die richtige Richtung zu kippen, damit wir losklettern könnten.

Harris hatte Angst und wollte nicht mit, aber ich machte ihm Mut und versprach ihm, ihn auf dem ganzen Weg bei der Hand zu halten; darauf willigte er ein, wenn er auch anfangs noch ein wenig zitterte. Ich warf einen letzten ergreifenden Blick auf die liebliche Sommerlandschaft um mich her, dann drückte ich kühn mein Auge an das Glas und schickte mich zum Aufstieg über grimmige Gletscher und ewigen Schnee an.

Wir suchten uns behutsam und vorsichtig einen Weg über den großen Bossons-Gletscher – über fürchterlich gähnende Spalten hinweg und zwischen achtunggebietenden Eiszakken und Eisbögen hindurch, die von riesenhaften Eiszapfen gesäumt waren. Die Eiswüste, die sich weit und breit um uns herum erstreckte, war unbeschreiblich leer und öde, und die Gefahren, die uns bedrängten, waren zeitweilig so groß, daß ich schon an Umkehr dachte. Aber ich nahm all meinen Mut zusammen und kletterte weiter.

Wir brachten den Gletscher wohlbehalten hinter uns und erklommen mit großer Schnelligkeit die dahinterliegende Steilwand. Sieben Minuten nach dem Aufbruch erreichten wir eine Höhe, in der die Umgebung ein neues Gesicht annahm; ein allem Anschein nach grenzenloser Schneekontinent stieg vor unseren Augen himmelan. Als mein Blick der Böschung bis weit ins Himmelsgewölbe hinauf folgte, dünkte es mich, daß alles, was ich zuvor an Erhabenheit und Großartigkeit gesehen hatte, verglichen mit dem hier klein und unbedeutend war.

Wir ruhten uns ein Weilchen aus und kletterten dann mit größter Geschwindigkeit weiter. Keine drei Minuten später erblickten wir die vor uns aufgestiegene Gesellschaft und hielten inne, um sie uns anzusehen. Die da oben stapften mühselig einen langen, schrägen, schneebedeckten Grat hinauf – zwölf Leute, in Abständen von etwa fünf Metern aneinandergeseilt. Sie zeichneten sich kräftig gegen den klaren blauen Himmel ab. Eine Frau war darunter. Wir konnten sehen, wie die zwölf die Füße anhoben und aufsetzten; wir sahen, wie sie ihre Alpenstöcke im Takt wie lauter Uhrpendel schwenkten und sich dann darauf stützten; wir sahen die Dame mit ihrem Taschentuch winken. Sie schleppten sich müde und erschöpft aufwärts, denn sie waren von den Grands Mulets auf dem Bossons-Gletscher aus immerzu nur aufgestiegen – seit drei Uhr morgens, und jetzt war es elf. Wir sahen sie in den Schnee sinken und rasten und aus einer Flasche trinken. Nach einer Weile zogen sie weiter, und als sie sich dem Endspurt auf der Zielgeraden näherten, schlossen wir auf und gesellten uns zu ihnen.

Alsbald standen wir alle zusammen auf dem Gipfel! Welch eine Aussicht sich da vor uns breitete! Weit hinten am nordwestlichen Horizont rollten die stummen Wogen des Farneser Oberlandes, deren Schneekronen im gedämpften Licht der Ferne glitzerten; im Norden erhob sich die Riesengestalt des Wabbelhorns, das vom Gipfel über die Hänge hinunter in dräuende Gewitterwolken gekleidet war; dahinter zur Rechten erstreckte sich in sinnenbetörenden Dunst gehüllt die großartige Gipfelkette der Zisalpinen Kordilleren; gegen Osten ragte das kolossale Massiv des Jodelhorns, Fummelhorns und Leghorns auf, deren wolkenlose Gipfel weiß und kalt in der Sonne blitzten; dahinter schimmerte blaß und fern die Linie der Ghauts von Jubberbums und der Alleghener Aiguillen; im Süden türmten sich der rauchende Gipfel des Popocatepetl und die unnahbaren Höhen des unvergleichlichen Krabbelhorns; gegen Süd-Südwest träumte der erhabene Zug des Himalajas in purpurner Finsternis; und von dort rund um den gebogenen Horizont schweifte das Auge über eine aufgewühlte See sonnengeküßter Alpenriesen und erkannte hier die edlen Maße und himmelstürmenden Kuppen des Methorns und dort die des Ziegenhorns und des Waldhorns und des Pulverhorns, die allesamt im Glorienschein des Mittagslichtes badeten und von sanft dahingleitenden Flecken getüpfelt waren, den Schatten der ziehenden Wolken.

Von dem Anblick überwältigt, brachen wir einstimmig in einen ungeheuren Triumphschrei aus. Ein erschrockener Mensch neben mir rief:

»Zum Donnerwetter, warum schreien Sie denn so, hier mitten auf der Straße?«

Wie der Blitz war ich unten in Chamonix. Ich gab diesem Menschen mit klugen Worten den Rat, sich zu entfernen, und bezahlte dem Fernrohrmann dann die volle Gebühr und versicherte ihm, daß die Kletterpartie uns großartig gefallen habe und wir nun unten blieben und nicht erneut aufstiegen, er uns also nicht mit dem Fernrohr herunterzuholen brauche. Das gefiel ihm sehr, denn wenn wir gewollt hätten, hätten wir natürlich auf den Gipfel zurückkehren und ihn der Mühe unterziehen können, uns nach Hause zu bringen.

Genfer Geschäftsgebaren

Wir verbrachten ein paar angenehme, geruhsame Tage in Genf, dieser höchst erfreulichen Stadt, in der genaugehende Uhren für die ganze Welt hergestellt werden, aber deren eigene Uhren nicht einmal per Zufall jemals die richtige Zeit anzeigen.

Genf ist voll von hübschen kleinen Läden, und die Läden sind voll von verführerischstem Tand, aber sobald man eins dieser Geschäfte betritt, fällt jemand über einen her und folgt einem auf Schritt und Tritt und hängt einem immerzu in den Ohren, dies oder das oder jenes zu kaufen, so daß man heilfroh ist, wenn man wieder draußen ist, und aller Wahrscheinlichkeit nach den Versuch nicht wiederholt. Die Geschäftsleute von der kleineren Sorte sind in Genf so lästig und hartnäckig wie die Verkäufer in jenem monströsen Bienenstock in Paris, den Grands Magasins du Louvre – ein Etablissement, in dem man ungezogenes Belästigen, Nachstellen und Nichtlockerlassen zu einer Wissenschaft entwickelt hat.

In Genf sind die Preise in den kleinen Läden überaus elastisch – das ist ein weiterer übler Zug. Ich besah mir in einem Schaufenster eine sehr hübsche Perlenkette, die für ein Kind passend gewesen wäre. Ich bewunderte sie nur; ich hatte keine Verwendung dafür; ich trage kaum jemals Perlen. Die Verkäuferin kam heraus und bot mir die Kette für fünfunddreißig Franken an. Ich sagte, das sei billig, aber ich brauche sie nicht.

»Ah, aber Monsieur, sie ist so schön!«

Ich gab es zu, erklärte jedoch, daß sie sich für jemanden in meinem Alter und von meinem einfachen Wesen nicht eigne. Sie schoß in den Laden zurück und brachte die Kette heraus und versuchte, sie mir in die Hand zu drücken.

»Ah, aber sehen Sie doch nur, wie hübsch sie ist!« sagte sie dabei. »Aber natürlich werden Monsieur sie nehmen; Monsieur sollen sie für dreißig Franken haben. Da – ich habe es gesagt – es ist ein Verlust für mich, aber man muß schließlich leben.«

Ich nahm meine Hände herunter und versuchte, sie dazu zu bringen, meine Wehrlosigkeit zu respektieren. Aber nein, sie ließ die Kette vor meinem Gesicht baumeln und rief: »Ah, Monsieur *können* ihr nicht widerstehen!« Sie hing sie an meinen Jackenknopf, faltete resigniert die Hände und sagte: »Verkauft – und für dreißig Franken, die wunderhübschen Perlen – es ist unglaublich! Aber der liebe Gott wird mein Opfer heiligen.«

Ich nahm die Kette vorsichtig ab, gab sie zurück und ging weiter – kopfschüttelnd und mit einem Lächeln törichter Verlegenheit –, während die Passanten stehenblieben, um zuzuschauen. Die Frau beugte sich zur Tür hinaus, schüttelte die Perlen und rief mir nach:

»Monsieur sollen sie für achtundzwanzig haben!«

Ich schüttelte den Kopf.

»Siebenundzwanzig! Es ist ein grausamer Verlust, es ist mein Ruin – aber nehmen Sie sie, nehmen Sie sie!«

Ich verneinte abermals mit einem stummen Kopfschütteln. Eine Kinderfrau und ein kleines englisches Mädchen waren in meiner Nähe gewesen und gingen nun hinter mir her. Die Verkäuferin lief auf die Kinderfrau zu, drückte ihr die Perlenkette in die Hand und sagte:

»Monsieur soll sie für fünfundzwanzig haben! Nehmen Sie sie mit ins Hotel – er soll mir das Geld morgen schicken – übermorgen – wann er will.« Dann zu dem Kind: »Wenn dein Vater mir das Geld schickt, dann komm’ du auch, mein Engel, und du sollst etwas *so* Hübsches bekommen!«

So wurde ich dank göttlicher Fürsorge gerettet. Die Kinderfrau wies die Perlen entschieden und fest zurück, und damit war die Angelegenheit beendet.

II.

Rund ums Mittelmeer

Handschuhkauf in Gibraltar

Immer wieder kommt mir mein Handschuhkauf gestern abend in Gibraltar in den Sinn. Dan, der Schiffsarzt und ich hatten uns zum großen Platz begeben und dort der Musik der prächtigen Militärkapellen gelauscht und uns unsere Gedanken gemacht über den Liebreiz und den Putz englischer und spanischer Frauen und befanden uns um neun Uhr auf dem Weg zum Theater, als wir den General, den Richter, den Präsidenten des Jachtklubs, den Oberst und den Regierungskommissar der Vereinigten Staaten von Amerika für Europa, Asien und Afrika trafen, die im Klubhaus gewesen waren, um ihre verschiedenen Titel eintragen zu lassen und sich über die Speisekarte herzumachen; und sie rieten uns, zu dem kleinen Galanteriewarenladen neben dem Gerichtsgebäude zu gehen und Glacéhandschuhe zu kaufen. Sie sagten, sie seien dort elegant und sehr preisgünstig. Es war anscheinend die Mode, mit Glacéhandschuhen ins Theater zu gehen, und wir befolgten ihren Tip. Im Laden bot mir eine sehr ansehnliche junge Dame ein Paar blauer Handschuhe an. Eigentlich wollte ich keine blauen, aber sie meinte, sie sähen an meiner Hand sehr hübsch aus. Diese Bemerkung traf meinen wunden Punkt. Ich warf einen verstohlenen Blick auf meine Hand, und irgendwie kam sie mir ziemlich plump vor. An meiner Linken probierte ich einen Handschuh an und wurde ein bißchen rot. Ganz offensichtlich war er zu klein für mich. Aber ich fühlte mich geschmeichelt, als sie sagte: »Oh, er paßt genau!« – doch wußte ich, daß dem nicht so war.

Eifrig zerrte ich daran, aber es war ein verzweifeltes Unterfangen. Sie sagte:

»Ah! Ich sehe, *Sie* sind es gewöhnt, Handschuhe zu tragen – aber manche Herren stellen sich so ungeschickt an beim Anziehen.«

Auf dieses Kompliment war ich am allerwenigsten gefaßt. Perfekt verstehe ich mich nur auf das Anziehen von wildledernen Handschuhen. Ich unternahm einen zweiten Versuch und riß den Handschuh von der Daumenwurzel bis zum Handteller auf – und versuchte, den Riß zu verstecken. Sie machte mir weiterhin Komplimente, und ich war weiterhin entschlossen, mich ihrer würdig zu erweisen oder zu sterben.

»Ah, Sie haben Erfahrung damit!« (Ein Riß auf dem Handrücken.) »Sie sind genau richtig für Sie – Ihre Hand ist sehr zierlich – wenn sie reißen, brauchen Sie nichts dafür zu bezahlen.« (Ein Riß quer über der Handschuhmitte.) »Ich sehe sofort, wenn sich ein Herr aufs Anziehen von Handschuhen versteht. Es liegt eine gewisse Grazie darin, die nur von langer Übung kommt.« (Der gesamte Handschuhrücken ›flutschte weg‹, wie die Seeleute sagen, das Leder ging über den Knöcheln auseinander, und es blieb nur noch eine traurige Ruine übrig.)

Ich war zu sehr geschmeichelt, um mir eine Blöße zu geben und die Ware dem Engel in die Hand zu werfen. Ich war erhitzt, ärgerlich, verwirrt, aber dennoch glücklich; aber ich fand die anderen Kerle unausstehlich, weil sie so hingebungsvoll Anteil an dem Vorgang nahmen. Ich wünschte sie zum Teufel. Ich fühlte mich ausgesprochen schäbig, als ich aufgeräumt sagte:

»Dieser hier paßt sehr gut. Er sitzt fabelhaft. Ich mag es, wenn ein Handschuh sitzt. Nein, lassen Sie, Fräulein, lassen Sie nur; den anderen ziehe ich draußen an. Es ist so warm hier drinnen.«

Es war in der Tat warm. Nie war mir an einem Ort je wärmer. Ich bezahlte die Rechnung, und als ich mit einer charmanten Verbeugung hinausging, meinte ich ein Aufblitzen im Auge der Frau zu entdecken, das leicht ironisch war; und als ich von der Straße aus zurückblickte, und sie über irgendetwas in sich hineinlachte, sagte ich zu mir mit beißendem Sarkasmus: »Oh, gewiß, du weißt, wie man Handschuhe anzieht, nicht wahr? – ein eitler Esel, der sich von jedem Unterrock um den Verstand schmeicheln läßt, sobald jemand sich die Mühe dazu macht!«

Daß die beiden anderen so still waren, störte mich. Schließlich sagte Dan nachdenklich:

»Manche Herren wissen überhaupt nicht, wie man Handschuhe anzieht, aber einige doch.«

Und der Doktor sagte, zum Mond hin gewandt, wie ich meinte: »Aber man sieht immer gleich, wenn ein Herr es gewohnt ist, Glacéhandschuhe anzuziehen.«

Nach einer kurzen Pause sagte Dan, wie zu sich selbst: »Oh, ja, es liegt eine gewisse Grazie darin, die nur von langer, sehr langer Übung kommt.«

»Ja, wirklich, ich weiß nun, daß jemand sich auf das Anziehen von Glacéhandschuhen versteht, wenn er an einem zerrt, als wolle er eine Katze beim Schwanz aus einem Ofenloch ziehen; *er* hat Erfahr...«

»Nun aber Schluß damit, Leute! Vermutlich haltet ihr euch für sehr klug, aber der Ansicht bin ich ganz und gar nicht. Und wenn ihr irgendwelchen alten Tratschtanten im Schiff von dieser Sache erzählt, seid ihr für mich gestorben; und damit basta.«

Vorerst ließen sie mich damit in Ruhe. Wir ließen uns gegenseitig stets vorerst in Ruhe, wenn wir in ein Fettnäpfchen getreten waren. Aber auch sie hatten Handschuhe gekauft, genau wie ich. Heute morgen warfen wir alle diese Errungenschaften weg. Sie waren grob, nichtswürdig, übersät mit großen gelben Flecken wie mit Sommersprossen, und waren weder tragbar noch in der Öffentlichkeit präsentabel. Ohne es zu wollen, hatten wir einen Engel unterhalten, aber wir hatten sie nicht übers Ohr gehauen. Das hat dieser Engel für uns besorgt.

Maghrebinische Impressionen: Tanger

Tanger! Eine Horde stämmiger Mauren watet ins Meer, um uns aus den kleinen Booten zu heben und auf ihren Rücken ans Ufer zu tragen.

Das ist herrlich! Sollen sich diejenigen, die zu einem Abstecher durch Spanien aufgebrochen sind, doch nach Kräften vergnügen – die Gebiete des Kaisers von Marokko hier sind genau das Richtige für unsere kleine Reisegesellschaft. Von Spanien haben wir fürs erste in Gibraltar genug gehabt. Tanger ist der Ort, nach dem wir uns die ganze Zeit über gesehnt haben. Anderswo haben wir fremdartig aussehende Dinge und fremdartig aussehende Leute angetroffen, aber immer im Verein mit Dingen und Menschen, die uns schon vorher vertraut waren, und so büßte das Neuartige der Situation etwas von seiner Wirkung ein. Wir wollten etwas vollkommen Fremdartiges ohne jede Einschränkung – fremdartig vom Scheitel bis zur Sohle – fremdartig vom Mittelpunkt bis zur Peripherie – fremdartig durch und durch und rundherum – ohne das Geringste daran, was seine Fremdartigkeit verwässern würde – nichts, was uns an irgendein anderes Volk oder irgendein anderes Land unter der Sonne erinnerte. Und siehe da! In Tanger haben wir es gefunden. Hier gibt es überhaupt nichts, was wir je gesehen hätten außer auf Bildern – und zuvor haben wir den Bildern immer mißtraut. Das können wir nun nicht mehr. Die wirkten immer wie Übertreibungen – sie schienen zu sonderbar und phantastisch, um wahr zu sein. Aber siehe da, sie waren nicht absonderlich genug – sie waren nicht phantastisch genug – sie gaben nicht einmal die halbe Wirklichkeit wieder.

Wenn es je ein fremdartiges Land gab, so ist es Tanger und seine Umgebung, und sein wahres Wesen findet sich in keinem Buche außer in den Geschichten aus *Tausendundeine*

Nacht. Hier sieht man keine Menschen mit weißer Hautfarbe, aber menschliche Wesen schwärmen überall um uns herum. Vollgestopft und auf engstem Raum zusammengedrängt, umgeben von einer massigen Steinmauer, erhebt sich hier eine Stadt, die mehr als tausend Jahre alt ist. Fast alle Häuser sind ein- oder zweistöckig, aus dicken Steinquadern erbaut, von außen verputzt, würfelförmig wie eine Schnittwarenschachtel, oben so flach wie eine Tenne, ohne Vorsprung oder Erker, rundherum weiß getüncht – eine Stadt aus dicht an dicht gedrängten schneeweißen Grabstätten! Und die Türen haben die eigentümliche Bogenform, die wir auf maurischen Bildern sehen; die Fußböden sind mit bunten, rautenförmigen Fliesen ausgelegt, mit schachbrettartigen, vielfarbigen Mosaiksteinchen aus Porzellan, die in den Öfen von Fez gebrannt werden; mit roten Ziegeln und breiten Backsteinen, denen die Zeit nichts anhaben kann; in den Zimmern (jüdischer Häuser) gibt es kein Mobiliar außer Diwanen – was sich in denen der Mauren befindet, weiß niemand; in ihre geheiligten vier Wände darf kein Christenhund eindringen. Und die Straßen sind orientalisch – die einen drei Fuß breit, andere sechs, aber nur zwei breiter als zwölf Fuß; die meisten von ihnen kann ein einziger Mensch blockieren, wenn er sich auf ihnen querlegt. Ist das nicht ein orientalisches Bild?

Hier gibt es kräftige Wüstenbeduinen, stattliche Mauren, stolz auf eine Geschichte, die bis in graue Vorzeit zurückreicht; und Juden, deren Väter vor vielen Jahrhunderten hierher flohen; und dunkelhäutige Rifkabylen aus den Bergen – geborene Halsabschneider – und unverfälschte, waschechte Neger, pechschwarz; und heulende Derwische und hundert verschiedene Arabersippen – Menschen jeder Herkunft und Rasse, deren Anblick fremdartig und seltsam ist.

Und ihre Gewänder sind so merkwürdig, daß es jeder Beschreibung spottet. Da sieht man zum Beispiel einen bronzehäutigen Mauren in einem riesigen weißen Turban, einem eigenartig bestickten Rock, mit einer gold- und purpurfarbenen, in vielen Falten um seine Hüfte gewundenen Schärpe, mit Hosen, die ihm nur knapp übers Knie reichen und in denen dennoch zwanzig Yard Stoff stecken, einem verzierten Krummsäbel, mit nackten Waden, strumpflosen Füßen, gelben Pantoffeln und einer Flinte von grotesker – ein einfacher Soldat! Ich hielt ihn mindestens für den Kaiser. Und hier wieder sieht man betagte Mauren mit wallenden Graubärten und langen weißen Gewändern mit riesigen Kapuzen; und Beduinen in langen, gestreiften Kapuzenmänteln; und Neger und Rifkabylen mit Köpfen, die glattrasiert sind bis auf eine geringelte Skalplocke hinter dem Ohr oder genauer gesagt: oben am Hinterkopf; und alle möglichen Barbaren in allen möglichen unheimlichen Bekleidungen, und alle mehr oder weniger zerlumpt. Und hier sieht man maurische Frauen, die von Kopf bis Fuß in grobe weiße Tücher gehüllt sind, und deren Geschlecht sich lediglich anhand der Tatsache bestimmen läßt, daß sie nur ein Auge zeigen und niemals Männer ihrer eigenen Rasse ansehen oder von diesen in der Öffentlichkeit angesehen werden. Hier gibt es fünftausend Juden in blauen Kaftanen, Schärpen um die Hüften, Pantoffeln an den Füßen, kleine Käppchen auf den Hinterköpfen und Haaren, die in die Stirn gekämmt und in der Mitte kerzengerade abgeschnitten sind – genau dieselbe Haartracht, die ihre Vorväter in Tanger seit ich weiß nicht wie vielen verwirrenden Jahrhunderten getragen haben. Ihre Füße und Knöchel sind nackt. Ihre Nasen sind sämtlich krumm, und zwar alle auf dieselbe Weise krumm. Sie ähneln einander so sehr, daß man fast meinen könnte, sie stammten aus einer einzigen Familie. Ihre Frauen sind drall und hübsch und lächeln einen Christen auf eine Art und Weise an, die überaus wohltuend ist.

Was für eine ulkige alte Stadt das ist! Es mutet wie Profanierung an, wenn man inmitten ihrer altehrwürdigen Trümmer lacht und scherzt und sich im frivolen Plauderton unserer Tage ergeht. Zu einem solch verehrungswürdigen Altertum wie diesem passen eigentlich nur die zeremonielle Ausdrucksweise und die gemessene Sprache der Söhne des Propheten. Hier steht eine zerbröckelnde Mauer, die schon alt war, als Kolumbus Amerika entdeckte; schon alt war, als Peter der Eremit die Ritter des Mittelalters zu den Waffen rief, damit sie zum ersten Kreuzzug aufbrächen; die schon alt war, als Karl der Große und seine Paladine in den sagenumwobenen Tagen der alten Zeit verwunschene Burgen belagerten und mit den Riesen und Geistern kämpften; die schon alt war, als Christus und seine Jünger auf Erden wandelten; die schon stand, wo sie jetzt steht, als Memnons Lippen noch sprachen und die Menschen in den Straßen des alten Theben Handel trieben.

Die Phönizier, die Karthager, die Engländer, die Mauren, die Römer, alle haben sie um Tanger gekämpft – alle haben sie es eingenommen und wieder verloren. Hier steht ein zerlumpter, orientalisch aussehender Neger aus irgendeinem gottverlassenen Nest im Innern Afrikas, der seinen Ziegenhautschlauch mit Wasser aus einem verschmutzten, beschädigten Brunnen füllt, der vor zwölfhundert Jahren von den Römern erbaut wurde. Dort drüben steht der verfallene Bogen einer Brücke, die von Julius Cäsar vor neunzehnhundert Jahren errichtet wurde. Vielleicht haben schon Menschen auf ihr gestanden, die das Christuskind in den Armen der Heiligen Jungfrau gesehen hatten.

In der Nähe liegen die Ruinen einer Werft, in der Cäsar seine Schiffe ausbessern und mit Korn beladen ließ, als er fünfzig Jahre vor der christlichen Zeitrechnung in Britannien einfiel.

Hier unter dem stillen Sternenzelt schienen sich in diesen alten Straßen die Gespenster vergessener Zeitalter zu drängen. Meine Augen ruhen nun gerade auf einer Stelle, an der ein Monument stand, das vor fast zweitausend Jahren römische Geschichtsschreiber gesehen und beschrieben hatten, und das die folgende Inschrift trug:

WIR SIND DIE KANAANITER. WIR SIND DIEJENIGEN, DIE VON DEM JÜDISCHEN RÄUBER JOSUAH AUS DEM LANDE KANAAN VERTRIEBEN WORDEN SIND.

Josuah vertrieb sie von dort, und sie kamen hierher. Nicht viele Meilen von hier lebt ein Stamm von Juden, deren Vorfahren nach einem fehlgeschlagenen Aufstand gegen König David hierher flohen, und diese ihre Nachkommen stehen noch immer unter einem Bann und bleiben für sich.

Seit dreitausend Jahren wird Tanger in der Geschichte erwähnt. Und es war schon eine Stadt, wenn auch eine sonderbare, als Herkules, in sein Löwenfell gehüllt, vor viertausend Jahren hier landete. In diesen Straßen begegnete er Anitus, dem König des Landes, und schlug ihm mit seiner Keule den Schädel ein, was unter den besseren Herren jener Tage Mode war. Das Volk von Tanger (damals Tingis genannt) bewohnte die denkbar primitivsten Hütten und kleidete sich in Felle und trug Keulen und war so roh wie die wilden Tiere, mit denen es sich dauernd herumschlagen mußte. Aber es war von edlem Geblüt und ging keiner Arbeit nach. Die Menschen lebten von den wildwachsenden Erzeugnissen des Landes. Der Sommersitz ihres Königs war der berühmte Garten der Hesperiden, siebzig Meilen von hier abwärts an der Küste gelegen. Der Garten mit seinen goldenen Äpfeln (Orangen) ist mittlerweile verschwunden – keine Spur ist von ihm übriggeblieben. Altertumsforscher räumen ein, daß eine Persönlichkeit wie Herkules in alten Zeiten existiert hat, und stimmen darin überein, daß er ein Mann mit Unternehmungsgeist und Tatkraft war, weigern sich aber zu glauben, daß er ein rechtschaffener, ehrlicher Gott war, weil das verfassungswidrig wäre.

Hier unten beim Kap Spartel liegt die berühmte Höhle des Herkules, wo der Held Zuflucht fand, als er besiegt und aus der Gegend um Tanger vertrieben worden war. Sie ist voller Inschriften in den toten Sprachen, weshalb ich glaube, daß Herkules nicht viel gereist sein kann, sonst hätte er kein Tagebuch geführt.

Fünf Tagereisen von hier – sagen wir zweihundert Meilen – liegen die Überreste einer alten Stadt, von deren Geschichte es weder Aufzeichnungen noch mündliche Überlieferung gibt. Und doch bezeugen ihre Triumphbögen, ihre Säulen und ihre Standbilder, daß sie von einem aufgeklärten Geschlecht erbaut wurde.

Die gewöhnliche Größe eines Ladens in Tanger entspricht in etwa der eines normalen Duschbades in einem zivilisierten Land. Der mohammedanische Kaufmann, Blechschmied, Schuhmacher oder Krämer sitzt mit gekreuzten Beinen auf dem Fußboden und erreicht von dort aus jeden Artikel, den man kaufen möchte. Für fünfzig Dollar im Monat kann man einen ganzen Wohnblock dieser Taubenschläge mieten. Die Marktleute bevölkern den Marktplatz mit ihren Körben voll Feigen, Datteln, Melonen, Aprikosen und dergleichen, und dazwischen schlängeln sich Karawanen von beladenen Eseln hindurch, die nicht viel größer, wenn überhaupt, als Neufundländer sind. Die Szenerie ist belebt, ist malerisch und schmeckt nach einem Polizeigerichtshof. Die jüdischen Geldwechsler haben ihre Höhlen dicht daneben und zählen den lieben langen Tag Bronzemünzen und scheffeln sie aus einem Korb in den andern. Ich glaube, man prägt momentan nicht viele Münzen. Ich habe keine gesehen, die nicht vier- oder fünfhundert Jahre alt gewesen wäre, und sie waren fürchterlich abgegriffen und verbogen. Diese Münzen sind nicht sehr viel wert. Jack wollte sich einen Napoleon wechseln lassen, um Geld zu bekommen, das den niedrigen Kosten der Dinge entspräche, und kam zurück und sagte, er habe die Bank gesprengt, habe zwölf Viertel der Münzen bekommen, und der Chef der Firma sei auf die Straße gegangen, um sich das restliche Wechselgeld zu beschaffen. Ich selbst kaufte ein viertel Kilo ihres Geldes für einen Schilling. Ich bin jedoch nicht stolz, weil ich soviel Geld bekommen habe. Reichtum läßt mich kalt.

Die Mauren haben einige kleine Silbermünzen und auch einige Silberbarren, von denen jeder einen Dollar wert ist. Die letzteren sind außerordentlich selten – so selten, daß zerlumpte Araber, wenn sie einen sehen, darum betteln, ihn küssen zu dürfen.

Sie haben auch eine kleine Goldmünze, die zwei Dollar wert ist. Und das erinnert mich an etwas. Wenn sich Marokko im Kriegszustand befindet, tragen arabische Kuriere Briefe durchs Land und streichen eine beträchtliche Zustellungsgebühr ein. Alle naselang fallen sie in die Hände von marodierenden Banden und werden beraubt. Durch die Erfahrung klug geworden, wechseln sie daher, sobald sie einen Betrag von etwa zwei Dollar eingesammelt haben, diesen gegen eines jener kleinen Goldstücke ein, und wenn sie von Räubern überfallen werden, schlucken sie dieses hinunter. Diese Kriegslist war erfolgreich, solange man nicht mit ihr rechnete, aber später flößten die Marodeure der gewitzten Post der Vereinigten Staaten einfach ein Brechmittel ein und setzten sich hin und warteten ab.

Der Kaiser von Marokko ist ein herzloser Despot, und die großen Beamten unter ihm sind Despoten in kleinerem Maßstab. Es gibt kein regelmäßiges System der Besteuerung, aber wenn der Kaiser oder der Pascha Geld brauchen, halten sie sich an irgendeinem Reichen schadlos, und er hat dann das Kleingeld herbeizuschaffen oder ins Kittchen zu gehen. Deshalb wagen es nur wenige Leute in Marokko, reich zu sein. Es ist ein allzu gefährlicher Luxus. Gelegentlich verführt die Eitelkeit jemanden dazu, seinen Reichtum zu zeigen, aber früher oder später fingiert dann der Kaiser eine Anklage gegen ihn – jede ist dazu gut – und zieht sein Vermögen ein. Natürlich gibt es viele reiche Leute im Kaiserreich, aber ihr Geld ist vergraben, und sie kleiden sich in Lumpen und tragen Armut zur Schau. Alle Augenblick steckt der Kaiser einen ins Gefängnis, der des Verbrechens, reich zu sein, verdächtig ist, und macht ihm sein Leben so unbehaglich, daß er sich gezwungen sieht zu offenbaren, wo er sein Geld versteckt hat.

Mauren und Juden stellen sich manchmal unter den Schutz ausländischer Konsuln, und dann können sie vor den Augen des Kaisers ungestraft mit ihren Reichtümern protzen.

Traumbild aus Marmor:
Der Dom von Mailand

Kurz vor Einbruch der Dunkelheit näherten wir uns Mailand und erhaschten hier und da einen Blick auf die Stadt und die blauen Bergspitzen dahinter. Aber um diese Dinge kümmerten wir uns nicht – sie interessierten uns nicht im geringsten. Wir fieberten vor Ungeduld; wir brannten darauf, den berühmten Dom zu sehen! Wir hielten Ausschau – in diese Richtung und jene – ringsumher – überallhin. Wir brauchten niemanden, der ihn uns zeigte – wir wollten gar nicht, daß ihn uns jemand zeigte – selbst in der Ödnis der großen Sahara würden wir ihn wiedererkennen.

Schließlich erhob sich, im bernsteinfarbenen Licht der Abendsonne schimmernd, ein Wald von anmutigen Spitzen über den zwergenhaften Hausgiebeln, so wie man am Meer bisweilen fern am Horizont eine in Gold getauchte, gezackte Wolkenwand über der Wasserwüste emporsteigen sieht – der Dom! Wir erkannten ihn auf Anhieb.

Den halben Abend lang und den ganzen nächsten Tag zog uns dieses einzigartige Bauwerk im Reiche der Architektur vollständig in seinen Bann.

Welch ein Wunderwerk! So erhaben, so würdevoll, so gewaltig! Und doch so zierlich, so filigran, so anmutig! Eine schiere Masse geballter Wucht, und doch wirkt er im weichen Mondlicht nur wie ein märchenhaftes Trugbild von Eisblumen, das mit einem Atemhauch verschwinden könnte! Wie scharf sich seine zinnengekrönten Ecken und sein Dickicht von Türmchen gegen den Himmel abzeichneten, und wie dicht ihre Schatten auf sein schneeweißes Dach fielen! Es war ein Traumbild! – ein Wunder! – eine Stein gewordene Hymne, ein in Marmor gehauenes Gedicht! Aus welchem Winkel man den berühmten Dom auch betrachtet, er ist prächtig, er ist schön! Wo immer man in Mailand steht oder im Umkreis von sieben Meilen davon, man sieht ihn – und wenn er zu sehen ist, vermag einen nichts anderes so richtig zu fesseln. Laß deine Blicke einen einzigen Moment lang schweifen, wohin sie wollen, und sie werden bestimmt die Richtung ändern, um ihn zu suchen. Er ist das erste, wohin man blickt, wenn man morgens aufsteht, und das letzte, auf das am Abend dein müder Blick ruht. Zweifellos ist er die erhabenste Schöpfung, die je einem Menschenhirn entsprang.

Um neun Uhr morgens begaben wir uns zu diesem marmornen Koloß und blieben davor stehen. Das mittlere seiner fünf großen Portale ist umgeben von einem Bas-Relief mit Vögeln und Früchten und wilden Tieren und Insekten, die so kunstvoll aus dem Marmor herausgemeißelt worden sind, daß man meint, es handele sich um lebendige Geschöpfe – und die Figuren sind so zahlreich, und die Ausführung ist so raffiniert, daß man es eine Woche lang studieren könnte, ohne das Interesse daran zu verlieren. Auf dem großen Glokkenturm – der die Myriaden von Pfeilerchen überragt – innerhalb der Pfeiler – über den Türen, den Fenstern – in Ecken und Winkeln – überall, wo sich eine Nische oder ein Plätzchen an dem ungeheueren Gebäude finden läßt, von der

Spitze bis zum Fundament, steht eine Marmorstatue, und jede einzelne Statue ist ein Studium wert! Raphael, Michelangelo, Canova – Giganten wie diese brachten die Entwürfe hervor, und ihre eigenen Schüler meißelten sie in Stein. Jedes Gesicht besticht durch seinen Ausdruck, und jede Haltung ist voller Anmut. Hoch oben auf dem zum Himmel strebenden Dach ragt Reihe über Reihe gemeißelter und gezackter Türmchen hoch in die Luft, und durch ihr reiches Maßwerk sieht man den Himmel dahinter. In ihrer Mitte erhebt sich stolz der Hauptturm wie der Hauptmast eines stattlichen Indienfahrers inmitten einer Flotte von Küstenschiffen.

Dort wollten wir hinaufsteigen. Der Küster zeigte uns eine Treppe aus Marmor (natürlich war es Marmor, und zwar vom reinsten und weißesten – unter den Baumaterialien gibt es keinen anderen Stein, keinen Ziegel, kein Holz) und hieß uns, die einhundertachtzig Stufen hinaufgehen und dann zu warten, bis er käme. Diese Ermahnung war gar nicht nötig – wir wären ohnehin stehengeblieben. Wir waren schon müde, als wir dorthin kamen. Dies war das Dach. Hier sprangen aus seinen breiten Marmorplatten die langen Reihen von Türmchen hervor, die aus unmittelbarer Nähe sehr groß aussahen, die aber in der Ferne wie die Orgelpfeifen immer kleiner wurden. Wir konnten nun erkennen, daß die Statuen auf der Spitze eines jeden die Größe eines großgewachsenen Mannes hatten, obwohl sie von der Straße aus wie kleine Puppen wirkten. Nun sahen wir auch, daß aus dem Inneren eines jeden dieser hohlen Türmchen zwischen sechzehn und einunddreißig schöner Marmorstatuen auf die Welt darunter hinabblickten.

Von den Dachrinnen bis zum Dachfirst streckten sich in schier endloser Folge mächtige, geschwungene Marmorstreben wie die Vorder- und Hinterbrassen eines Dampfschiffes, und aus jeder dieser Streben ragte von einem Ende bis zum anderen eine Reihe üppig mit Steinmetzarbeit verzierter Blumen und Früchte – jede für sich und anders als die anderen, und über 15 000 Arten waren vertreten. Aus einer gewissen Entfernung betrachtet, schienen sich diese Reihen anzunähern wie die Schwellen eines Eisenbahngleises, und dann ergibt sich aus dem Ineinander der Knospen und Blüten dieses Gartens aus Marmor ein Bild, das eine wahre Augenweide ist.

Wir stiegen wieder hinab und betraten den Dom. In seinem Innern unterteilten lange Reihen kannelierter Säulen wie riesige Monumente das Gebäude in breite Längsschiffe, und auf den mit Ornamenten verzierten Boden fiel so manch zarter rötlicher Schein von den Glasmalereien der Fenster darüber. Ich wußte, daß die Kirche sehr groß ist, aber ihre enorme Größe konnte ich erst dann richtig würdigen, als ich bemerkte, daß die Männer, die weit dort hinten am Altar standen, wie Knaben aussahen und eher zu gleiten als zu laufen schienen. Wir schlenderten umher und blickten zu den gewaltigen Fenstern empor, die alle in leuchtend bunten Szenen aus dem Leben des Erlösers und seiner Jünger erstrahlten. Einige dieser Bilder sind Mosaiken, und ihre tausend Einzelteilchen aus buntem Glas oder Stein wurden derart kunstvoll zusammengesetzt, daß das Werk so glatt und vollendet wirkt wie ein Gemälde. Wir zählten sechzig Glasscheiben in einem einzigen Fenster, und jede Scheibe war verziert mit einem jener Meisterwerke, die nur Genie im Verein mit unendlicher Geduld hervorzubringen vermag.

Der Fremdenführer zeigte uns eine kaffeebraune Skulptur, die, wie er sagte, dem Phidias zugeschrieben wurde, da kein anderer Künstler, welcher Epoche auch immer, die Natur mit einer solch tadellosen Genauigkeit habe nachbilden können. Die Figur stellte einen Mann ohne Haut dar; jede Vene, Arterie, jeder Muskel, jede Faser und Sehne daran waren in jeder Einzelheit wiedergegeben. Sie wirkte natürlich, weil sie aussah, als leide sie Schmerzen. Ein Mensch, dem man die Haut abgezogen hat, sähe wahrscheinlich so aus, es sei denn, seine Aufmerksamkeit würde von etwas anderem in Anspruch genommen. Es war ein scheußlicher Anblick, und doch entbehrte er nicht einer gewissen Faszination. Ich bedauere sehr, diese Statue gesehen zu haben, weil ich sie jetzt immer vor Augen haben werde. Manchmal werde ich wohl davon träumen. Ich werde träumen, daß sie ihre knotigen Arme auf dem Kopfende des Bettes ruhen läßt und mit ihren toten Augen auf mich herabblickt; ich werde träumen, daß sie bei mir zwischen den Bettlaken ausgestreckt liegt und mich mit ihren bloßliegenden Muskeln und ihren sehnigen, kalten Beinen berührt. (...)

Nun wollen wir in die Krypta unter dem Hauptaltar des Mailänder Doms hinabsteigen und von Lippen, die seit dreihundert Jahren stumm und Händen, die ebenso lang starr sind, eine eindrucksvolle Predigt empfangen.

Der Priester blieb in einem kleinen Verlies stehen und hielt seine Kerze hoch. Dies war die letzte Ruhestätte eines braven Mannes, eines warmherzigen, selbstlosen Mannes; eines Mannes, der sein Leben damit zugebracht hatte, den Armen zu helfen, den Kleinmütigen Zuversicht zu geben, die Kranken zu besuchen, Not zu lindern, wann immer und wo immer er auf sie stieß. Sein Herz, seine Hand und sein Geldbeutel waren stets offen. Wenn man sich seine Geschichte vergegenwärtigt, meint man fast, man sehe sein gütiges Antlitz ruhig zwischen den abgehärmten Gesichtern von Mailand schweben in jenen Tagen, als die Pest die Einwohner der Stadt dahinraffte, tapfer, als alle anderen Feiglinge waren, voll Erbarmen, als der vor Entsetzen bis zum Wahnsinn gesteigerte Selbsterhaltungstrieb das Mitleid in den Herzen aller anderen erdrückt hatte; alle richtete er auf, betete mit allen, half allen mit Hand und Kopf und Geldbeutel, zu einer Zeit, als die Eltern ihre Kinder im Stich ließen, der Freund den

Freund verließ und der Bruder sich von der Schwester abwandte, während ihm ihr Wehklagen und Bitten noch immer in den Ohren klang.

Dies war der gute St. Carlo Borromeo, Bischof von Mailand. Das Volk verehrte ihn wie einen Gott; Fürsten überhäuften ihn mit Schätzen. Wir standen in seiner Gruft. Ganz in der Nähe lag, von den tropfenden Kerzen beleuchtet, der Sarkophag. Die Wände waren überzogen mit Flachreliefs aus massivem Silber, die Szenen aus seinem Leben darstellten. Der Priester zog ein kurzes weißes Spitzengewand über seine schwarze Kutte, bekreuzigte sich, verbeugte sich voll Ehrfurcht und begann, langsam eine Kurbel zu drehen. Der Sarkophag teilte sich der Länge nach in zwei Hälften, und der untere Teil senkte sich und gab den Blick frei auf einen Sarg aus Bergkristall, so durchsichtig wie die Luft. In diesem lag ein Körper, in kostbare Gewänder gehüllt, die mit Goldstickereien bedeckt und leuchtenden Edelsteinen übersät waren. Das verwesende Gesicht war schwarz vom Alter, die ausgedörrte Haut spannte sich über die Knochen, die Augen waren eingesunken, ein Loch befand sich in der Schläfe und ein anderes in der Wange, und die ausgezehrten Lippen teilten sich wie zu einem schauerlichen Lächeln! Über diesem entsetzlichen Gesicht, seinem Staub und seinem Verfall und seinem spöttischen Grinsen, hing eine Krone, besetzt mit funkelnden Brillanten; und auf der Brust lagen Kreuze und Bischofsstäbe aus purem Gold, die von Smaragden und Diamanten glitzerten.

Wie armselig und billig und nichtig dieser Schnickschnack in Gegenwart der stummen Würde, der Erhabenheit, der ehrfurchtgebietenden Majestät des Todes wirkte! Man stelle sich Milton, Shakespeare, Washington vor, wenn sie vor einer ehrfürchtigen Welt stünden, herausgeputzt mit den Glasperlen, den Messingohrringen und dem Blechschmuck der Prärieindianer!

Der tote Borromeo hielt seine gewichtige Predigt, und deren Inhalt war: Ihr, die ihr die Eitelkeiten der Welt verehrt – ihr, die ihr nach weltlicher Ehre strebt, nach weltlichen Gütern, weltlichem Ruhm – sehet hier, was sie wert sind!

Der ehrliche Puppenspieler von Turin

Turin ist eine sehr schöne Stadt. Was Geräumigkeit angeht, so übertrifft sie wohl alles, was jemals zuvor erträumt wurde. Sie liegt inmitten einer weiten, vollkommen flachen Ebene, und man sieht sich zu der Vermutung gezwungen, daß einem hier das Bauland geschenkt wird und keine Steuern dafür zu bezahlen sind, so verschwenderisch macht man davon Gebrauch. Die Straßen sind außerordentlich breit, die gepflasterten Plätze gewaltig, die Häuser groß und schön und zu einheitlichen Fluchten zusammengefaßt, die sich pfeilgerade dahinziehen. Die Bürgersteige sind ungefähr so breit wie sonst in Europa die Straßen und von einer Doppelarkade überdeckt, die auf mächtigen steinernen Pfeilern oder Säulen ruht. Man kann von einem Ende dieser geräumigen Straßen zum anderen gehen und ist immer geschützt, und der ganze Spazierweg wird von den hübschesten Geschäften und den einladendsten Speisehäusern gesäumt.

Es gibt dort einen weiten, länglichen Hof, in dem die aufs verruchteste verführerischen Geschäfte nur so glitzern und der hoch oben mit Glas überdacht ist; und des Abends, wenn hier die Gaslaternen hell leuchten und die schwatzende und lachende Menge zu ihrem Vergnügen auf und ab schlendert, bietet er einen überaus sehenswerten Anblick.

Alles ist in großem Maßstab angelegt; zum Beispiel die öffentlichen Gebäude – und sie sind nicht nur groß, sondern auch architektonisch eindrucksvoll. Auf den großen Plätzen stehen große Bronzedenkmäler. Im Hotel gab man uns Zimmer von beunruhigender Größe und einen dazu passenden Salon. Zum Glück machte das Wetter ein Feuer im Salon nicht erforderlich, denn man hätte ebensogut versuchen können, einen Park zu heizen. Der Raum würde jedoch bei jedem Wetter ein warmes Aussehen haben, denn die Fenstervorhänge waren aus rotem Seidendamast, und die Wände hatte man mit demselben feuerfarbenen Material bespannt – desgleichen die vier Sofas und die Brigade von Stühlen. Die Möbel, der Zierat, die Kronleuchter, die Tapeten waren alle neu und prächtig und teuer. Wir brauchten überhaupt keinen Salon, aber man sagte uns, daß er zu den beiden Schlafzimmern gehöre und wir ihn benutzen könnten, falls wir es wünschten. Da er nichts kostete, hatten wir natürlich nichts dagegen.

Seit mehreren Wochen hatte ich alle Auskünfte über Italien gesammelt, die ich von Reisenden bekommen konnte. In einem Punkt waren alle Reisenden derselben Meinung – man müsse damit rechnen, bei jeder Gelegenheit von den Italienern betrogen zu werden. Ich machte einen Abendspaziergang in Turin und stieß plötzlich auf einem der großen Plätze auf ein Puppentheater. Zwölf oder vielleicht auch fünfzehn Leute bildeten das Publikum. Diese Miniaturbühne war nicht viel größer als ein aufrechtstehender Sarg; die obere Hälfte war offen und gab den Blick auf einen Rauschgoldsalon frei – ein tüchtiges Taschentuch hätte als Vorhang gereicht; das Rampenlicht bestand aus zwei zollhohen Kerzenstummeln; verschiedene Männchen in Puppengröße erschienen auf der Bühne und redeten anhaltend aufeinander ein. Dabei gestikulierten sie ausgiebig, und ehe sie ganz fertig waren, wurden sie meistens handgemein. Sie wurden an Fäden von oben geführt, und die Illusion war nicht vollkommen, denn man sah nicht nur die Fäden, sondern auch die muskulöse Hand, die sie bewegte; und die Schauspieler und

Schauspielerinnen sprachen auch alle mit derselben Stimme. Das Publikum, das vor dem Theater stand, schien jedoch an der Vorstellung großen Spaß zu haben.

Als das Stück zu Ende war, ging ein Junge in Hemdsärmeln mit einer kleinen kupfernen Untertasse umher, um zu sammeln. Ich wußte nicht, wieviel ich geben sollte, nahm mir jedoch vor, mich nach meinen Vorgängern zu richten. Unglücklicherweise hatte ich nur zwei, und sie halfen mir nicht sehr, denn sie gaben überhaupt nichts. Ich hatte kein italienisches Geld, also legte ich eine kleine Schweizer Münze von etwa zehn Cents auf den Teller. Der Junge beendete seine Sammlung und leerte das Resultat auf der Bühne aus; er führte einen lebhaften Wortwechsel mit dem Prinzipal, dann bahnte er sich einen Weg durch die Zuschauermenge zurück – auf der Suche nach mir, wie mir schien. Ich wollte mich schon davonmachen, änderte jedoch dann meinen Entschluß; ich würde nicht weichen und jeder Schurkerei ins Auge sehen. Der Knabe stand nun vor mir und hielt tatsächlich diese Schweizer Münze hoch und sagte etwas. Ich verstand ihn nicht, nahm jedoch an, daß er italienisches Geld haben wollte. Die Menge rückte näher, um zuzuhören. Ich war gereizt und sagte (natürlich auf englisch):

»Ich weiß, es ist Schweizer Geld, aber entweder du nimmst das, oder du kriegst gar nichts. Ich habe kein anderes.«

Er wollte mir die Münze in die Hand drücken und sagte wieder etwas. Ich zog die Hand zurück und sagte:

»O nein, mein Lieber. Ich kenne euch ganz genau. Mir kommt ihr nicht mit einem von euren betrügerischen Scherzen. Falls dieses Geldstück unter Pari stehen sollte, tut es mir leid, aber ich zahle deshalb nichts drauf. Ich habe gesehen, daß ein Teil der Zuschauer überhaupt nichts gegeben hat. Alle anderen laßt ihr ohne ein Wort gehen, aber auf mich stürzt ihr euch, weil ihr denkt, ich bin hier fremd und lasse mich lieber erpressen, ehe ich eine Szene mache. Aber diesmal habt ihr euch geirrt. Entweder du bist mit diesem Schweizer Geld zufrieden, oder es gibt gar nichts.«

Der Junge stand sprachlos und verwirrt mit dem Geldstück in der Hand da; er hatte natürlich kein Wort verstanden. Ein Englisch sprechender Italiener griff nun ein und sagte:

»Sie verstehen den Jungen falsch. Er hat nichts Arges im Sinn. Er konnte nur nicht glauben, daß Sie ihm soviel Geld absichtlich gegeben hätten, also kam er schnell zurück, um Ihnen die Münze wiederzugeben, damit Sie nicht schon fort seien, bevor Sie Ihren Irrtum entdeckten. Nehmen Sie das Geldstück zurück und geben Sie ihm einen Penny – dann ist alles wieder gut.«

Wahrscheinlich bin ich rot geworden in diesem Augenblick – Anlaß dazu hatte ich gewiß. Über den Dolmetscher bat ich den Jungen um Verzeihung, weigerte mich jedoch edelmütig, die zehn Cents zurückzunehmen. Ich erklärte, ich sei gewohnt, große Summen auf diese Weise zu verprassen – es liege nun einmal in meinem Wesen. Dann trat ich den Rückzug an, um mir zu notieren, daß in Italien Menschen, die mit der Bühnenkunst zu tun haben, nicht betrügen.

Schönes, schauriges Venedig

Dieses Venedig, das fast vierzehnhundert Jahre lang eine stolze, unbesiegbare, prächtige Republik war, deren Armeen der Welt großen Respekt abnötigten, wann und wo immer sie auch kämpften, deren Kriegsschiffe fast alle Ozeane beherrschten, und deren Handelsflotten die entferntesten Meere mit ihren Segeln weiß färbten und diese Landungsbrücken hier mit den Erzeugnissen aus aller Herren Länder überhäuften, ist nun ein Raub der Armut, der Verwahrlosung und des traurigen Verfalls geworden. Vor sechshundert Jahren beherrschte Venedig den Welthandel; sein Markt war das Handelszentrum, der Umschlagplatz, von dem aus sich der ungeheure Orienthandel über die westliche Welt ausbreitete.

Heute sind seine Kais verwaist, seine Speicher leer, seine Handelsflotten verschwunden, seine Heere und seine Kriegsmarine nur noch Erinnerung. Venedigs Ruhm ist dahin, und in der zerfallenden Pracht seiner Lagerhäuser und Paläste liegt es inmitten seiner trägen Lagunen, elend und an den Bettelstab gebracht, von der Welt vergessen. Die Republik, die in ihrer Blütezeit das Handelsgeschehen einer ganzen Hemisphäre beherrscht und mit einem Wink ihres mächtigen Fingers über das Wohl und Wehe ganzer Nationen entschieden hatte, ist unter den Stadtstaaten der Erde am tiefsten gesunken – heute hausiert man hier mit Glasperlen für Frauen und belanglosem Spielzeug und Schnickschnack für Schulmädchen und Kinder.

Die ehrwürdige Mutter der Republiken ist kaum ein passender Gegenstand für schnodderige Sprüche oder leeres Geschwätz von Touristen. Es kommt einem wie ein Frevel vor, den Glanz alter Romantik zu stören, aus dem sie sich vor uns in der Entfernung in ihren weichen Konturen wie durch einen bunten Nebel hindurch zeigt und der wie ein Vorhang ihren Niedergang und Verfall unseren Blicken verbirgt. Man sollte sich wirklich von ihren Lumpen, ihrer Armut und ihrer Demütigung abwenden und sie nur in dem Zustand im Gedächtnis bewahren, in dem sie sich befand, als sie die Flotten Karls des Großen versenkte, als sie Friedrich Barbarossa in die Knie zwang oder ihre siegreichen Banner über die Zinnen Konstantinopels flattern ließ.

Abends um acht Uhr kamen wir in Venedig an und bestiegen einen Leichenwagen, der zum Grand Hotel d'Europe gehörte. Jedenfalls gab es nichts, womit das Gefährt mehr

Ähnlichkeit gehabt hätte als mit einem Leichenwagen, obwohl es zumindest auf dem Papier eine Gondel war. Dies war also die vielgepriesene venezianische Gondel! – Das Feenboot, in dem die fürstlichen Kavaliere in alten Zeiten die Wasser der mondbeschienenen Kanäle zu durchpflügen und mit der Beredsamkeit der Liebe in die holden Augen patrizischer Schönheiten zu schauen pflegten, während der heitere Gondoliere in seidenem Wams auf seiner Gitarre spielte und sang, wie nur ein Gondoliere singen kann! Dies also war die berühmte Gondel und dies der prächtige Gondoliere! Das eine ein pechschwarzes, angerostetes altes Kanu, auf dem bis zur Mitte ein düsterer Katafalk aufgebaut war, und der andere ein schäbiger, barfüßiger Straßenjunge, der einen Teil seiner Kleidung herzeigte, der den kritischen Blicken der Öffentlichkeit lieber verborgen geblieben wäre. Gleich darauf, als er um eine Ecke bog und seinen Leichenkahn mit Karacho in einen trüben Wassergraben zwischen zwei langen Reihen hoher, unbewohnter Häuser hineinsteuerte, fing der muntere Gondoliere zu singen an, getreu den Überlieferungen seiner Zunft. Eine Weile ließ ich das über mich ergehen. Dann sagte ich:

»Nun aber Schluß, Roderigo, Gonzales Michel Angelo, ich bin ein Pilger und fremd hier, aber ich will mir meine Stimmung nicht durch eine solche Katzenmusik verderben lassen. Wenn das so weiter geht, wird einer von uns beiden Wasser schlucken. Es genügt schon, daß meine lang gehegten Träume von Venedig für immer dahin sind, was die romantische Gondel und den schmucken Gondoliere betrifft; dieses Zerstörungswerk soll nun nicht weiter fortgesetzt werden; den Leichenkahn will ich ja unter Protest noch hinnehmen, und du magst deine Parlamentärsflagge ruhig flattern lassen, aber hier meinen düsteren und blutigen Schwur darauf, daß du nicht mehr singen wirst. Noch ein einziger Piepser, und du gehst über Bord.«

Es dämmerte mir nun, daß das alte Venedig, wie wir es aus Dichtung und Geschichte kennen, für immer dahin ist. Aber ich war zu voreilig. Ein paar Minuten später bogen wir mit graziösem Schwung in den Canal Grande ein, und unter dem weichen Mondlicht bot sich Venedig in all seiner Poesie und Romantik meinen Blicken dar. Direkt am Rand des Wassers erhoben sich lange Reihen prunkvoller Marmorpaläste; Gondeln glitten flink hierhin und dorthin und verschwanden plötzlich durch überraschend auftauchende Tore und Seitenkanäle; massige Steinbrücken warfen ihre Schatten quer über die glitzernden Wellen. Leben und Bewegung waren überall, und doch lag ringsumher eine gewisse Stille, ein verstohlenes Schweigen, bei dem man unwillkürlich an die geheimen Machenschaften von Banditen und Verliebten dachte; und die grimmigen alten Gebäude der Republik, halb in die Strahlen des Mondes, halb in geheimnisvolle Schatten getaucht, wirkten so, als hätten sie gerade jetzt ein wachsames Auge auf solche Unternehmungen. Klänge von Musik schwebten über den Wassern – Venedig war vollkommen.

Es war ein wunderschönes Bild – sehr weich und verträumt und wunderschön. Aber was war dieses Venedig im Vergleich zum mitternächtlichen Venedig? Nichts. Man feierte ein Fest – ein glänzendes Fest zu Ehren irgendeines Heiligen, der vor dreihundert Jahren dazu beigetragen hatte, der Cholera Einhalt zu gebieten, und ganz Venedig war draußen auf dem Wasser. Es handelte sich nicht um eine alltägliche Angelegenheit, denn die Venezianer wußten nicht, wie bald sie die Hilfe des Heiligen womöglich wieder in Anspruch nehmen müßten, nun, da sich die Cholera überall ausbreitete. Auf einer riesigen Fläche – sagen wir mal eine Drittelmeile breit und zwei Meilen lang – hatten sich zweitausend Gondeln versammelt, und an jeder einzelnen hingen zwischen zwei und zehn, ja zwanzig und sogar dreißig farbige Laternen, und in jeder waren zwischen vier und zwölf Insassen. So weit das Auge reichte, drängten sich diese bunten Lichter zusammen – wie ein riesiger Garten voller kunterbunter Blumen, nur daß diese Blüten nie still an einer Stelle verharrten; unablässig glitten sie hin und her und verschmolzen ineinander und verlockten einen zu irreführenden Versuchen, ihren verwirrenden Positionswechseln mit dem Auge zu folgen. Hier und da tauchte das grellrote, -grüne oder -blaue Startfeuer einer Rakete, die sich mühsam löste, alle Boote ringsumher in strahlendes Licht. Jede Gondel, die an uns vorbeischwamm, mit ihren Halbmonden und Kreisen und Pyramiden aus farbigen Lampen, die oben hingen und die Gesichter der jungen, lieblich duftenden und reizend anzusehenden Insassen darunter beleuchteten, war ein Bild für sich; und die Spiegelungen dieser Lichter, so langgestreckt, so schlank, so zahllos, so vielfarbig und so gebrochen und gerippt von den Wellen, ergaben ebenfalls ein Bild für sich, und zwar eines von bezaubernder Schönheit. So manch ein Grüppchen junger Damen und Herren hatte ihre Prunkgondel hübsch herausgeputzt und nahm das Abendessen an Bord an. Sie hatten ihre mit Schwalbenschwanz und weißen Halsbinden angetanen Kammerdiener mitgebracht, damit diese ihnen aufwarteten, und ihre Tische geschmückt wie zu einem Hochzeitsmahl. Vermutlich hatten sie aus ihren Salons die kostbaren Kugellampen mitgebracht und ebenso die Vorhänge aus Spitze und Seide. Und auch Klaviere und Gitarren hatten sie mitgebracht, und sie spielten und sangen Opernmelodien, während die von Papierlaternen erleuchteten Gondeln der kleinen Leute aus den Vorstädten und Seitenkanälen sich um sie herumdrängten, um sie zu begaffen und ihrem Gesang zu lauschen.

Überall lag Musik in der Luft – Chöre, Streichkapellen, Blaskapellen, Flöten, einfach alles. Ich war so umgeben, so eingemauert von Musik, Pracht und Herrlichkeit, daß ich mich vom Geist des Theaters inspiriert fühlte und selbst ein Liedchen sang. Als ich jedoch merkte, daß sich die anderen Gondeln davongemacht hatten und mein Gondoliere drauf und dran war, ins Wasser zu springen, verstummte ich.

Das Fest war großartig. Es dauerte die ganze Nacht hindurch, und ich habe mich nie besser amüsiert als während dieser Stunden.

Was für eine komische alte Stadt diese Königin der Adria doch ist! Enge Straßen, riesige, düstere Marmorpaläste, schwarz von den zersetzenden Dünsten der Jahrhunderte, und alle zum Teil unter Wasser stehend; nirgendwo ist ein trockenes Fleckchen Erde zu sehen, und kein einziger nennenswerter Bürgersteig; ob man nun in die Kirche, ins Theater oder Restaurant gehen möchte, stets muß man eine Gondel rufen. Es muß ein Paradies für Krüppel sein, denn man hat hier wahrlich keine Verwendung für seine Beine.

Wegen seiner stehenden Gewässer, die sämtliche Häuser bis zu ihren Türschwellen bespülten, und wegen der vielen Boote, die unter den Fenstern vertäut lagen oder in die Seitenkanäle hinein- und hinaushuschten, wirkte der Ort ein paar Tage lang wie ein überschwemmtes Städtchen in Arkansas, so daß ich den Eindruck nicht loswurde, es habe hier lediglich eine Springflut gegeben, und der Fluß werde in ein paar Wochen fallen und eine dreckige Hochwassermarke an den Häusern und die Straßen voller Schlamm und Unrat zurücklassen.

Im hellen Tageslicht betrachtet, wirkt Venedig wenig poetisch, aber unter dem barmherzigen Mond sind seine beschmutzten Paläste wieder weiß, seine beschädigten Standbilder im Schatten verborgen, und die alte Stadt scheint erneut von der Herrlichkeit gekrönt, die ihr vor fünfhundert Jahren eigen gewesen war. Dann fällt es einem nicht schwer, diese stillen Kanäle in Gedanken mit federgeschmückten Kavalieren und schönen Frauen zu bevölkern – mit Shylocks in Kaftan und Sandalen, die das Risiko eingehen, den reichen venezianischen Reedern Kredit zu gewähren – mit Othellos und Desdemonas, mit Jagos und Rodrigos – mit stolzen Flotten und siegreichen Legionen, die aus Kriegen heimkehren. Im verräterischen Sonnenlicht sehen wir Venedig in seinem Verfall, aufgegeben, verarmt und jeglichen Handels beraubt – vergessen und völlig bedeutungslos. Aber im Licht des Mondes hüllen es die vierzehn Jahrhunderte in seinen Glorienschein, und wieder ist sie die fürstlichste unter den Städten der Welt. (...)

Was würde man wohl spontan als erstes in Venedig sehen wollen? Natürlich die Seufzerbrücke – und als nächstes die Markuskirche und den großen Platz gleichen Namens, die bronzenen Rosse und den berühmten Löwen des Heiligen Markus.

Wir wollten eigentlich zur Seufzerbrücke, gerieten aber durch Zufall zuerst in den Dogenpalast – ein Gebäude, das notwendigerweise einen breiten Raum in der venezianischen Dichtung und Überlieferung einnimmt. Im Senatssaal der alten Republik wurden unsere Augen von der Betrachtung der vielen Quadratmeter von Historiengemälden Tintorettos und Paolo Veroneses müde, aber keines machte einen wirklich tiefen Eindruck auf uns mit Ausnahme des einen, das *alle* Fremden tief beeindruckt – ein schwarzes Rechteck inmitten einer Porträtgalerie. In einer langen Reihe, rund um die große Halle, waren die Konterfeis der Dogen von Venedig hingemalt (ehrwürdige Burschen mit wallenden weißen Bärten, denn aus den dreihundert Senatoren, die für das Amt in Frage kamen, wurde gewöhnlich der älteste zum Dogen gewählt), und unter jedem stand eine schmeichelhafte Inschrift – bis man zu der Stelle kam, wo eigentlich das Konterfei Marino Falieris hätte hängen müssen, und die war leer und schwarz – leer, bis auf eine knappe Inschrift, aus der hervorging, daß der Verschwörer für sein Verbrechen mit dem Tod gebüßt hatte. Es schien mir grausam, daß diese mitleidlose Inschrift noch immer von der Wand herabstarren mußte, wo doch der arme Teufel schon seit fünfhundert Jahren in seinem Grabe lag.

Am oberen Absatz der riesenhaften Treppe, wo man Marino Falieri enthauptet hatte, und wo die Dogen in alter Zeit gekrönt wurden, wies man uns auf zwei kleine Spalten in der Steinmauer hin – zwei harmlose, belanglose Öffnungen, die wohl nie die Aufmerksamkeit eines Fremden auf sich ziehen würden – und doch standen wir vor den schrecklichen Löwenrachen! Die Köpfe waren nicht mehr vorhanden (abgeschlagen von den Franzosen während ihrer Besetzung Venedigs), aber hierbei handelte es sich um die Schlünde, durch die die anonyme Anschuldigungen hunterfielen, die, in tiefer Nacht heimlich von einem Feind eingeworfen, so manchen Unschuldigen dazu verdammten, über die Seufzerbrücke zu gehen und in den Kerker hinabzusteigen, den niemand mit der Hoffnung betrat, die Sonne jemals wiederzusehen. Das war in den alten Zeiten, als in Venedig die Patrizier allein regierten – das gemeine Volk hatte kein Wahlrecht und keine Stimme. Es gab eintausendfünfhundert Patrizier; aus diesen wurden dreihundert Senatoren gewählt; unter den Senatoren wurde ein Doge und ein Rat der Zehn auserkoren; und in geheimer Wahl bestimmten die Zehn aus ihren eigenen Reihen einen Rat der Drei. Alle diese Männer waren damals Regierungsspitzel, und jeder Spitzel stand selbst unter Überwachung – man verständigte sich in Venedig im Flüsterton, kein Mensch traute seinem Nachbarn – zuweilen nicht einmal dem eigenen Bruder. Kein Mensch wußte, wer dem Rat der Drei angehörte – nicht einmal der Senat, nicht einmal der Doge selbst; die Mitglieder dieses gefürchteten Tribunals fanden sich des Nachts zu dritt in einem Zimmer ein, mit Gesichtsmasken und von Kopf bis Fuß in scharlachrote Mäntel gehüllt, und kannten sich gegenseitig nur an der Stimme. Es war ihre Pflicht, über abscheuliche politische Verbrechen zu Gericht zu sitzen, und gegenüber ihrem Urteilsspruch gab es keine Berufung. Ein Kopfnicken zum Henker hin genügte. Der Verurteilte wurde abgeführt in eine Halle und von dort durch ein kleines Tor auf die überdachte Seufzerbrücke und über sie hinweg und in den Kerker und in den Tod. Während seiner Überführung sah ihn nur sein Bewacher. Wenn jemand in diesen alten Zeiten einen Feind hatte, so konnte er nichts Klügeres tun, als eine kleine Mitteilung an den Rat der Drei durch das Löwenmaul zu werfen, auf dem stand »Dieser Mann schmiedet gerade ein Komplott gegen die Regierung.« Auch wenn die furchtbaren Drei keinen Beweis dafür fanden, war zehn zu eins damit zu rechnen, daß sie ihn dennoch ertränken ließen, weil er ein ganz durchtriebener Schuft war, da seine Ränke nicht zu durchschauen waren. Von maskierten Richtern und maskierten Henkern mit unbeschränkter Machtbefugnis, gegen deren Urteil es keine Berufungsmöglichkeit gab, war in jenen harten, grausamen Tagen kaum zu erwarten, daß sie milde umgehen würden mit Leuten, die sie verdächtigten und doch nicht überführen konnten.

Wir durchquerten die Halle des Rates der Zehn, und gleich darauf traten wir in die teuflische Höhle des Rates der Drei.

Der Tisch, um den sie gesessen hatten, stand noch da, und ebenso waren noch die Stellen zu sehen, wo die maskierten Inquisitoren und Henker standen, starr, hochaufgerichtet und stumm, bis sie den blutigen Befehl erhielten, und sich dann, wie unerbittliche Automaten, die sie ja auch waren, davonmachten, um ihn auszuführen. Die Fresken an den Wänden paßten erschreckend gut zu dem Ort. In allen anderen Sälen, den Hallen, den prunkvollen Staatsgemächern des Palastes, erstrahlten die Wände und Decken in Gold, reich verziert mit erlesenem Schnitzwerk; sie blendeten das

Auge mit prächtigen Bildern von venezianischen Siegen und venezianischem Pomp an fremden Höfen, waren geheiligt durch Bilder der Jungfrau und des Erlösers der Menschheit und der Heiligen, die das Evangelium des Friedens auf der Erde predigten – aber hier, in bedrückendem Kontrast dazu, gab es nur Darstellungen des Todes und des schrecklichen Leidens! –, kein lebendes Wesen war abgebildet, das sich nicht unter der Folter wand, kein totes, das nicht mit Blut beschmiert, mit klaffenden Wunden übersät und von den Todesqualen entstellt war, unter denen es sein Leben ausgehaucht hatte!

Vom Palast bis zum düsteren Gefängnis ist es nur ein Schritt – fast könnte man über den schmalen Kanal springen, der dazwischenliegt. Die massige, steinerne Seufzerbrücke quert ihn auf der Höhe des zweiten Stockes – eine Brücke, die mit ihrer Überdachung eigentlich ein Tunnel ist – wenn man sie überquert, kann man nicht gesehen werden. Sie ist der Länge nach unterteilt, und durch den einen Gang schritten einstmals diejenigen, die milde Strafen erhalten hatten, und durch den anderen zogen traurig die Elenden, die vom Rat der Drei dazu verurteilt worden waren, von aller Welt vergessen, langsam in den Kerkern dahinzudarben oder einen plötzlichen und geheimen Tod zu erleiden. Dort drunten unter der Wasseroberfläche zeigte man uns beim Schein qualmender Fackeln die feuchten, dickwandigen Zellen, wo das Leben so manches stolzen Patriziers von der Trübsal der Einzelhaft aufgezehrt wurde – ohne Licht, Luft, Bücher; nackt, unrasiert, ungekämmt, von Ungeziefer bedeckt vegetierte er dahin; da es niemanden gab, mit dem er hätte sprechen können, vergaß seine untätige Zunge, wozu sie bestimmt ist; die Tage und Nächte seines Lebens unterschieden sich nicht mehr voneinander, sondern verschmolzen zu ewiger, einförmiger Nacht; fernab von allen heiteren Klängen war er begraben in der Stille einer Gruft; vergessen von seinen hilflosen Freunden, denen sein Schicksal für immer ein Rätsel bleiben sollte, verlor er schließlich sein Gedächtnis und wußte nicht mehr, wer er war, und wie er hierher gekommen war; er verschlang den Laib Brot und trank das Wasser, was ihm von unsichtbaren Händen in die Zelle geschoben wurde, und plagte sein zermürbtes Gemüt nicht länger mehr mit Hoffnungen und Ängsten und Zweifeln und der Sehnsucht nach Freiheit; er hörte auf, vergebliche Gebete und Klagen in Wände zu ritzen, wo niemand, nicht einmal er selbst, sie sehen konnte, und überließ sich einer hoffnungslosen Apathie, einem kindischen Stammeln, dem Wahnsinn! Viele solcher beklagenswerten Geschichten wüßten diese Wände zu erzählen, wenn sie nur reden könnten.

In einem kleinen schmalen Gang, nicht weit davon entfernt, zeigte man uns, wo manch ein Gefangener, nachdem er so lange im Kerker gelegen hatte, bis er von allen mit Ausnahme seiner Verfolger vergessen worden war, erdrosselt oder eingenäht in einen Sack von vermummten Henkern in tiefster Nacht durch ein kleines Fenster in ein Boot geschafft, zu einem entlegenen Punkt gerudert und ertränkt wurde.

Wie immer zeigte man den Besuchern die Folterwerkzeuge, womit die Drei den Angeklagten die Würmer aus der Nase zu ziehen pflegten – gräßliche Apparaturen, um jemandem die Daumen zu zerquetschen; die Pflöcke, in denen ein Gefangener bewegungsunfähig eingeklemmt saß, während ihm unentwegt Wasser auf den Kopf tropfte, bis es die menschliche Natur nicht länger ertragen konnte; und eine teuflische Vorrichtung aus Stahl, die das Haupt eines Gefangenen wie eine Muschel umschloß und es mit Hilfe einer Schraube langsam zusammendrückte. Es hafteten noch die Flecken des Bluts an ihr, das vor langer Zeit durch ihre Fugen geronnen war, und an der einen Seite hatte sie einen Vorsprung, auf den der Folterknecht bequem seinen Ellbogen aufstützen und sich mit dem Ohr herabbeugen konnte, um das Stöhnen des darin sterbenden Dulders zu erhaschen.

Kunst mit und ohne Feigenblatt: Die Uffizien in Florenz

Ich frage mich, warum manches ist, wie es ist. Zum Beispiel gestattet man der bildenden Kunst heutzutage ebensoviel Freizügigkeit im Unschicklichen wie in früheren Zeiten – aber die Vorrechte der Literatur sind in dieser Hinsicht während der letzten achtzig oder neunzig Jahre stark beschnitten worden. Fielding und Smolett konnten die Gemeinheiten ihrer Zeit mit der gröbsten Sprache darstellen. Wir haben es zwar heute ebenfalls mit allerhand schimpflichen Dingen zu tun, aber man gestattet uns nicht, sehr nahe an sie heranzugehen, nicht einmal in einer schicklichen, behutsamen Sprache. Anders jedoch bei der Kunst. Der Pinsel darf sich immer noch frei eines jeden Gegenstandes annehmen, mag er auch noch so abstoßend und unfein sein. Der Sarkasmus dringt einem aus allen Poren, wenn man durch Rom oder Florenz geht und sieht, was diese letzte Generation mit den Statuen gemacht hat. Diese Werke, die jahrhundertelang in unschuldiger Nacktheit dastanden, sind nun alle mit Feigenblättern versehen. Ja, alle. Zuvor hat vielleicht niemand ihre Nacktheit bemerkt; nun kann keiner umhin, sie zu bemerken – die Feigenblätter machen sie so auffällig. Das Komische an der ganzen Sache ist jedoch, daß das Feigenblatt auf den kalten und bleichen Marmor beschränkt ist, der auch ohne dieses heuchlerische und schaustellerhafte Symbol der Keuschheit kalt wäre und nicht auf Gedanken brächte, während warmblütige Gemälde, die es wirklich nötig haben, in keinem Fall damit ausgestattet wurden.

Am Eingang zu den Uffizien in Florenz sieht man sich den Statuen eines Mannes und einer Frau gegenüber; sie sind ohne Nasen, auch sonst arg mitgenommen, schwarz von angesammeltem Schmutz – man denkt bei ihrem Anblick kaum noch an menschliche Wesen –, aber diese lachhaften Geschöpfe sind von unserer mäkelnden Generation rücksichtsvoll und gewissenhaft mit Feigenblättern bedacht worden. Man tritt ein und begibt sich in jene meistbesuchte Galerie der Welt, und dort darf man an einer Wand ohne sichtbehindernde Falten oder Feigenblätter das gemeinste, nichtswürdigste, obszönste Bild betrachten, das die Welt besitzt – Tizians Venus. Nicht etwa, weil sie nackt ist und ausgestreckt auf einem Bett liegt – nein, es handelt sich um die Haltung des einen Armes und der einen Hand. Wagte ich es, diese Haltung zu beschreiben, würde sich ein schönes Geschrei erheben – aber da liegt sie, diese Venus, und jeder, der will, kann sich an ihr weiden – und sie hat ein Recht, dort zu liegen, denn die Malerei hat ihre Privilegien. Ich habe junge Mädchen verstohlen zu ihr hinblicken sehen; ich habe junge Männer gesehen, die sie lange und versunken anstarrten; ich sah betagte, schwache Männer mit erbarmungswürdigem Interesse an ihren Reizen hängen. Wie gerne würde ich sie beschreiben – nur um zu sehen, welch heilige Entrüstung ich in der Welt entfachen kann – nur um zu hören, wie der gedankenlose Durchschnittsmensch sich über meine Roheit und Gemeinheit und so weiter ausläßt. Die Welt behauptet, keine Beschreibung eines bewegenden Anblicks sei auch nur zu einem Hundertteil so bewegend wie der Anblick selber – und doch ist die Welt willens, ihren Söhnen und ihren Töchtern und sich selber einen Blick auf Tizians Bestie zu gestatten, während sie eine Beschreibung in Worten nicht duldet. Womit bewiesen ist, daß diese Welt nicht so konsequent ist, wie sie sein könnte.

Es gibt Bilder von nackten Frauen, die keinen unzüchtigen

Gedanken aufkommen lassen – das weiß ich sehr wohl. Diese sollen hier nicht geschmäht werden. Worauf ich mit Nachdruck hinweisen will, ist die Tatsache, daß Tizians Venus sehr weit davon entfernt ist, zu diesen zu gehören. Ganz ohne Zweifel wurde sie für ein Badehaus gemalt, und da hat man sie wahrscheinlich als ein bißchen zu stark zurückgewiesen. Sie ist, um die Wahrheit zu sagen, für jeden Ort zu stark – eine öffentliche Gemäldesammlung ausgenommen. Tizian hat zwei Venusse in den Uffizien; wer die gesehen hat, wird sich ohne Schwierigkeiten erinnern, welche von den beiden ich im Auge habe.

In jeder Galerie in Europa hängen abscheuliche Bilder voller Blut, Gemetzel, herausquellenden Gehirnen, Fäulnis – Bilder, auf denen es wimmelt von jedem nur denkbaren, bis ins fürchterlichste Detail ausgemalten Grauen – und ähnliche Bilder werden Tag für Tag auf die Leinwand geworfen und öffentlich ausgestellt – ohne daß auch nur jemand murrt –, denn sie sind unschuldig, sie sind nicht anstößig, da sie ja Kunstwerke sind. Aber angenommen, ein Künstler des Wortes wagte sich an eine peinlich genaue Schilderung einer dieser Scheußlichkeiten – die Kritiker würden ihm lebendig das Fell abziehen. Nun, mag es so sein – es läßt sich nicht ändern; die Kunst behält ihr Vorrecht, die Literatur hat das ihre verloren. Soll jemand anders das Warum und das Wieso und die Konsequenz der Geschichte herauszutüfteln versuchen – ich habe keine Zeit dazu.

Tizians Venus besudelt und schändet die Uffizien, die Tatsache läßt sich nicht beschönigen. Aber sein »Moses« verherrlicht sie. Die schlichte Wahrhaftigkeit dieses erhabenen Werkes gewinnt das Herz und den Beifall eines jeden Besuchers, mag er nun gebildet oder unwissend sein. Nachdem man sich müde geguckt hat an Hektar über Hektar vollgestopfter, weicher, ausdrucksloser Säuglinge, die die Bilder der altitalienischen Meister bevölkern, ist es erfrischend, vor

diesem unvergleichlichen Kind zu stehen und die Verzük-
kung zu verspüren, die einem sagt: Hier endlich ist das Wirk-
liche, das Wahre. Dies ist ein Menschenkind, dies ist echt.
Man hat es tausendmal schon gesehen – man hat es genauso gesehen, wie es einem dort entgegenblickt – und man
bekennt rückhaltlos, daß Tizian wirklich ein Meister war.
Die Puppengesichter anderer gemalter Kinder mögen dieses oder jenes bedeuten, beim »Moses« jedoch liegt der
Fall anders. Der berühmteste aller Kunstkritiker hat gesagt:
»Hier besteht nicht der geringste Zweifel – dieses Kind
muß!«

Meiner Ansicht nach reicht kein Werk der alten Meister an
den »Moses« heran, ausgenommen vielleicht Bassanos herrlicher »Reisekoffer«. Ich bin sicher, daß die Welt gewonnen
hätte, wenn alle anderen alten Meister verlorengegangen und
nur diese beiden bewahrt worden wären.

Sankt Peter in Rom

Natürlich waren wir oft im riesigen Petersdom. Ich kannte
seine Ausmaße. Ich wußte, daß er ein gewaltiges Bauwerk ist. Ich wußte, daß er etwa die Länge des Kapitols in
Washington hat – sagen wir siebenhundertdreißig Fuß. Ich
wußte, daß er dreihundertvierundsechzig Fuß breit und in-
folgedessen breiter als das Kapitol ist. Ich wußte, daß das
Kreuz auf der Spitze der Domkuppel in einer Höhe von vier-
hundertachtunddreißig Fuß über dem Erdboden steht und
somit etwa hundert oder vielleicht hundertfünfundzwanzig
Fuß höher als die Kuppel des Kapitols. – So hatte ich einen
Maßstab. Ich wollte mir eine möglichst genaue Vorstellung
verschaffen, wie er aussehen würde; ich war neugierig, wie
sehr ich mich irren würde. Ich irrte mich beträchtlich. Von
außen betrachtet, wirkte St. Peter nicht annähernd so groß

wie das Kapitol und wahrlich nicht den zwanzigsten Teil so schön.

Als wir zum Portal kamen und dann richtig im Dom drin standen, konnten wir gar nicht fassen, daß er ein *sehr* großes Gebäude sein soll. Ich mußte mir durch *Zahlen* einen Begriff davon machen. Ich mußte mein Gedächtnis nach weiteren Vergleichsmöglichkeiten durchforsten. St. Peter ist massig. Von seiner Höhe und seinem Umfang her entspräche der Petersdom zwei Exemplaren des Kapitols von Washington, eines auf das andere gestellt – wenn das Kapitol breiter wäre; oder zwei oder zweieinhalb aufeinandergestellten normalen Häuserblocks. Der Petersdom ist tatsächlich so groß, aber er sah einfach nicht so aus. Das Problem bestand darin, daß alles in und an ihm von gleich riesigen Ausmaßen ist, daß es keine Kontraste gab, aufgrund derer man sich ein Urteil bilden konnte – keinen einzigen außer den Menschen, und die hatte ich gar nicht bemerkt. Sie wirkten wie Insekten. Die Statuen der Kinder, die Weihwasserbecken halten, waren laut Maßtabelle riesig, aber auch um sie herum war alles riesig. Die Mosaiken in der Kuppel waren gewaltig und bestanden aus Tausenden und Abertausenden von Glaswürfeln mit einer Seitenlänge wie die Kuppe meines kleinen Fingers, aber jene Bilder sahen vollkommen eben und farbenprächtig aus und passen von ihren Proportionen her gut zu der Kuppel. Offensichtlich würden sie nicht als Maßstab taugen. Weit entfernt, fast am äußersten Ende der Kirche (ich dachte, es sei wirklich am äußersten Ende, stellte aber hinterher fest, daß es in der Mitte war, unter der Kuppel) stand das, was sie *baldacchino* nennen – ein großes pyramidenförmiges Gestell aus Bronze wie die, an denen man Moskitonetze aufhängt. Es sah nur wie eine Bettstatt von beträchtlichen Ausmaßen aus – nicht mehr. Und doch wußte ich, daß es ein ganzes Stück höher war als die halbe Höhe der Niagara-Fälle. Es wurde von einer Kuppel überwölbt, die so mächtig war, daß seine eigene Höhe dagegen lächerlich wirkte. Die vier großen Stützpfeiler oder Säulen, die in der Kirche in gleichem Abstand voneinander entfernt stehen und das Dach tragen, konnte ich mir durch keine Vergleichsmethode in ihren Ausmaßen vergegenwärtigen. Ich wußte, daß die Seiten jedes einzelnen ungefähr die Breite der Frontpartie eines sehr großen Wohnhauses (fünfzig oder sechzig Fuß) hatten und daß sie doppelt so hoch waren wie ein normales dreistöckiges Haus, aber sie wirkten dennoch klein. Ich versuchte alles mögliche, um mich zur Einsicht zu zwingen, wie groß der Petersdom tatsächlich ist, aber mit wenig Erfolg. Das Mosaikporträt eines Apostels, der mit einer sechs Fuß langen Feder schreibt, schien nur ein gewöhnlicher Apostel.

Nach einer Weile aber zogen die Leute meine Aufmerksamkeit auf sich. Wenn man im Eingangsportal des Petersdoms steht und auf Menschen an seinem äußersten Ende, zwei Häuserzeilen entfernt, blickt, wirken diese winzig klein; umgeben von den gewaltigen Bildern und Statuen, verloren in dem weiten Raum, wirken sie sehr viel kleiner, als wenn sie zwei Häuserzeilen entfernt unter freiem Himmel stünden. Ich »taxierte« einen Mann, als er an mir vorbeiging, und beobachtete ihn, als er weit hinten beim *baldacchino* und jenseits desselben dahinschlenderte – beobachtete, wie er zu einem schmächtigen Schuljungen zusammenschrumpfte, und dann, inmitten einer stummen Menschenmenge von Pygmäen, die um ihn wogte, verlor ich ihn aus den Augen. Die Kirche war vor kurzem wegen einer großen Zeremonie zu Ehren des Heiligen Petrus ausgeschmückt worden, und nun waren Leute damit beschäftigt, die Blumen und das Goldpapier von den Wänden und den Säulen zu entfernen. Da keine Leitern bis in diese enormen Höhen reichten, ließen sich die Männer an Seilen von den Balustraden und Kapitellen herab, um diese Arbeit zu verrichten. Die obere Galerie, die innen um die Kuppel herumläuft, befindet sich auf einer Höhe von

zweihundertvierzig Fuß über dem Fußboden der Kirche –
sehr wenige Kirchtürme in Amerika könnten ihre Höhe erreichen. Die Besucher steigen immer dort hinauf, um in die
Kirche hinunterzuschauen, weil man von diesem Punkt aus
die beste Vorstellung von den Höhen und Entfernungen bekommt. Während wir auf dem Fußboden standen, ließ sich
einer der Arbeiter am Ende eines langen Seils von jener Galerie herab. Ich hätte vorher nicht gedacht, daß ein Mensch
einer Spinne so ähnlich sehen *könnte.* Er war von winziger
Gestalt und sein Seil schien nur ein Faden zu sein. Als ich
sah, wie wenig Platz er einnahm, glaubte ich ohne weiteres
die Geschichte, daß sich einstmals zehntausend Soldaten
zum Petersdom begaben, um die Messe zu hören, und ihr
Befehlshaber, der später eintraf und sie nicht finden konnte,
annahm, sie seien noch nicht angekommen. Aber sie waren
dennoch in der Kirche – sie waren in einem der Querschiffe.
An die fünfzigtausend Menschen versammelten sich im Petersdom, um der Verkündigung des Dogmas von der Unbe-
fleckten Empfängnis beizuwohnen. Es wird geschätzt, daß
der Fußboden der Kirche Raum für – eine große Menge Menschen bietet; die genaue Zahl habe ich vergessen. Aber das
macht nichts – es kommt der Wahrheit ziemlich nahe.

Im Kolosseum: Gala der Gladiatoren

Vor siebzehn oder achtzehn Jahrhunderten war dieses Kolosseum *das* Theater von Rom, und Rom beherrschte die
Welt. Prächtige Spiele wurden hier veranstaltet in Gegenwart des Kaisers, der hohen Staatsbeamten, der Adligen und
eines riesigen Publikums weniger bedeutsamer Bürger. Gladiatoren kämpften mit Gladiatoren und zuweilen mit Kriegs-
gefangenen aus manch einem fernen Land. Es war *das* Thea-

ter Roms – der Welt –, und ein Mann von Lebensart, der nicht beiläufig und unbeabsichtigt etwas über »meine Privatloge im Kolosseum« ins Gespräch einfließen ließ, konnte nicht in den ersten Kreisen verkehren. Wenn der Kleiderladenbesitzer den Krämer an der Ecke sich vor Neid verzehren lassen wollte, kaufte er sich Dauerplätze in der ersten Reihe und machte dies publik. Wenn der unwiderstehliche Kurzwarenverkäufer, seinem angeborenen Instinkt gemäß, einem anderen Burschen eins auswischen und ihn vernichten wollte, putzte er sich heraus, ohne Rücksicht auf die Kosten, und führte dessen Dame ins Kolosseum, und dann unterstrich er den Affront noch dadurch, daß er sie zwischen den Akten mit Eiscreme vollstopfte oder sich zu ihrer Erbauung dem Käfig näherte und mit seinem Fischbeinstöckchen den Märtyrern einen Schrecken einjagte. Der römische Stutzer war erst dann so richtig in seinem Element, wenn er sich, an eine Säule gelehnt, den Schnurrbart kräuselte, ohne auf die Damen zu achten; wenn er die blutigen Kämpfe durch ein zwei Zoll langes Opernglas verfolgte; wenn er den Neid der Provinzler durch kritische Bemerkungen erregte, die zu erkennen gaben, daß er schon etliche Male im Kolosseum gewesen war und längst nichts mehr Neues daran finden konnte; wenn er sich schließlich abwandte und sagte:

»*Der* soll ein *Star* sein! Führt sein Schwert wie ein Straßenräuber im Anfängerstadium! Für die Provinz mag er vielleicht angehen, aber für die Hauptstadt taugt er nicht!«

Froh war der Schmuggler, der bei der Sonntagsmatinée einen Platz im Parkett ergattert hatte, und glücklich der Straßenjunge, der seine Erdnüsse aß und von der schwindelerregend hohen Galerie herab die Gladiatoren verulkte.

Mir war die hohe Ehre vorbehalten, unter dem Schutt des verfallenen Kolosseums das einzig noch existierende Programmheft dieses Hauses zu entdecken. Immer noch verströmte es den anregenden Geruch von Pfefferminzbonbons, an einer Ecke war offensichtlich herumgekaut worden, und am Rand standen diese von zarter Frauenhand geschriebenen Worte in gewähltem Latein:

»Komm morgen abend Punkt sieben zum Tarpejischen Felsen, Liebster. Mutter wird weg sein, weil sie Freunde in den Sabiner Bergen besucht. Claudia.«

Ach, wo ist jener glückliche Jüngling wohl heute, und wo die kleine Hand, die jene zierlichen Zeilen schrieb? Staub und Asche seit siebzehnhundert Jahren!

So lautet das Programm:

RÖMISCHES KOLOSSEUM

UNVERGLEICHLICHE ATTRAKTION!

NEUE REQUISITEN! NEUE LÖWEN!
NEUE GLADIATOREN!

Engagement des weltberühmten

MARCUS MARCELLUS VALERIAN!

Nur sechs Vorstellungen!

Die Direktion erlaubt sich, hiermit dem Publikum ein Vergnügen anzubieten, das an Großartigkeit alles in den Schatten stellt, was je auf einer Bühne unternommen worden ist. Keine Kosten sind gescheut worden, um die Eröffnungssaison zu einer zu machen, die sich der großzügigen Gönnerschaft würdig erweisen wird, die, wie die Direktion sicher ist, ihre Anstrengungen krönen wird. Die Direktion erlaubt sich anzukündigen, daß man sich die Dienste einer

GLANZVOLLEN SCHAR VON TALENTEN!

sichern konnte, wie sie in Rom noch nie gesehen ward. Das Programm beginnt heute abend mit einem

GROSSEN KAMPF MIT SÄBELN!

zwischen zwei jungen und vielversprechenden Amateuren und einem berühmten parthischen Gladiator,
der soeben als Gefangener aus dem Lager des Verus
eingetroffen ist. Diesem folgt ein großartiges, coura-
giertes

GEFECHT MIT STREITÄXTEN!

zwischen dem weltberühmten Valerian (dem die eine
Hand auf den Rücken gebunden ist) und zwei riesenhaften Wilden aus Britannien.
Hierauf wird der weltberühmte Valerian (falls er über-
lebt) mit dem Säbel

LINKSHÄNDIG!

gegen sechs Studenten des zweiten Studienjahrs und
ein Erstsemester vom Gladiatorenseminar kämpfen!
Eine ganze Reihe brillanter Gefechte wird folgen, an
denen die größten Talente des ganzen Kaiserreiches
teilnehmen werden.
Danach wird sich das berühmte Wunderkind, bekannt
als

»DER JUNGE ACHILLES«

mit vier jungen Tigern im Kampfe messen, bewaffnet
mit nichts anderem als seinem kleinen Speer!
Das Ganze soll enden in einem züchtigen und form-
vollendeten

ALLGEMEINEN GEMETZEL!

in welchem dreizehn afrikanische Löwen und zwei-
undzwanzig gefangene Barbaren solange miteinander kämpfen werden, bis alle vernichtet sind.

DIE KASSE IST GEÖFFNET.

Erster Rang ein Dollar; Kinder und Dienstboten halber Preis.
Ein ausreichendes Polizeiaufgebot steht bereit, um
die Ordnung aufrechtzuerhalten und die wilden Tiere
daran zu hindern, über das Geländer zu springen und
das Publikum zu belästigen.

Einlaß um 19 Uhr; Beginn der Vorstellung um 20 Uhr.
Keine Freikarten.

Akzidenzdruckerei Diodorus.

Es war ebenso einzigartig wie erfreulich, daß ich auch das
Glück haben sollte, unter dem Schutt der Arena ein fleckiges
und ramponiertes Exemplar der *Römischen Tages-Streitaxt* zu
finden, das eine Kritik eben dieser Vorstellung enthielt. Sie
kommt um viele Jahrhunderte zu spät, um als Neuigkeit gelten zu können, und deshalb übersetze und veröffentliche ich
sie nur, um zu zeigen, wie wenig sich im allgemeinen Stil und
Wortwahl der Theaterkritik in jenen Jahrhunderten verändert haben, die sich langsam dahingeschleppt haben, seit die
Zeitungsausträger dieses eine Exemplar feucht und druck-
frisch ihren römischen Gönnern hinlegten:

»ERÖFFNUNGSSAISON. – KOLOSSEUM. – Den Unbilden
der Witterung zum Trotz fand sich gestern abend eine recht
beachtliche Anzahl von Leuten ein, die Rang und Namen in
der Stadt haben, um dem Debüt des jungen Tragöden auf den
Brettern der Metropole beizuwohnen, der jüngst in den Am-
phitheatern der Provinzen so hohes Lob errungen hat. An
die sechzigtausend Menschen waren zugegen, und nur der
Tatsache, daß die Straßen fast unpassierbar waren, ist es, wie
wir meinen, zuzuschreiben, daß das Haus nicht voll besetzt
war. Seine erhabene Majestät, der Kaiser Aurelius, nahm die
kaiserliche Loge ein und war das Ziel aller Blicke. Viele er-
lauchte Herren des Adels und der Generalität des Kaiserreichs erwiesen dem Ereignis die Ehre ihrer Anwesenheit,
und keinesfalls der Geringste unter ihnen war der junge
Leutnant von adligem Geblüt, dessen in den Reihen der
›Donnerlegion‹ erworbene Lorbeeren noch immer auf seiner
Stirn grünen. Die Hochrufe, mit denen man ihn begrüßte,
waren bis jenseits des Tiber zu hören!

Die in jüngster Zeit vorgenommenen Ausbesserungen und Verschönerungen tragen sowohl zur Ansehnlichkeit des Kolosseums als auch zur Bequemlichkeit seiner Besucher bei. Die neuen Kissen sind eine enorme Verbesserung gegenüber den harten Marmorsitzen, an die wir seit langem gewöhnt waren. Die gegenwärtige Direktion hat sich um das Publikum verdient gemacht. Sie hat dem Kolosseum die Vergoldung, die reiche Polsterung und die einheitliche Pracht wiedergegeben, auf die, wie uns alte Stammgäste des Kolosseums erzählen, Rom vor fünfzig Jahren so stolz gewesen war.

Das Eröffnungsspektakel – der Säbel-Kampf zwischen zwei jungen Amateuren und einem berühmten parthischen Gladiator, der als Gefangener hierhergeschickt wurde – war vortrefflich. Der ältere der beiden jungen Herren führte seinen Säbel mit einer Anmut, die von außerordentlichem Talent zeugte. Sein Täuschungsmanöver, sofort gefolgt von einem geschickt ausgeführten Stoß, mit dem er dem Parther den Helm vom Kopf schlug, wurde mit herzlichem Beifall quittiert. Die Rückhand war nicht so ganz seine Stärke, aber seine zahlreichen Freunde empfanden es als eine Genugtuung zu wissen, daß entsprechende Übung mit der Zeit diesen Mangel beheben würde. Er blieb jedoch auf der Strecke. Seine Schwestern, die zugegen waren, bekundeten beträchtliches Bedauern. Seine Mutter verließ das Kolosseum. Der andere Jüngling setzte den Kampf mit solchem Feuereifer fort, daß er Stürme der Begeisterung entfachte. Als er schließlich entseelt zu Boden sank, rannte seine betagte Mutter mit aufgelösten Haaren und tränenüberströmt hinzu und fiel in Ohnmacht, kaum daß sich ihre Hände ans Geländer der Arena klammerten. Sie wurde unverzüglich von der Polizei weggebracht. Unter den gegebenen Umständen war das Verhalten vielleicht verzeihlich, aber wir möchten doch darauf hinweisen, daß solche Auftritte gegen die Etikette verstoßen, die während der Vorstellungen gewahrt werden sollte, und höchst unangebracht in Gegenwart des Kaisers sind. Der parthische Gefangene focht tapfer und gewandt; und dazu hatte er allen Grund, denn er kämpfte sowohl um sein Leben als auch um seine Freiheit. Seine Frau und seine Kinder waren da, um mit ihrer Liebe seinem Arm Kraft zu geben und ihn an die alte Heimat zu erinnern, die er wiedersehen sollte, wenn er siegte. Als sein Gegner fiel, drückte die Frau ihre Kinder an die Brust und weinte vor Freude. Aber es war nur ein flüchtiges Glück. Der Gefangene taumelte ihr entgegen, und sie sah, daß die Freiheit, die er sich verdient hatte, zu spät kam. Er war tödlich verwundet. So endete der erste Teil der Veranstaltung auf vollkommen befriedigende Weise. Der Direktor wurde vor den Vorhang gerufen und bedankte sich für die ihm erwiesene Ehre in einer Rede, die voller Witz und Humor war und die mit der Hoffnung schloß, daß seine bescheidenen Bemühungen, unbeschwerte und lehrreiche Unterhaltung zu bieten, auch weiterhin vom römischen Publikum mit Wohlwollen aufgenommen würden.

Nun erschien der eigentliche Star und wurde mit lautstarkem Beifall und gleichzeitigem Schwenken von sechzigtausend Taschentüchern empfangen. Marcus Marcellus Valerian (sein Künstlername – in Wirklichkeit heißt er Schmidt) ist von seiner körperlichen Verfassung her ein Prachtexemplar und ein Künstler von seltenem Rang. Sein Umgang mit der Streitaxt ist wundervoll. Seine Heiterkeit und Ausgelassenheit in den komischen Partien sind unwiderstehlich, und dennoch reichen sie an seine Fähigkeiten auf dem ernsten Gebiet der Tragödie nicht heran. Als seine Axt feurige Kreise um die Köpfe der völlig konsternierten Barbaren beschrieb und dazu im Takt seinen Körper emporschnellte und mit den Beinen tänzelte, schüttelte sich das Publikum vor unbändigem Lachen; aber als die Rückseite seiner Waffe dem einen den Schädel einschlug und fast im selben Augenblick die

Schneide der Axt den Körper des anderen spaltete, bekundete das begeisterte Beifallgeschrei, daß die kritische Versammlung ihn als Meister des edelsten Fachs seines Berufs anerkannte. Wenn er einen Fehler hat (und es tut uns leid, dies auch nur andeuten zu müssen), so ist es der, daß er mitten in den aufregendsten Augenblicken der Vorstellung zum Publikum hinschaut, als suche er Bewunderung. Es zeugt von schlechtem Geschmack, mitten in einem Kampf innezuhalten, wenn ihm Blumensträuße zugeworfen werden. In dem großen linkshändig geführten Kampf schien er die Hälfte der Zeit zum Publikum hinzublicken, anstatt seine Gegner in Stücke zu hauen; und als er alle Studenten des zweiten Semesters erschlagen hatte und mit dem Erstsemester sein Spiel trieb, bückte er sich, fing einen fallenden Blumenstrauß auf und reichte ihn seinem Gegner, gerade als ein Schlag niedersauste, der um ein Haar sein Tod gewesen wäre. Solcher Leichtsinn mag zweifellos in der Provinz angehen, aber er verträgt sich nicht gut mit der Würde der Hauptstadt. Wir hoffen, unser junger Freund wird sich durch diese Bemerkungen nicht beleidigt fühlen, denn sie sind ja nur gut gemeint. Alle, die uns kennen, wissen doch, daß wir zwar zuweilen gerechte Strenge gegenüber Tigern und Märtyrern walten lassen, aber niemals Gladiatoren vorsätzlich beleidigen.

Das Wunderkind gab Erstaunliches zum besten. Er überwältigte seine vier jungen Tiger mit Leichtigkeit und ohne sich weiter zu verletzen, als einen Teil seiner Kopfhaut einzubüßen. Das allgemeine Gemetzel wurde mit einer Sorgfalt ausgeführt, die den verstorbenen Teilnehmern zur höchsten Ehre gereicht.

Im ganzen betrachtet, machten die Vorführungen des gestrigen Abends nicht nur der Direktion Ehre, sondern auch der Stadt, die diese nützlichen und lehrreichen Unterhaltungen fördert und unterstützt. Zu bedenken geben möchten wir lediglich, daß die Angewohnheit der ungehobelten jungen Burschen auf der Galerie, Erdnüsse und Papierkügelchen nach den Tigern zu werfen und ›He, he!‹ zu rufen und ihr Ge- oder Mißfallen durch Bemerkungen wie ›Rindfleisch für den Löwen!‹, ›Gib's ihm, Gladi!‹, ›Stümper!‹, ›Rede halten!‹, ›Lauf erst mal um den Block!‹ und dergleichen Sprüche kundzutun, die in Anwesenheit des Kaisers höchst tadelns- wert ist und von der Polizei unterbunden werden sollte. Mehrmals gestern abend, wenn die Hilfsarbeiter die Arena betraten, um die Leichen hinauszuschleppen, schrien die jungen Rüpel auf der Galerie: ›Super! Super!‹ und auch ›Oh, was für eine Tunika!‹ und ›Warum stopft ihr ihnen nicht die Waden aus?‹ und benutzten noch etliche andere Redensar- ten, um sich lustig zu machen. Derartiges ist für die Zu- schauer sehr ärgerlich.

Eine Matinée für unsere Kleinen ist für heute nachmittag angekündigt, in deren Verlauf mehrere Märtyrer von den Ti- gern gefressen werden sollen. Die reguläre Vorstellung wird bis auf weiteres allabendlich fortgesetzt. Jeden Abend we- sentliche Änderung des Programms. Am Dienstag, dem 29., Wohltätigkeitsveranstaltung für Valerian, wenn er noch am Leben ist.«

Zu meiner Zeit war ich selbst Theaterkritiker, und ich habe mich oft gewundert, wieviel mehr ich über Hamlet wußte als Forrest (berühmter amerikanischer Shakespeare-Darsteller, 1808-1872), und mit Genugtuung stelle ich jetzt fest, wieviel besser als die Gladiatoren selbst meine Kollegen im Alter- tum darüber Bescheid wußten, wie ein Säbelkampf ausge- fochten werden mußte.

›Neapel sehen und sterben‹

»Neapel sehen und sterben.« Nun ja, ich weiß nicht, ob man notwendigerweise sterben würde, nachdem man es bloß gesehen hat, aber der Versuch, dort zu leben, würde vielleicht etwas anders enden. Wenn man Neapel sieht, wie wir es gesehen haben, in der Morgendämmerung weit oben am Abhang des Vesuvs, sieht man ein Bild wunderbarer Schönheit. Aus dieser Entfernung wirken seine schmuddeligen Gebäude weiß – und so, Reihe über Reihe von Balkonen, Fenstern und Dächern türmten sie sich vom blauen Meer bis zum mächtigen Kastell St. Elmo auf, das die großartige weiße Pyramide krönt und dem Bild Symmetrie, Ausdruckskraft und Vollendung verlieh. Und als sich seine Lilien in Rosen verwandelten – als Neapel unter dem ersten Kuß der Sonne errötete –, war es unbeschreiblich schön. Da könnte man wohl behaupten: »Neapel sehen und sterben.« Allein schon der Rahmen des Bildes war bezaubernd. Im Vordergrund das glatte Meer – ein unermeßliches, vielfarbiges Mosaik; die stolzen Inseln, die weit draußen im träumerischen Dunst schwimmen; an dem Ende der Stadt, wo wir standen, der majestätische Doppelgipfel des Vesuvs und seine mächtigen schwarzen Rippen und Lavasäume, die sich zu der unendlich flachen Campagna hinab erstrecken – ein grüner Teppich, der das Auge bezaubert und den Blick über Baumgruppen und vereinzelt stehende Häuser und schneeweiße Dörfer immer weiter wandern läßt, bis er sich in einem Nebelschleier und der unbestimmten Ferne verliert. Von der Einsiedelei dort am Abhang des Vesuvs sollte man »Neapel sehen und sterben«.

Aber man begebe sich ja nicht zwischen die Mauern und schaue es sich ja nicht aus der Nähe an. Das nimmt dem Ganzen etwas von seiner Romantik. Die Leute sind in ihren

Lebensgewohnheiten schmutzig, und deshalb sind die Straßen schmutzig, was unangenehme Anblicke und Gerüche mit sich bringt. Nie war ein Gemeinwesen so voreingenommen gegen die Cholera wie diese Neapolitaner. Aber sie haben auch allen Grund dazu. Gewöhnlich bedeutet die Cholera für einen Neapolitaner den Tod, wenn sie ihn erwischt, weil nämlich der Mann stirbt, ehe sich der Arzt einen Weg durch den Schmutz bahnen und der Krankheit zu Leibe rükken kann. Die Angehörigen der besseren Gesellschaft nehmen täglich ein Bad im Meer und sind einigermaßen ordentlich.

Die Straßen sind im allgemeinen breit genug für einen Wagen, und wie sie von Menschen wimmeln! Auf jeder Straße, jedem Platz, in jedem Gäßchen kommt man sich wie auf dem Broadway vor! Solche Massen, solch ein Gedränge, solche Mengen dahineilender, geschäftiger, sich durchkämpfender Menschen! Ich glaube, nicht einmal in New York haben wir Ähnliches erlebt. Es gibt kaum Bürgersteige, und wenn es welche gibt, sind sie oft nicht breit genug, um an einem Menschen vorbeizukommen, ohne ihn anzurempeln. So laufen alle auf der Straße – und wo die Straße breit genug ist, jagen ständig Kutschen dahin. Warum nicht jeden Tag tausend Leute überfahren und zum Krüppel gemacht werden, ist ein Rätsel, das niemand lösen kann.

Aber wenn es ein achtes Weltwunder gibt, so sind es bestimmt die Wohnhäuser von Neapel. Ich glaube allen Ernstes, daß die allermeisten hundert Fuß hoch sind! Und die massiven Ziegelmauern haben eine Dicke von sieben Fuß. Man steigt neun Treppen hoch, ehe man in den »ersten« Stock kommt. Nein, nicht neun, aber so in etwa. Vor jedem Fenster, einem über dem anderen bis direkt hinauf in die ewigen Wolken, bis unters Dach, ist vor jedem Fenster ein Eisengitter angebracht wie bei einem Vogelbauer, und aus jedem Fenster schaut immer irgendjemand heraus – Leute von normaler Körpergröße schauen aus denen im ersten Stock, Leute, die etwas kleiner sind, aus dem zweiten, Leute, die noch etwas kleiner aussehen, aus dem dritten – und von dort weiter nach oben zu werden sie, in gleichmäßiger Abstufung, kleiner und kleiner, bis die Leute in den obersten Fenstern eher Vögel zu sein scheinen in einer ungewöhnlich hohen Volière als irgendetwas anderes. Der Anblick einer dieser engen Straßenschluchten mit ihren Reihen hoher Häuser, die sich dahinstrecken, bis sie in der Ferne wie Eisenbahnschienen zusammenlaufen, die Wäscheleinen, die sie auf allen Höhen kreuzen und die Lumpen, die wie Fahnen über den Schwärmen von Menschen darunter wehen; und die weißgekleideten Frauen, die wie Tauben hinter den Balkongittern hocken, vom Pflaster bis hinauf in den Himmel – für einen Anblick wie diesen lohnt es sich wirklich, sich Neapel aus der Nähe anzuschauen.

Neapel mit seinen unmittelbaren Vororten hat 625 000 Einwohner, aber ich bin überzeugt, es bedeckt keine größere Fläche als eine amerikanische Stadt mit hundertfünfzigtausend Einwohnern. Es ragt allerdings unendlich viel höher in die Luft als drei amerikanische Städte, und hierin liegt ihr Geheimnis. Beiläufig möchte ich hier bemerken, daß die Gegensätze zwischen Reich und Arm und Luxus und Elend in Neapel häufiger und auffallender sind als sogar in Paris. Man muß in den Bois de Boulogne gehen, um modische Kleidung, prächtige Equipagen und phantastische Livreen zu sehen, und in den Faubourg St. Antoine, um Laster, Elend, Hunger, Lumpen, Schmutz zu sehen – aber in den Straßen von Neapel ist all das bunt durcheinandergemischt. Nackte Knaben von neun Jahren und nach der neuesten Mode gekleidete Kinder der Reichen; Fetzen und Lumpen und strahlende Uniformen; Eselskarren und Staatskarossen; Bettler, Fürsten und Bischöfe drängeln einander auf allen Straßen: Jeden Abend um sechs Uhr strömt ganz Neapel auf die Riviera di Chiaia (was immer man auch darunter verstehen mag); und man kann zwei Stunden lang dort stehen und dem kunterbuntesten und wüstesten Umzug zusehen, der je sich einem Auge bot. Fürsten (es gibt mehr Fürsten in Neapel als Polizisten – die Stadt ist geradezu überschwemmt davon), die im siebten Stock wohnen und kein Fürstentum besitzen, halten sich eine Kutsche und leiden Hunger; und Bürodiener, Handwerker, Putzmacherinnen und Dirnen gehen hin mit knurrendem Magen und verschleudern ihr Geld für eine Droschkenfahrt auf der Chiaia; der Mob und Abschaum der Stadt drängt sich bis zu zwanzig oder dreißig Personen auf einem klapprigen kleinen Karren zusammen, der von einem Esel, nicht viel größer als eine Katze, gezogen wird, und diese Leute machen eine Fahrt auf der Chiaia; Herzöge und Bankiers in prunkvollen Kutschen, mit prächtig uniformierten Kutschern und Dienern, zieht es ebenfalls dort hinaus, und so setzt sich der wilde Zug in Bewegung. Zwei Stunden lang rattert alles, was Rang und Namen hat, einträchtig mit dem Pöbel und den Armen in dieser wilden Prozession dahin und dann gehen sie nach Hause: heiter, glücklich, ruhmbedeckt!

Streifzug durch Pompeji

Es wird Pom-pe-ji ausgesprochen. Ich hatte immer die Vorstellung, daß man wie in Silberbergwerken mit Fakkeln über feuchte, dunkle Treppen nach Pompeji hinabstiege und düstere Tunnels durchquerte, in denen man Lava zu Häupten hätte und zu beiden Seiten so etwas wie verfallene, in der festen Erde ausgehöhlte Kerker, die entfernt Häusern ähnelten. Aber nichts dergleichen. Ungefähr die Hälfte der verschütteten Stadt ist vollständig ausgegraben und liegt offen im Tageslicht, und da stehen die langen Reihen massiv gebauter Ziegelhäuser (ohne Dächer) gerade so, wie sie vor achtzehnhundert Jahren standen, heiß von der glühenden Sonne; und hier breiten sich ihre Fußböden aus, sauber gekehrt, und nicht ein glänzendes Teilchen ist beschädigt oder fehlt an den kunstvollen Mosaiken, die sie mit denselben Tieren, Vögeln und Blumen schmückten, die wir heute auf vergänglichen Teppichen abbilden; und da sind die Venusse und Bacchusse und Adonisse, die sich auf den vielfarbigen Fresken an den Wänden der Wohn- und Schlafzimmer lieben und betrinken; und dort sieht man die engen Straßen und die noch engeren Bürgersteige mit Platten guter, harter Lava ausgelegt, die einen tief ausgefahren von den Rädern der Wagen, die anderen von den Füßen der Pompejaner längst vergangener Jahrhunderte ausgetreten; und da stehen die Backhäuser, die Tempel, die Gerichtssäle, die Bäder, die Theater – alle sauber abgekratzt und ordentlich und in keiner Weise an eine Silbermine weit unten in den Eingeweiden der Erde erinnernd. Die umherliegenden zerbrochenen Säulen, die türlosen Türöffnungen und die zerbröckelten Firste dieser Wildnis von Mauern erinnerten erstaunlich an einen »abgebrannten Bezirk« in einer unserer Städte, und hätte man noch verkohlte Balken, zerbrochene Fenster, Schutthaufen vorgefunden und wäre alles geschwärzt und verräuchert gewesen, dann hätte man die Ähnlichkeit als vollkommen betrachten können. Aber nein – die Sonne scheint heute so hell auf das alte Pompeji herab wie damals, als Christus in Bethlehem geboren wurde, und seine Straßen sind hundertmal sauberer, als sie jemals ein Pompejaner in ihrer Blütezeit erlebte. Ich weiß, was ich sage – denn habe ich nicht in den großen Hauptstraßen (Straße der Kaufleute und Straße des Überflusses) mit eigenen Augen gesehen, daß das Pflaster seit mindestens zweihundert Jahren nicht ausgebessert worden war? Daß die Wagenräder vieler Generationen betrogener Steuerzahler fünf und zehn Zoll tiefe Spuren in die dicken Steinplatten gegraben hatten? Und erkenne ich nicht aus diesen Zeichen, daß die Beauftragten für das Straßenwesen von Pompeji niemals ihrem Amte nachgekommen sind und daß sie, wenn sie das Pflaster nie ausbesserten, es auch niemals reinigten? Und ist es außerdem nicht die angeborene Eigenschaft aller Straßenkommissare, ihren Obliegenheiten auszuweichen, wann immer sie eine Möglichkeit dazu sehen? Ich wünschte, ich wüßte den Namen des letzten, der in Pompeji amtierte, damit ich ihm mal meine Meinung sagen könnte. Ich spreche mit Gefühl über diese Angelegenheit, weil ich mit dem Fuß in einer dieser Wagenspuren hängengeblieben bin, und die Trauer, die mich überkam, als ich das erste bedauernswerte Skelett sah, dem noch Asche und Lava anhafteten, wurde durch die Überlegung gemildert, daß vielleicht dieser Bruder der Straßenkommissar gewesen war.

Nein – Pompeji ist nicht mehr eine versunkene Stadt. Es ist eine Stadt Hunderter Häuser ohne Dach und ein verwickeltes Labyrinth von Straßen, wo man sich ohne Führer leicht verirren könnte und dann in irgendeinem geisterhaften Palast schlafen müßte, der seit jener furchtbaren Novembernacht vor achtzehnhundert Jahren keinen lebenden Bewohner mehr gesehen hat.

Wir durchschritten das Tor, das auf das Mittelmeer hinausblickt (»Seetor« genannt), an dem verfärbten und zerbrochenen Bildnis der Minerva vorbei, die noch immer unermüdlich über die Besitztümer Wache hielt, die zu retten sie machtlos gewesen war, gingen dann eine lange Straße entlang und standen auf dem breiten Hof des Gerichtsforums. Der Fußboden war eben und sauber, und auf jeder Seite zog sich eine edle Kolonnade zerbrochener Säulen hin, deren schöne ionische und korinthische Oberteile verstreut um sie herumlagen. Am oberen Ende befanden sich die leeren Sitze der Richter, und hinter diesen stiegen wir in einen Kerker hinab, wo Glut und Asche in jener denkwürdigen Novembernacht zwei angekettete Gefangene überrascht und zu Tode gemartert hatten. Wie sie an den erbarmungslosen Fesseln gezerrt haben mögen, als das wilde Feuer um sie herum brandete!

Dann schlenderten wir durch viele prächtige Privathäuser, die wir in alter Zeit, als die Besitzer noch dort wohnten, nicht ohne formelle Einladung in unverständlichem Latein hätten betreten können – und die hätten wir wahrscheinlich nicht erhalten. Diese Leute errichteten ihre Häuser alle in recht ähnlicher Art. Die Fußböden waren in phantasievollen Figuren mit Mosaiken aus vielfarbigem Marmor ausgelegt. An der Schwelle fällt der Blick manchmal auf einen lateinischen Willkommensspruch oder auf das Bild eines Hundes mit der Inschrift »Vorsicht! Bissiger Hund!« und manchmal auf das Bild eines Bären oder Fauns ohne jede Inschrift. Dann betritt man eine Art Vestibül, wo vermutlich der Hutständer stand, danach einen Raum mit einem großen Marmorbecken und den Röhren eines Springbrunnens in der Mitte; zu beiden Seiten befinden sich Schlafzimmer; jenseits des Springbrunnens kommt ein Empfangszimmer, dann ein kleiner Garten, ein Eßzimmer und so weiter und so fort. Die Fußböden waren alle mit Mosaiken ausgelegt, die Wände mit Stuck oder Fresken oder Basreliefs geschmückt; und hier und da traf man auf Statuen, große und kleine, und kleine Fischteiche und Kaskaden glitzernden Wassers, das an verborgenen Stellen der mit schönen Säulen den Hof umgebenden Kolonnaden entsprang und die Blumenbeete frisch und die Luft kühl hielt. Diese Pompejaner hatten einen sehr üppigen Geschmack und lebten luxuriös. Die vortrefflichsten Bronzen, die wir in Europa gesehen haben, stammen aus den ausgegrabenen Städten Herculaneum und Pompeji, und ebenso die schönsten Kameen und die feinsten gravierten Edelsteine; ihre Bilder, achtzehn- oder neunzehnhundert Jahre alt, sind oft viel erfreulicher als der berühmte Schund der alten Meister aus der Zeit vor dreihundert Jahren. In der

Kunst waren sie auf der Höhe. Vom ersten Jahrhundert an, da diese Werke geschaffen wurden, bis hin zum elften Jahrhundert scheint es Kunst überhaupt kaum gegeben zu haben – zumindest sind keine Spuren von ihr erhalten –, und es war merkwürdig zu sehen, wie weit (zumindest in einigen Dingen) diese alten Heiden der fernen Generationen die Meister überragten, die nach ihnen kamen. Der Stolz der Menschheit scheinen auf dem Gebiet der Bildhauerkunst der Laokoon und der Sterbende Gladiator in Rom zu sein. Sie sind so alt wie Pompeji, wurden wie Pompeji aus der Erde gegraben, aber ihr genaues Alter oder wer sie geschaffen hat, kann nur vermutet werden. Aber abgenutzt und angeschlagen, ohne Entstehungsgeschichte und bedeckt mit entstellenden Flekken aus zahllosen Jahrhunderten, spotten sie noch immer schweigend allen Anstrengungen, mit ihrer Vollkommenheit zu wetteifern.

Es war ein wunderlicher und seltsamer Zeitvertreib, durch diese alte, schweigende Stadt der Toten zu wandern – durch völlig verlassene Straßen zu schlendern, wo einst Tausende menschlicher Wesen einkauften und verkauften, liefen und fuhren und den Ort vom Lärm und Wirrwarr des Verkehrs und der Belustigungen widerhallen ließen. Die Leute waren nicht faul. Man hatte es damals eilig. Wir haben Zeugnisse dafür. An einer Ecke stand ein Tempel, und es war kürzer, zwischen den Säulen dieses Tempels von einer Straße zur anderen hinüberzugehen als außen herum – und siehe da, dieser Pfad war in dem festen Steinplattenfußboden des Gebäudes von Generationen mit der Zeit geizender Füße tief ausgetreten worden. Sie liefen einfach nicht außen herum, wenn es geradedurch schneller ging. Wir machen in unseren Städten dasselbe.

Überall sieht man Dinge, die darüber nachdenken lassen, wie alt diese Häuser schon gewesen waren, bevor die Nacht der Zerstörung kam – daneben Dinge, die jene längst verstorbenen Bewohner zurückholen und lebendig vor unsere Augen stellen. Zum Beispiel sind die Stufen (zwei Fuß dick – Lavablöcke), die aus der Schule hinausführen, und die gleiche Art Stufen, die in den ersten Rang des bedeutendsten Theaters führen, fast ganz abgetreten! Viele Menschenalter hindurch rannten die Knaben aus jener Schule hinaus, und viele Menschenalter lang rannten ihre Eltern in jenes Theater, und ihre kräftigen Füße, die seit achtzehnhundert Jahren Staub und Asche sind, haben die Spuren hinterlassen, die wir heute lesen können. Ich bildete mir ein, eine Menge von Herren und Damen zu sehen, die sich ins Theater drängten, Karten für reservierte Plätze in der Hand, und an der Wand las ich das imaginäre Plakat mit seiner schändlichen Grammatik: »Keine Freikarten, Presse ausgenommen!« Am Eingang (so bildete ich mir ein) lungerten flegelhafte pompejanische Straßenjungen herum, die wüste Kraftausdrücke und Flüche ausstießen und ständig mit wachsamem Auge nach der Kontrolle peilten. Ich betrat das Theater, nahm in einer langen Reihe der Steinbänke im ersten Rang Platz, betrachtete den Orchesterraum, die zerstörte Bühne und den weiten Kreis leerer Logen ringsum und dachte für mich: »Diese Vorstellung wird sich nicht rentieren.« Ich versuchte, mir die volltönende Musik vorzustellen, den taktschlagenden Dirigenten und den »wandlungsfähigen« Sowieso (der »gerade von einer äußerst erfolgreichen Provinztournee zurückgekehrt ist, um in Pompeji vor seiner Abreise nach Herculaneum seine Abschiedsvorstellung von nur sechs Abenden zu geben«), wie er auf der Bühne umherraste und höchsten Jammer mimte – aber ich brachte es bei einem solchen »Haus« nicht fertig; diese leeren Bänke banden meine Phantasie an die stumpfe Gegenwart. Ich sagte mir, die Menschen, die hier sein sollten, sind seit vielen, vielen Menschenaltern tot und still und zu Staub zerfallen und werden sich niemals wieder um die Lappalien und Torheiten des Lebens kümmern. »In

Anbetracht gewisser Umstände und so weiter und so fort fällt die Vorstellung heute abend aus.« Vorhang zu. Lichter aus.

So wandte ich mich ab und schritt durch einen Laden und ein Warenhaus nach dem anderen, weit die lange Straße der Kaufleute hinunter, und fragte nach den Waren aus Rom und dem Osten, aber die Händler waren fort, die Märkte still, und nichts war übriggeblieben als die zerbrochenen Krüge, die in Mörtel aus Staub und Asche steckten; der Wein und das Öl, das sie einst gefüllt hatten, waren mit ihren Besitzern dahingegangen.

In einem Backhaus standen eine Mühle, mit der das Korn gemahlen, und die Öfen, in denen das Brot gebacken wurde, und man erzählt, bei der Ausgrabung Pompejis habe man hier in ebendiesen Öfen schöne, gutgebackene Brotlaibe vorgefunden, die der Bäcker nicht mehr aus den Öfen holen konnte, weil die Umstände ihn dazu zwangen, schnell zu verschwinden.

In einem der Häuser (dem einzigen Gebäude Pompejis, das *jetzt* keine Frau betreten darf) waren die kleinen Räume und kurzen Betten aus massivem Mauerwerk genau so, wie sie in alter Zeit gewesen waren, und an den Wänden sah man Bilder, die fast so frisch wirkten, als wären sie gestern gemalt worden, die zu beschreiben aber keine Feder kühn genug wäre; und hier und da fanden sich lateinische Inschriften – obszöne Geistesblitze, eingekratzt von Händen, die möglicherweise, noch bevor die Nacht um war, mitten in einem jagenden Feuersturm hilfeflehend zum Himmel gestreckt wurden.

In einer der Hauptstraßen fanden wir einen schweren steinernen Wasserbehälter und eine Wasserröhre, die ihn gefüllt hatte, und wo die müden, erhitzten Arbeiter aus der Campagna gewöhnlich ihre rechte Hand aufgestützt hatten, wenn sie sich überlehnten, um ihre Lippen an die Röhre zu bringen, war der dicke Stein zu einer breiten, ein bis zwei Zoll tiefen Furche abgegriffen worden. Man denke an die zahllosen Tausende von Händen, die sich in den vergangenen Zeiten auf diesen Fleck hatten pressen müssen, um einen eisenharten Stein so abzunutzen.

Man besaß in Pompeji eine große öffentliche Anschlagtafel – eine Stelle, wo Ankündigungen für Gladiatorenkämpfe, Wahlen und dergleichen Dinge ausgehängt wurden – nicht auf vergänglichem Papier, sondern in dauerhaften Stein gemeißelt. Eine Dame, die, wie ich annehme, reich und wohlerzogen war, hatte eine Wohnung oder etwas Ähnliches mit Bädern und allem modernen Komfort zu vermieten, außerdem mehrere hundert Läden, machte jedoch zur Bedingung, daß die Wohnung nicht für unmoralische Zwecke verwendet würde. Man kann den gemeißelten Steinplatten, die an vielen Häusern befestigt sind, entnehmen, wer in ihnen gewohnt hat, und desgleichen kann man sagen, wer in den Gräbern liegt. Überall ringsum gibt es Dinge, die einem etwas über die Bräuche und die Geschichte dieser vergessenen Menschen verraten. Aber was würde ein Vulkan von einer amerikanischen Stadt übriglassen, wenn er einmal seine Asche auf sie herabregnen ließe? Kaum ein Zeichen oder Symbol, das ihre Geschichte erzählen könnte.

In einer dieser langen pompejanischen Hallen wurde das Skelett eines Mannes gefunden, dem zehn Goldstücke in einer Hand lagen und ein großer Schlüssel in der anderen. Er hatte sein Geld ergriffen und war auf die Tür zugelaufen, aber direkt auf der Schwelle erfaßte ihn der Feuersturm, und er sank nieder und starb. Eine Minute mehr der kostbaren Zeit hätte ihn gerettet. Ich sah die Skelette eines Mannes, einer Frau und zweier junger Mädchen. Die Frau hielt ihre Arme weit ausgebreitet, wie in Todesangst, und ich bildete mir ein, auf ihrem formlosen Gesicht noch etwas von dem Ausdruck wilder Verzweiflung wahrnehmen zu können, der es verzerrte, als vor so vielen Menschenaltern die Himmel

Feuer in diese Straßen regnen ließen. Die Mädchen und der Mann lagen mit dem Gesicht auf den Armen, als hätten sie versucht, es vor der alles einhüllenden Asche zu schützen. In einem Raum wurden achtzehn Skelette gefunden, alle in sitzender Stellung, und geschwärzte Stellen an der Wand bezeichnen noch immer, ihre Umrisse und verraten ihre Haltung, als wären es ihre Schatten. Eines von ihnen, eine Frau, trug noch immer an ihrem knöchernen Hals eine Kette, in der ihr Namen eingraviert war – JULIE DI DIOMEDE.

Der Fund mit dem höchsten poetischen Reiz, den Pompeji der modernen Forschung gewährt hat, war doch wohl jene großartige Figur eines römischen Soldaten in voller Rüstung, der getreu dem stolzen Namen eines Soldaten Roms und von dem festen Mut erfüllt, der diesem Namen seinen Ruhm verliehen hatte, von seinem Posten am Stadttor nicht gewichen war, hochaufgerichtet und entschlossen, bis die um ihn her tobende Hölle den unerschrockenen Geist *ausbrannte,* den sie nicht besiegen konnte.

Wir lesen nie etwas über Pompeji, ohne an diesen Soldaten zu denken; wir können über Pompeji nicht ohne den natürlichen Drang schreiben, seiner Erwähnung zu tun, wie er es so sehr verdient. Wir wollen daran denken, daß er ein Soldat war – kein Polizist – und ihn preisen. Da er ein Soldat war, blieb er – weil sein kriegerischer Instinkt ihm verbot zu fliehen. Wäre er ein Polizist gewesen, wäre er auch geblieben – weil er geschlafen hätte.

Athen: Nächtlicher Ausflug
zur Akropolis

Um elf Uhr nachts, als der größte Teil der Gesellschaft im Bett lag, stahlen sich vier von uns leise in einem kleinen Boot an Land, wobei ein wolkenbedeckter Mond das Unternehmen begünstigte, und zogen zu zweien und weit voneinander getrennt über einen niedrigen Hügel davon, mit der Absicht, Piräus ganz zu umgehen und außerhalb der Reichweite seiner Polizei zu bleiben. Da wir unseren Weg so verstohlen über diese steinige, nesselbewachsene Erhebung suchen mußten, kam es mir ziemlich genau so vor, als wäre ich unterwegs, irgend etwas zu stehlen. Mein nächster Kamerad und ich unterhielten uns flüsternd über Quarantänevorschriften und ihre Strafbestimmungen, fanden aber nichts Aufheiterndes an diesem Thema. Ich war im Bilde. Erst wenige Tage zuvor hatte ich mich mit unserem Kapitän darüber unterhalten, und er hatte den Fall eines Mannes erwähnt, der irgendwo von einem in Quarantäne liegenden Schiff an Land geschwommen und dafür sechs Monate eingelocht worden war; und als der Kapitän vor einigen Jahren einmal nach Genua kam, sei der Kapitän eines in Quarantäne liegenden Schiffes zu einem abreisenden Schiff gefahren, das sich bereits außerhalb des Hafens befand, und habe einen Brief an Bord gegeben, der seiner Familie überbracht werden sollte. Die Behörden hätten ihn dafür auf drei Monate eingesperrt und ihn und sein Schiff dann bis weit auf See hinausgeleitet und ihn gewarnt, sich nie wieder, solange er lebe, in diesem Hafen blicken zu lassen. Diese Unterhaltung brachte weiter nichts ein, als daß sie unserem quarantäneverletzenden Unternehmen eine Art schaurigen Reizes verlieh, weswegen wir sie fallen ließen. Wir machten den Bogen um die ganze Stadt, ohne jemand anderen zu treffen als einen Mann, der uns neugierig anstarrte, aber nichts sagte, und ein Dutzend Menschen, die vor ihren Haustüren auf der Erde schliefen und zwischen denen wir hindurchgingen, ohne daß sie aufwachten; aber Hunde weckten wir wahrhaftig genug auf – uns hingen immer einer oder zwei bellend an den Fersen und mehrmals sogar zehn oder zwölf gleichzeitig. Sie machten einen so fürchterlichen Spektakel, daß Leute an Bord unseres Schiffes sagten, sie hätten lange Zeit am Hundegebell verfolgen können, wie wir vorwärtskamen und wo wir gerade waren. Der wolkenverhangene Mond begünstigte uns noch immer. Als wir den weiten Bogen hinter uns hatten und durch die Häuser auf der entgegengesetzten Seite der Stadt liefen, kam der Mond strahlend heraus, aber wir fürchteten sein Licht nicht mehr. Als wir uns einem Brunnen neben einem Hause näherten, um zu trinken, warf der Besitzer nur einen flüchtigen Blick auf uns und ging hinein. Er gab uns die stille, schlafende Stadt preis. Ich berichte an dieser Stelle mit Stolz, daß wir ihr nichts angetan haben.

Da wir keine Straße sahen, wählten wir einen hohen Berg zur Linken der entfernten Akropolis als Richtungsweiser und steuerten geradenwegs auf ihn zu, über alle Hindernisse und über ein noch ein bißchen rauheres Gelände hinweg, als es sonstwo außerhalb des Staates Nevada gibt. Eine Strecke weit war es mit kleinen, losen Steinen bedeckt – wir traten jedesmal auf sechs Stück auf einmal, und alle rollten sie. Eine andere Strecke wies trockenen, lockeren, frischgepflügten Boden auf. Ein weiterer Abschnitt war eine langgezogene Fläche, mit niedrigen Weinreben bewachsen, die sehr verworren und lästig waren und die wir für Brombeersträucher hielten. Die attische Ebene ist mit Ausnahme der Weinstöcke eine unfruchtbare, öde, unpoetische Wüste – ich frage mich, wie sie in Griechenlands Glanzzeit, fünfhundert Jahre vor Christus, ausgesehen haben mag.

Etwa um ein Uhr früh, als wir durch das schnelle Gehen

erhitzt und vom Durst ausgedörrt waren, rief Denny aus: »Nanu, dieses Unkraut ist ja Wein!«, und binnen fünf Minuten hatten wir eine Menge Trauben großer, weißer, köstlicher Beeren gepflückt und langten gerade wieder hinunter, um mehr abzunehmen, als eine dunkle Gestalt geheimnisvoll aus dem Schatten neben uns auftauchte und »Ho!« sagte. Da empfahlen wir uns.

Zehn Minuten später trafen wir auf eine schöne Straße, und im Gegensatz zu einigen anderen, auf die wir nach und nach gestoßen waren, führte sie in die gesuchte Richtung. Wir folgten ihr. Sie war breit, eben und weiß, prachtvoll und in bestem Zustand und wurde eine Meile weit zu beiden Seiten von einer Baumreihe beschattet, daneben üppige Weingärten. Zweimal gingen wir hinein und stahlen Trauben, und beim zweiten Mal schrie uns jemand von einer unsichtbaren Stelle aus an. Daraufhin empfahlen wir uns wieder. Diesseits von Athen spekulierten wir nicht wieder in Weintrauben.

Bald gelangten wir an einen alten, steinernen, von Bogen getragenen Aquädukt, und von da an hatten wir Ruinen überall um uns her – wir näherten uns dem Ende unserer Tour. Jetzt konnten wir die Akropolis nicht sehen, auch nicht den hohen Berg, und ich wollte der Straße folgen, bis wir vor ihnen ständen, aber die anderen überstimmten mich, und wir arbeiteten uns mühsam den steinigen Berg hinauf, der unmittelbar vor uns lag – und von seiner Kuppe aus sahen wir noch einen – bestiegen diesen und sahen noch einen! Es kostete uns eine Stunde erschöpfender Arbeit. Bald stießen wir auf eine Reihe offener Gräber, die in den massiven Felsen gehauen waren (eine Zeitlang hatte eins von ihnen Sokrates als Gefängnis gedient); wir zogen um die Schulter des Berges, und vor uns lag die Burg in all ihrer zerstörten Großartigkeit! Wir eilten durch eine Schlucht, dann über eine gewundene Straße bergan und standen auf der alten Akropolis, und die ungeheuren Mauern der Burg ragten hoch über unsere Köpfe empor. Wir hielten uns nicht damit auf, ihre massiven Marmorblöcke zu besichtigen, ihre Höhe zu messen oder ihre außerordentliche Stärke abzuschätzen, sondern durchschritten sofort einen großen gewölbten Gang, ähnlich einem Eisenbahntunnel, und gingen geradenwegs auf das Tor zu, das zu den alten Tempeln führt. Es war verschlossen! Es schien also, daß wir trotz allem dem großen Parthenon nicht unmittelbar gegenübertreten sollten. Wir setzten uns und hielten Kriegsrat. Ergebnis: das Tor sei nur ein schwaches Holzgebilde – wir würden es eindrücken. Das erschien zwar als Entweihung, aber schließlich seien wir von weit her gereist, und uns trieben zwingende Gründe. Wir könnten nicht erst Fremdenführer und Aufseher aufstöbern – wir müßten vor Tagesanbruch auf dem Schiff sein. So argumentierten wir. Das war alles ganz schön und gut, aber als wir darangingen, das Tor einzudrücken, gelang es uns nicht. Wir bogen um eine Ecke der Mauer und fanden eine niedrige Stelle, außen acht, innen zehn Fuß hoch. Denny schickte sich an hinaufzuklettern, und wir machten uns bereit, ihm zu folgen. Nach angestrengter Kraxelei saß er schließlich rittlings oben, aber einige lose Steine bröckelten ab und fielen mit Gepolter in den Hof. Sofort hörte man Türenschlagen und Rufen. Denny ließ sich schleunigst von der Mauer fallen, und wir zogen uns in Unordnung zum Tor zurück. Xerxes nahm diese mächtige Zitadelle vierhundertachtzig Jahre vor Christi Geburt ein, als er mit fünf Millionen Mann, Soldaten und Troß, nach Griechenland zog, und wenn wir vier Amerikaner nur fünf Minuten länger ungestört geblieben wären, hätten auch wir sie eingenommen.

Die Garnison war ausgerückt – vier Griechen. Wir lärmten am Tor, und sie ließen uns hinein. (Bestechung und Korruption.)

Wir überquerten einen weiten Hof, traten durch ein großes

Tor und standen auf dem Pflaster aus reinstem weißem Marmor, das als Folge der Abnutzung tiefe Spuren trägt. Vom Mondlicht überflutet, erhoben sich vor uns die edelsten Ruinen, die wir je erblickt hatten – die Propyläen, ein kleiner Minervatempel, der Herkulestempel und der erhabene Parthenon. (Wir erfuhren diese Namen von dem griechischen Fremdenführer, der nicht mehr zu wissen schien, als sieben Männer wissen sollten.) Diese Gebäude sind alle aus dem weißesten pentelischen Marmor errichtet, haben aber jetzt einen rosigen Ton angenommen. Wo jedoch ein Stück zerbrochen ist, sieht die Bruchstelle wie feiner Hutzucker aus. Sechs Karyatiden oder marmorne Frauen, in fließende Gewänder gekleidet, tragen die Säulenhalle des Herkulestempels, aber die Säulenhallen und Kolonnaden der anderen Bauten werden von massiven dorischen und ionischen Säulen gebildet, deren Kannelüren und Kapitäle noch immer ziemlich vollkommen erhalten sind, trotz der Jahrhunderte, die über sie hinweggegangen sind, und der Belagerungen, die sie mitgemacht haben. Der Parthenon war ursprünglich zweihundertsechsundzwanzig Fuß lang, hundert breit und siebzig hoch, wies an jedem Ende zwei Reihen von je acht Säulen und die Längsseiten hinunter einfache Reihen von je siebzehn Säulen auf und war eines der anmutigsten und schönsten Bauwerke, die je errichtet wurden.

Die meisten der imposanten Säulen des Parthenons stehen noch, aber das Dach ist fort. Bis vor zweihundertfünfzig Jahren war das Gebäude noch intakt, als eine Granate in das hier untergebrachte venezianische Magazin fiel und die darauffolgende Explosion den Bau zerstörte und des Daches beraubte. Ich weiß nur noch wenig über den Parthenon und habe eine oder zwei Angaben und Zahlen zum Nutzen anderer Leute mit kurzem Gedächtnis eingefügt. Ich habe sie aus dem Reiseführer.

Als wir gedankenvoll über das marmorne Pflaster der

Länge nach durch diesen erhabenen Tempel wanderten, umgab uns ein seltsames und eindrucksvolles Bild. In verschwenderischer Fülle verstreut, standen hier und da, gegen Marmorblöcke gestützt, schimmernde weiße Statuen von Männern und Frauen, einige von ihnen ohne Arme, einige ohne Beine, andere ohne Kopf – aber alle sahen im Mondlicht traurig aus und so verblüffend menschlich! Sie erhoben sich und traten dem mitternächtlichen Eindringling von allen Seiten entgegen – aus unvermuteten Winkeln und Nischen hervor starrten sie ihn mit steinernen Augen an; über angehäufte Bruchstücke weit hinten in den verlassenen Gängen hinweg lugten sie nach ihm aus; mitten auf dem weiten Forum versperrten sie ihm den Weg und wiesen mit Armen ohne Hände ernst den Weg aus dem geheiligten Tempel; durch den dachlosen Tempel blickte der Mond, zeichnete Streifen auf den Boden und verdunkelte die verstreuten Bruchstücke und zerbrochenen Statuen mit den schrägen Schatten der Säulen.

Welch eine Welt zerstörter Bildhauerkunst umgab uns! In Reihen aufgestellt, in Haufen aufgetürmt, breit über die weite Fläche der Akropolis verstreut – befanden sich Hunderte von verstümmelten Statuen aller Größen und in der vortrefflichsten Ausführung; daneben riesige Marmorfragmente, die einst zum Säulengebälk gehört hatten, mit Reliefs, die Schlachten und Belagerungen, Kriegsschiffe mit drei und vier Ruderdecks, Prunkzüge und Prozessionen darstellten – alles, was man sich nur vorstellen kann. Die Geschichte berichtet, daß in den Tempeln der Akropolis die edelsten Werke des Praxiteles und des Phidias und sonst noch manches großen Meisters der Bildhauerkunst gestanden hatten – und zweifellos bezeugen das diese feinen Bruchstücke.

Wir gingen hinaus auf den grasbewachsenen, mit Fragmenten übersäten Hof jenseits des Parthenons. Wir erschraken hin und wieder, wenn uns plötzlich ein steinernes weißes Gesicht mit seinen toten Augen aus dem Gras heraus anstarrte. Der Ort schien von Geistern belebt zu sein. Ich erwartete halb und halb, die athenischen Helden aus der Zeit vor zwanzig Jahrhunderten aus den Schatten hervorgleiten und sich in den alten Tempel stehlen zu sehen, den sie so gut kannten und mit so grenzenlosem Stolz betrachteten.

Der Vollmond stand jetzt hoch am wolkenlosen Himmel. Wir schlenderten sorglos und gedankenlos an den Rand der hohen Zinnen der Burg und schauten hinunter – ein Traumbild! Und was für ein Traumbild! Athen im Mondlicht! Der Prophet, der dachte, es werde ihm die Herrlichkeit des Neuen Jerusalem enthüllt, hat sicherlich statt dessen dies gesehen! Es lag in der flachen Ebene gerade zu unseren Füßen – ausgebreitet wie auf einem Gemälde –, und wir blickten darauf wie von einem Ballon aus. Wir sahen keine Spur einer Straße, aber jedes Haus, jedes Fenster, jede rankende Rebe, jeder Vorsprung hob sich so deutlich und scharf ab, als wäre es Mittag gewesen; doch es gab keinen grellen Schein, kein Glitzern, nichts Schroffes oder Abstoßendes – die lautlose Stadt war von dem weichsten Licht überflutet, das jemals vom Mond herabgeströmt war, und schien ein in friedlichen Schlummer gehülltes lebendiges Wesen zu sein. An der entgegengesetzten Seite stand ein kleiner Tempel, dessen feine Säulen und zierliche Fassade in einem satten Schimmer leuchteten, der das Auge wie mit Zauberkraft an sich fesselte; und näher zu unserem Standort reckte der Palast des Königs seine elfenbeinfarbenen Mauern aus der Mitte eines großen Gartens voller Buschwerk empor, der über und über mit einer Fülle bernsteinfarbener Lichter besät war – ein Gischt goldener Funken, die in der Herrlichkeit des Mondlichtes an Glanz verloren und auf dem Meer dunklen Laubwerks so sanft blinkten wie die bleichen Sterne der Milchstraße. Zu Häupten die erhabenen Säulen, majestätisch noch im Verfall, zu Füßen die träumende Stadt, in der Ferne das silberne Meer – nirgends auf der weiten Erde gibt es ein Bild, das nur halb so schön wäre!

Von den Wonnen eines türkischen Bades in Konstantinopel

Wenn ich daran denke, wie ich von den Büchern über Reisen im Orient angeschwindelt worden bin, wünsche ich mir einen Touristen zum Frühstück. Jahr um Jahr habe ich von den Wundern des türkischen Bades geträumt; Jahr um Jahr habe ich mir versprochen, ich würde noch einmal eins nehmen. Oft habe ich in meiner Phantasie in dem marmornen Bad gelegen und den einschläfernden Duft orientalischer Spezereien geatmet, die die Luft erfüllten; durchlief dann ein unheimliches und verwickeltes System von Ziehen und Zerren, Naßmachen und Schrubben, vollführt von einer Horde nackter Wilder, die durch den dampfenden Nebel riesengroß erschienen und undeutlich zu erkennen waren, wie Dämonen; ruhte dann eine Zeitlang auf einem Diwan, der eines Königs würdig gewesen wäre; machte dann weitere komplizierte Qualen durch, die noch furchtbarer waren als die ersten; und endlich wurde ich, in weiche Stoffe gehüllt, in einen fürstlichen Salon gebracht und auf ein Daunenbett gelegt, wo Eunuchen in prächtigen Kostümen mir Kühlung zufächelten, während ich döste und träumte oder befriedigt die üppigen Wandbehänge des Raumes, die weichen Teppiche, die prunkvolle Einrichtung, die Bilder betrachtete und köstlichen Kaffee trank, die besänftigende Nargileh rauchte und schließlich in friedlichen Schlummer sank, eingelullt von sinnlichen Düften aus unsichtbaren Weihrauchgefäßen, von der lieblichen Wirkung des persischen Tabaks in der Nargileh und von der Musik der

Springbrunnen, die das Rieseln des Sommerregens nach-
ahmten.

Das war das Bild, wie ich es aus aufwiegelnden Reisebü-
chern gewonnen hatte. Es war ein armseliger, elender Betrug.
Die Wirklichkeit ähnelt ihm nicht mehr, als die Five Points
dem Garten Eden. Man empfing mich in einem großen, mit
Marmorplatten ausgelegten Hof; ihn umgaben breite Galerien, eine über der anderen, mit schäbigen Matten ausgelegt,
von ungestrichenen Geländern gesäumt und mit hohen,
wackligen Stühlen ausgestattet, und diese waren mit ver-
blichenen, alten Matratzen gepolstert, auf denen neun aufein-
anderfolgende Generationen, die darauf geruht hatten, ihre
Abdrücke hinterlassen haben. Die Stätte war weiträumig,
kahl, öde; der Hof war ein Schuppen, die Galerien waren Ställe
für menschliche Pferde. In der Erscheinung der leichenhaf-
ten, halbnackten Schurken, die in dem Etablissement bedienten, lag nichts Poetisches, nichts Romantisches, nichts von
orientalischer Pracht. Sie verbreiteten keine berauschenden
Wohlgerüche – ganz im Gegenteil. Ihre hungrigen Augen und
ihre dürren Körper drängten einem ständig eine schreiende,
unsentimentale Tatsache auf – sie brauchten das, was man in
Kalifornien »eine handfeste Mahlzeit« nennt.

Ich betrat eine der Pferdeboxen und entkleidete mich. Ein
unsauberer Hungerleider schlang sich ein grelles Tischtuch
um die Lenden und hängte mir einen weißen Fetzen über die
Schultern. Wenn ich eine Wanne dagehabt hätte, wäre ich
mir ganz natürlich vorgekommen, Wäsche anzunehmen. Ich
wurde dann in den nassen, schlüpfrigen Hof hinabgeführt,
und die ersten Dinge, die meine Aufmerksamkeit auf sich
zogen, waren meine Fersen. Mein Sturz erregte keinerlei Aufsehen. Zweifellos hatte man ihn erwartet. Er gehörte in die
Liste der verweichlichenden, sinnbetörenden Einflüsse, die
von dieser Heimstatt orientalischen Luxus ausgingen. Es
war gewiß ziemlich verweichlichend, aber nicht glücklich an-

gewandt. Man gab mir nun ein Paar Holzschuhe – Miniatur-bänke mit Lederriemen darüber, um meine Füße einzusper-ren (was sie auch getan hätten, nur trage ich nicht Schuh-nummer 58). Diese Dinger baumelten ungemütlich an den Riemen herum, wenn ich die Füße hob, und landeten unge-schickt an unerwarteten Stellen, wenn ich sie wieder auf den Boden setzte, und manchmal verrutschten sie nach der Seite und renkten mir die Knöchel aus. Es war jedoch alles orien-talischer Luxus, und ich genoß ihn, so gut ich konnte.

Man steckte mich in einen anderen Teil des Schuppens und legte mich auf einen muffigen Strohsack, der nicht aus Gold-gewebe oder persischen Schals bestand, sondern lediglich von der anspruchslosen Sorte war, die ich in den Negervier-teln von Arkansas gesehen habe. In diesem marmornen Gefängnis stand absolut nichts weiter als noch fünf solcher Bahren. Es war ein sehr ernster Ort. Ich erwartete, daß nun die würzigen Wohlgerüche Arabiens sich meiner Sinne be-mächtigen würden, aber das taten sie nicht. Ein kupferfarbe-nes Skelett, das einen Fetzen um den Leib geschlungen hatte, brachte mir eine Glaskaraffe voll Wasser mit einer angezün-deten Tabakspfeife oben darauf, an der ein ellenlanger, bieg-samer Schlauch mit einem Mundstück aus Messing hing.

Es war die berühmte »Nargileh« des Ostens – jenes Ding, das der Großtürke auf den Bildern immer raucht. Dies fing nun an, nach Luxus auszusehen. Ich nahm einen Zug, und das genügte: Der Rauch drang in einer einzigen großen Masse in den Magen, in die Lungen, selbst in die abgelegen-sten Teile des Leibes vor. Ich platzte mit einem gewaltigen Hustenstoß heraus, der so klang, als hätte der Vesuv losge-legt. Die nächsten fünf Minuten lang rauchte ich aus allen Poren wie ein Holzhaus, das im Innern brennt. Nie wieder eine Nargileh! Der Rauch hatte einen scheußlichen Ge-schmack, und der Geschmack der tausend ungläubigen Zun-gen, der an jenem Messingmundstück haftete, war noch scheußlicher. Ich verlor langsam den Mut. Wenn ich auf einer Packung Tabak aus Connecticut den Großtürken mit gekreuzten Beinen in vorgetäuschter Seligkeit seine Nargileh rauchen sehe, werde ich ihn fortan als den schamlosen Betrüger erkennen, der er ist.

Dieses Gefängnis war mit heißer Luft gefüllt. Als ich zur Vorbereitung auf eine noch wärmere Temperatur genügend aufgewärmt worden war, brachte man mich dorthin, wo diese herrschte – in einen marmornen Raum, naß, schlüpfrig und dampfig, und legte mich auf eine erhöhte Plattform in der Mitte. Mir war sehr warm. Alsbald setzte mich mein Mann neben einen Behälter mit heißem Wasser, machte mich gründlich naß, zog einen groben Fäustling über die Hand und fing an, mich damit von oben bis unten abzupolieren. Ich fing an, unangenehm zu riechen. Je mehr er polierte, desto schlechter roch ich. Es war erschreckend. Ich sagte zu ihm:

»Ich bemerke, daß ich schon ziemlich weit bin. Es ist klar, daß ich ohne unnötige Verzögerung begraben werden sollte. Vielleicht holen Sie besser sofort meine Freunde, denn die Witterung ist warm, und ich kann mich nicht mehr lange halten.«

Er schrubbte weiter und hörte nicht hin. Ich bemerkte bald, daß er meinen Umfang verringerte. Er drückte kräftig auf seinen Handschuh, und unter diesem rollten kleine Zylinder wie Makkaroni hervor. Schmutz konnte es nicht sein, denn es war zu weiß. Eine lange Zeit stutzte er mich auf diese Weise zurecht. Schließlich sagte ich:

»Es ist ein langwieriger Vorgang. Es wird Stunden dauern, mich zu der Größe zurechtzustutzen, in der Sie mich haben wollen; ich werde warten; gehen Sie und borgen Sie sich einen Hobel.« Er achtete überhaupt nicht darauf.

Nach einer Weile brachte er ein Becken, Seife und etwas, das wie ein Roßschweif aussah. Er schlug eine ungeheure

Menge Seifenschaum, überschwemmte mich damit von Kopf bis Fuß, ohne mir Bescheid zu geben, daß ich die Augen schließen solle, und wischte in niederträchtiger Weise mit dem Roßschweif an mir herum. Dann ließ er mich stehen, eine schneeige Statue aus Seifenschaum, und verschwand. Als ich das Warten satt hatte, ging ich los und stöberte ihn auf. Er stand in einem anderen Raum gegen die Wand gelehnt und schlief. Ich weckte ihn. Er geriet durchaus nicht aus der Fassung. Er brachte mich zurück und überschwemmte mich mit heißem Wasser, dann schlang er mir einen Turban um den Kopf, hüllte mich in trockene Tischtücher, führte mich zu einem vergitterten Hühnerstall auf einer der Galerien und wies auf eine der Arkansas-Pritschen. Ich bestieg eine, und irgendwie erwartete ich wieder die Wohlgerüche Arabiens. Sie kamen nicht.

Der kahle, schmucklose Stall hatte nichts von jener orientalischen Üppigkeit an sich, von der man so viel liest. Er erinnerte mehr an ein Kreishospital als an irgend etwas anderes. Der dürre Diener brachte eine Nargileh, und ich ließ ihn sie ohne Zeitverschwendung wieder mitnehmen. Dann brachte er den weltberühmten türkischen Kaffee, den die Dichter viele Generationen lang so leidenschaftlich besungen haben, und ich stürzte mich darauf als die letzte Hoffnung, die mir von meinen alten Träumen über orientalischen Luxus geblieben war. Es war wieder ein Betrug. Von allen unchristlichen Getränken, die jemals über meine Lippen gekommen sind, ist türkischer Kaffee das schlimmste. Die Tasse ist klein, mit Kaffeesatz verschmiert; der Kaffee ist schwarz, dick, von widerwärtigem Geruch und abscheulichem Geschmack. Auf dem Boden der Tasse befindet sich ein halbzolltiefer schlammiger Satz. Dieser rutscht einem die Kehle hinunter, und Teile davon lassen sich unterwegs nieder und verursachen ein ärgerliches Kitzeln, so daß man eine Stunde lang husten und bellen muß.

Hier endet meine Erfahrung mit dem berühmten türkischen Bade, und hier endet auch mein Traum von der Seligkeit, in der ein Sterblicher schwelgt, der sich ihm unterzieht. Es war ein böswilliger Schwindel. Der Mensch, dem das ein Genuß ist, hat die Fähigkeit, sich an allem zu erfreuen, was den Blick oder die Sinne abstößt, und derjenige, der es mit dem Zauber der Poesie ausstatten kann, ist fähig, das auch mit allem anderen in der Welt zu tun, das langweilig und erbärmlich und trübselig und widerlich ist.

Kolossales Baalbek

Wir überquerten in einem langweiligen, etwa fünfstündigen Ritt durch die Sonne das Tal des Libanon. Es zeigte sich, daß es kein ganz so üppiger Garten war, wie es von den Berghängen aus den Anschein gehabt hatte. Es war eine öde, unkrautbewachsene Wüste, dicht besät mit faustgroßen Steinen. Hier und da hatte die einheimische Bevölkerung die Erde aufgekratzt und brachte eine magere Ausbeute an Getreide hervor, aber zum größten Teil war das Tal einer Handvoll Hirten überlassen, deren Herden alles taten, was sie konnten, um ihren Lebensunterhalt zu bestreiten, aber die Aussichten standen schlecht für sie. Wir sahen in gewissen Abständen primitive Steinhaufen am Straßenrand und erkannten daran den Brauch wieder, Grenzen zu markieren, wie er zu Jakobs Zeiten geherrscht hatte. Es gab keine Mauern, keine Zäune, keine Hecken – nichts, was geeignet wäre, eines Mannes Besitz zu sichern, als diese wahllos verstreuten Steinhaufen. Die Israeliten hielten sie in jenen alten patriarchalischen Zeiten heilig, und diese anderen Araber, ihre direkten Nachkommen, tun es ebenfalls. Ein Amerikaner gewöhnlicher Intelligenz würde bei einem derartig lockeren System der Einfriedung seinen Besitz bald weit ausdehnen, wobei es ihn nur etwas Handarbeit kostete, die er nachts erledigen könnte.

Der Pflug, den diese Leute verwenden, ist genauso ein zugespitzter Stock wie der, mit dem Abraham pflügte, und sie worfeln ihren Weizen noch immer so, wie er es tat – sie schütten ihn auf dem Hausdach auf und werfen ihn dann schaufelweise in die Höhe, bis der Wind die ganze Spreu weggeblasen hat. Sie erfinden nie etwas, lernen nie etwas dazu.

Eine Meile weit ritten wir mit einem Araber um die Wette, der auf einem Kamel thronte. Einige Pferde waren schnell und liefen ein sehr gutes Tempo, aber das Kamel sauste ohne übergroße Anstrengung an ihnen vorbei. Das Schreien, Rufen, Peitschenknallen und Galoppieren von allen Beteiligten machten daraus ein erheiterndes, aufregendes und ganz besonders lärmerfülltes Rennen.

Um elf Uhr fielen unsere Blicke auf die Mauern und Säulen von Baalbek, einer prächtigen Ruine, deren Geschichte ein Buch mit sieben Siegeln ist. Es steht dort seit Jahrtausenden, allen Reisenden ein Gegenstand des Staunens und der Bewunderung, aber wer es erbaut hat oder wann es erbaut worden ist, das sind Fragen, die vielleicht niemals eine Antwort finden werden. Eines ist jedoch sehr sicher: Die Großartigkeit der Anlage und die Anmut der Ausführung, wie man sie an den Tempeln von Baalbek sieht, haben in keinem Werk von Menschenhand, das innerhalb der vergangenen zwanzig Jahrhunderte errichtet worden ist, ihresgleichen gefunden, nicht einmal annähernd.

Der große Sonnentempel, der Jupitertempel und verschiedene kleinere Tempel stehen zusammengedrängt mitten in einem dieser elenden syrischen Dörfer und nehmen sich in solch plebejischer Gesellschaft seltsam genug aus. Diese Tempel sind auf massiven Fundamenten errichtet, die beinahe eine Welt tragen könnten; das verwendete Material sind Steinblöcke, groß wie Omnibusse – sehr wenige, wenn über-

haupt welche, sind kleiner als die Werkzeugkiste eines Tisch-
lers –, und diese Fundamente werden von gemauerten Tunnels durchquert, durch die ein Wagenzug fahren könnte. Bei
derartigen Fundamenten ist es kaum verwunderlich, daß
Baalbek so lange erhalten geblieben ist. Der Sonnentempel
ist beinahe dreihundert Fuß lang und hundertsechzig Fuß
breit. Ihn haben vierundfünfzig Säulen umgeben, aber jetzt
stehen nur noch sechs – die anderen liegen als ein verworre-
ner und malerischer Haufen zerbrochen auf einem Fundament. Die sechs Säulen sind makellos, ebenso ihre Sockel,
ihre korinthischen Kapitäle und ihr Säulengebälk – und
sechs schöner gebildete Säulen gibt es nicht. Die Säulen und
das Gebälk zusammen sind siebenundzwanzig Meter hoch –
für Steinsäulen wahrhaftig eine erstaunliche Höhe –, und
doch denkt man nur an ihre Schönheit und Symmetrie, wenn
man sie betrachtet; die Pfeiler wirken schlank und fein, das
Gebälk sieht mit seinen kunstvollen Bildhauerarbeiten wie
prächtiges Stuckwerk aus. Aber wenn man hinaufgeschaut
hat, bis die Augen müde sind, blickt man auf die großen
Säulentrümmer, zwischen denen man steht, und stellt fest,
daß sie einen Durchmesser von acht Fuß haben, und neben
ihnen liegen schöne Kapitäle, die offensichtlich so groß sind
wie eine kleine Hütte, und auch einzelne Steinplatten, wun-
derbar behauen, die vier oder fünf Fuß stark sind und den
Fußboden eines gewöhnlichen Wohnzimmers völlig bedek-
ken würden. Man fragt sich, wo diese ungeheuren Dinger
herkommen, und braucht einige Zeit, um sich davon zu überzeugen, daß die ätherischen und anmutigen Bildungen, die
hoch über den Köpfen schweben, aus ihresgleichen bestehen. Es erscheint allzu widersinnig.

Die Ruine des Jupitertempels ist kleiner als diejenige, von
der ich gerade gesprochen habe, und doch ist der Tempel
ungeheuer groß. Er befindet sich in einem leidlich erhalte-
nen Zustand. Eine Reihe von neun Säulen steht noch fast

unversehrt da. Sie sind knapp zwanzig Meter hoch und bilden eine Art Portal oder Vorhalle, die mit dem Dach des Bauwerks verbunden ist. Dieses Vordach ist aus ungeheuren Steinplatten zusammengesetzt, die an der Unterseite so fein bearbeitet sind, daß das Werk von unten wie ein Fresko wirkt. Ein oder zwei dieser Platten waren heruntergefallen, und ich fragte mich wieder, ob nicht die gigantischen Massen behauenen Steins, die um mich herlagen, größer wären als jene über meinem Kopf. Das Zierwerk innerhalb des Tempels war kunstvoll gearbeitet und kolossal. Was muß dieses Bauwerk für ein Wunder an architektonischer Schönheit und Größe gewesen sein, als es neu war! Und welch prächtigen Anblick bieten das Bauwerk und sein stattlicher Gefährte mit dem Chaos verstreuter mächtiger Trümmer um sie her noch immer im Mondlicht!

Ich kann nicht begreifen, wie diese ungeheuren Steinblöcke jemals aus den Steinbrüchen herausgeholt oder wie sie jemals zu der schwindelnden Höhe emporgehoben wurden, die sie an den Bauten innehaben. Und doch sind diese bearbeiteten Blöcke von geringfügiger Größe, verglichen mit den roh zugehauenen Blöcken, die die breite, den großen Tempel umgebende Veranda oder Plattform bilden. Die eine Seite dieser Plattform, zweihundert Fuß lang, ist aus Steinblöcken zusammengesetzt, die so groß sind wie ein Straßenbahnwagen, und manche noch größer. Sie überragen eine etwa zehn oder zwölf Fuß hohe Mauer. Ich dachte, dies wären große Felsblöcke, aber sie sanken zur Bedeutungslosigkeit herab, wenn man sie mit denen verglich, die einen anderen Teil der Plattform bildeten. Es waren drei, und mir schien es, daß jeder von ihnen etwa so lang wie drei hintereinander stehende Straßenbahnwagen wäre, obwohl sie natürlich ein Drittel breiter und höher als Straßenbahnwagen sind. Vielleicht würden zwei Eisenbahnwaggons des größten Typs, hintereinander aufgestellt, ihre Größe besser veranschaulichen. Zusammen erreichen diese drei Steine eine Länge von fast zweihundert Fuß; sie messen dreizehn Fuß im Quadrat; zwei von ihnen sind je vierundsechzig Fuß, der dritte ist neunundsechzig Fuß lang. Sie sind in etwa zwanzig Fuß Höhe über dem Erdboden in die massive Mauer eingebaut. Sie befinden sich dort, aber wie sie dort hingekommen sind, das ist die Frage. Ich habe den Rumpf eines Dampfschiffes gesehen, der kleiner war als so ein Stein. All diese großen Mauern sind so genau bemessen und wohlgeformt wie die schwachen Dinger, die wir heutzutage aus Ziegelsteinen bauen. Ein Volk von Göttern oder Riesen muß Baalbek vor vielen Jahrhunderten bewohnt haben. Männer wie die unserer Tage könnten kaum derartige Tempel errichten.

Wir suchten den Steinbruch auf, der die Steine für Baalbek lieferte. Er befand sich etwa eine Viertelmeile weit bergabwärts. In einer großen Grube lag das Gegenstück des großen Steines in den Ruinen. Er lag da gerade so, wie die Riesen aus jener vergessenen alten Zeit ihn hinterlassen hatten, als sie von dort abgerufen wurden – genau so, wie sie ihn hinterlassen hatten und wie er Tausende von Jahren liegenbleiben sollte, eine beredte Zurechtweisung derer, die gern abfällig über die Menschen denken, die vor ihnen gelebt haben. Dieser ungeheure Block liegt dort, zurechtgehauen und fertig für die Hand des Baumeisters – ein Brocken aus einem Stück, vierzehn mal siebzehn Fuß, und nur wenige Zoll fehlen an der Länge von siebzig Fuß! Auf seiner Oberfläche könnte man zwei Einspänner nebeneinander von einem Ende zum anderen fahren, und es wäre auf jeder Seite noch Platz genug für einen oder zwei Fußgänger.

Man könnte schwören, daß all die John Smiths und George Wilkinsons und alle jämmerlichen Niemande zwischen dem Himmelreich und Baalbek ihre armseligen kleinen Namen an die Mauern der prachtvollen Ruinen Baalbeks schreiben und die Stadt, den Bezirk und den Staat, aus dem sie gekommen sind, hinzusetzen würden – und mit diesem Schwur hätte man unweigerlich recht. Es ist ein Jammer, daß nicht mal irgendeine große Ruine einstürzt und ein paar dieser Reptilien plattdrückt und ihresgleichen davon abschreckt, jemals wieder ihre Namen an irgendwelchen Mauern oder Denkmälern zu verewigen.

Damaszenische Skizzen

Als das grelle Tageslicht sich zur Dämmerung abmilderte, blickten wir auf ein Bild hinab, das in der ganzen Welt berühmt ist. Ich glaube, ich habe an die vierhundertmal gelesen, daß Mohammed, als er noch einfacher Kameltreiber war, diese Stelle erreichte und zum erstenmal auf Damaskus hinuntersah und dann eine gewisse berühmte Bemerkung machte. Er sagte, der Mensch könne nur in ein Paradies eingehen; er zöge es vor, in das obere zu gelangen. Also setzte er sich dorthin und weidete seine Augen an dem irdischen Paradies Damaskus und ging dann fort, ohne durch seine Tore geschritten zu sein. Man hat auf dem Berg einen Turm errichtet, um die Stelle zu bezeichnen, wo er damals stand.

Damaskus ist, vom Berg aus gesehen, wirklich schön. Es ist sogar für Fremde schön, die an eine üppige Vegetation gewöhnt sind, und ich kann leicht begreifen, wie unaussprechlich schön es für Augen sein muß, die nur die gottverlassene Kahlheit und Öde Syriens kennen. Ich möchte glauben, daß ein Syrier vor Entzücken wild werden müßte, wenn ihn ein solcher Anblick zum erstenmal überfällt.

Von dem hohen Aussichtspunkt aus sieht man vor sich und unter sich eine Mauer öder Berge grell in der Sonne leuchten, bar aller Vegetation. Sie grenzen eine flache Wüste aus gelbem Sand ab, glatt wie Samt und bis weit hinaus von feinen Linien durchzogen, die Straßen andeuten, und mit dahinkriechenden Punkten gesprenkelt, die, wie wir wissen, in Wirklichkeit Züge von Kamelen und reisende Menschen darstellen; genau in der Mitte der Wüste breitet sich eine wogende Fläche grünen Laubes aus, und genau in deren Herzen liegt die große weiße Stadt, die wie eine Insel von Perlen und Opalen aus einem Meer von Smaragden herausschimmert. Das ist das Bild, das man weit unter sich ausgebreitet sieht, wobei die Entfernung es dämpft, die Sonne es verklärt, starke Kontraste die Wirkung erhöhen und ein über der Szene schwebender, schläfriger Ausdruck der Ruhe es vergeistigt und es eher wie ein schönes Wesen aus den geheimnisvollen Welten erscheinen läßt, die wir im Traum besuchen, und nicht wie einen körperlichen, greifbaren Bewohner dieses rohen, stumpfen Erdballs. Und wenn man an die Meilen vernichteten, versengten, sandigen, felsigen sonnenverbrannten, häßlichen, eintönigen, schändlichen Landes denkt, das man durchritten hat, um hierherzukommen, hält man es für das allerschönste Bild, auf dem menschliche Augen im ganzen weiten Weltall jemals geruht haben! Wenn ich wieder einmal nach Damaskus käme, würde ich etwa eine Woche lang auf Mohammeds Berg lagern und dann fortgehen. Es ist nicht nötig, sich in den Bannkreis seiner Mauer zu begeben. Der Prophet handelte weise, ohne es zu wissen, als er beschloß, nicht in das Paradies Damaskus hinunterzusteigen.

Es gibt da eine ehrwürdige altüberlieferte Behauptung, der riesige Garten, in dem Damaskus steht, sei der Garten Eden gewesen, und moderne Schriftsteller haben Kapitel um Kapitel Beweise gesammelt, die darlegen sollen, es sei tatsächlich der Garten Eden gewesen, und die Flüsse Pharphar und Amana seien die »zwei Flüsse«, die Adams Paradies bewässerten. Es mag so sein, aber heutzutage ist es kein Paradies, und man würde wahrscheinlich außerhalb genauso glücklich sein wie drinnen. Es ist so winkelig, eng und schmutzig, daß man gar nicht glaubt, in der prächtigen Stadt zu sein, die man von der Bergkuppe aus gesehen hat. Die Gärten sind hinter hohen Lehmmauern verborgen, und das Paradies ist eine wahre Senkgrube der Sudelei und Häßlichkeit geworden. Damaskus verfügt jedoch über viel klares, reines Wasser, und das allein genügt, damit ein Araber die Stadt für schön und gesegnet hält. Wasser ist knapp im versengten Syrien. Wir führen in Amerika die Eisenbahnen an den großen Städten vorbei; in Syrien werden die Straßen so geleitet, daß sie an den dürftigen kleinen Pfützen vorbeiführen, die man »Brunnen« nennt und auf die man nicht öfter als alle vier Stunden auf einer Reise stößt. Aber die »Flüsse« Pharphar und Amana aus der Bibel (bloße Bäche) fließen durch Damaskus, und daher haben jedes Haus und jeder Garten ihre glitzernden Springbrunnen und Rinnsale. Mit seinem Blätterwald und seinem Überfluß an Wasser muß Damaskus für den Beduinen aus der Wüste das Wunder aller Wunder sein. Damaskus ist einfach eine Oase – das ist es. Viertausend Jahre lang versiegte sein Wasser nicht und nahm seine Fruchtbarkeit nicht ab. Nun können wir verstehen, wieso die Stadt seit so langer Zeit besteht. Sie könnte gar nicht sterben. Solange der Stadt da draußen inmitten jener fürchterlichen Wüste das Wasser bleibt, solange wird Damaskus leben, um das Auge des erschöpften und durstigen Wanderers zu beglücken.

»Obzwar so alt wie die Geschichte selbst, bist du so frisch wie der Hauch des Frühlings, blühend wie deine eigenen Rosenknospen und duftend wie deine eigenen Orangenblüten, o Damaskus, Perle des Ostens!«

Damaskus existierte schon vor der Zeit Abrahams, und es ist die älteste Stadt der Welt. Es wurde von Uz, dem Enkel Noahs, gegründet. »Die frühe Geschichte von Damaskus ist in die Nebel eisgrauen Alters gehüllt.« Läßt man die Dinge beiseite, die in den ersten elf Kapiteln des Alten Testaments beschrieben sind, so hat sich in der Welt kein Ereignis zugetragen, dessen Kunde uns überliefert wurde, ohne daß Damaskus bereits existiert und Nachricht davon erhalten hätte. Man gehe zurück in die verschwommene Vergangenheit, soweit man wolle, es gab immer ein Damaskus. Im Schrifttum jedes Jahrhunderts seit mehr als viertausend Jahren wird sein Name erwähnt und sein Ruhm besungen. Für Damaskus sind Jahre nur Augenblicke, Jahrzehnte nur vorüberhuschende, unbedeutende Zeitabschnitte. Es mißt die Zeit nicht nach Tagen, Monaten und Jahren, sondern nach den Reichen, die es hat erstarken, blühen und verfallen sehen. Es ist ein Urbild der Unsterblichkeit. Es sah, wie die Fundamente für Baalbek, Theben und Ephesus gelegt wurden; es sah diese Dörfer zu mächtigen Städten anwachsen und die Welt durch ihre Größe in Staunen versetzen – und es mußte erleben, daß sie veródeten, verlassen und den Eulen und Fledermäusen anheimgegeben wurden. Es sah das israelische Reich hoch erhaben und sah es vernichtet. Es sah Griechenland emporwachsen, zweitausend Jahre lang blühen und dann vergehen. In seinen älteren Jahren sah es, wie Rom erbaut wurde; erlebte, wie es die Welt mit seiner Macht überschattete und wie es unterging. Die paar hundert Jahre genuesischer und venezianischer Macht und Pracht waren für das ernste, alte Damaskus nur ein unbedeutendes Glitzern, kaum der Erinnerung wert. Damaskus hat alles gesehen, was je auf der Erde geschah, und lebt noch immer. Es hat auf die dürren Gebeine Tausender von Reichen herabgeblickt und wird die Gräber tausend weiterer sehen, bevor es stirbt. Obwohl eine andere Stadt den Namen für sich beansprucht, ist Damaskus mit Recht die »Ewige Stadt«.

Wir erreichten die Stadttore gerade bei Sonnenuntergang. Es heißt, daß man nach Einbruch der Nacht gegen ein Bakschisch in jede mauerbewehrte Stadt Syriens hineingelangen könne, außer Damaskus. Aber Damaskus mit seinen viertausend Jahren weltweiten Ansehens hat viele komische alte

Begriffe. Es gibt dort keine Straßenlampen, und das Gesetz befiehlt allen, die nachts auf der Straße sind, Laternen zu tragen, genau wie es in den alten Zeiten der Fall war, als Helden und Heldinnen aus Tausendundeiner Nacht durch die Straßen von Damaskus schritten oder auf Zauberteppichen nach Bagdad flogen.

Schon ein paar Minuten, nachdem wir innerhalb der Mauern angelangt waren, war es ziemlich dunkel, und wir ritten lange durch außerordentlich gewundene Straßen, die acht bis zehn Fuß breit und auf beiden Seiten durch die hohen Lehmwälle der Gärten eingeschlossen waren. Schließlich kamen wir in eine Gegend, wo man hier und da Laternen umherhuschen sah, und wir wußten nun, daß wir uns im Zentrum der seltsamen alten Stadt befanden. In einer kleinen engen Straße, wo unsere Lasttiere und ein Schwarm ungehobelter Araber ein dichtes Gedränge hervorriefen, saßen wir ab und betraten durch eine Art Loch in der Wand das Hotel. Wir standen in einem großen, mit Platten ausgelegten Hof, waren von Blumen und Zitronenbäumen umgeben, und in der Mitte stand eine riesengroße Zisterne, die aus vielen Rohren Wasser aufnahm. Wir überquerten den Hof und betraten die Räume, die man für jeweils vier von uns bereithielt. In einer großen, marmorgepflasterten Nische zwischen den zwei Räumen stand ein Behälter mit klarem, kühlem Wasser, das die Ströme, die sich aus einem Halbdutzend Rohre dahinein ergossen, ständig überfließen ließen. In diesem sengendheißen, trostlosen Land konnte nichts so erfrischend wirken wie dieses reine Wasser, das da im Lampenlicht aufblitzte; nichts konnte so schön aussehen, nichts so köstlich klingen wie dieser künstliche Regen unseren Ohren, die derartiger Töne seit langem entwöhnt waren. Unsere Zimmer waren groß, mit komfortablen Möbeln ausgestattet, und die Fußböden waren sogar mit weichen Teppichen in freundlichen Farben bedeckt. Es war eine erfreuliche Sache,

wieder einen Teppich zu sehen, denn wenn es etwas Traurige-
res gäbe als die grabmalähnlichen, mit Stein gepflasterten
Wohnzimmer und Schlafräume Europas und Asiens, dann
wüßte ich nicht, was. Sie erinnern einen ständig an das Grab.
Ein sehr breiter, bunt bezogener Diwan, an die zwölf oder
vierzehn Fuß lang, stand an der einen Seite jedes Zimmers,
und ihm gegenüber befanden sich Einzelbetten mit Sprung-
federmatratzen. Es gab große Spiegel und Tische mit Marmorplatten. Dieser ganze Luxus war ebenso angenehm für
Körper und Sinne, die von einer anstrengenden Tagesreise
erschöpft waren, wie er unerwartet kam – denn man kann nie
voraussagen, was einen in einer türkischen Stadt erwartet,
selbst wenn sie eine Viertelmillion Einwohner zählt.

Ich weiß es nicht genau, aber ich glaube, man benutzte
jenen Tank zwischen den Zimmern, um Trinkwasser daraus
zu entnehmen; das fiel mir jedoch erst ein, als ich meinen
glühenden Kopf weit in seine kühlen Tiefen getaucht hatte.
Dann erst fiel es mir ein, und so großartig das Bad auch
gewesen war, bedauerte ich doch, es genommen zu haben,
und war gerade im Begriff, hinzugehen und es dem Wirt aus-
einanderzusetzen. Aber gerade in dem Augenblick kam ein
feingelockter und parfümierter Pudel angehüpft und zwickte
mich in die Wade, und bevor ich überlegen konnte, hatte ich
ihn auf den Grund des Tanks getaucht, und als ich einen
Diener mit einer Kanne kommen sah, lief ich weg und überließ das Hündchen seinen wenig erfolgreichen Versuchen
herauszuklettern. Befriedigte Rache war alles, dessen ich
noch bedurft hatte, um vollkommen glücklich zu sein, und
als ich an jenem ersten Abend in Damaskus zum Abendessen
ging, befand ich mich in dieser Verfassung. Nach dem Essen
legten wir uns lange auf die Diwane, rauchten Nargilehs und
langstielige Tschibuks und unterhielten uns über den furchtbaren Ritt des Tages, und da erkannte ich wieder, was ich
schon vorher manchmal erkannt hatte – daß es der Mühe

wert ist, sich völlig zu erschöpfen, weil das Ausruhen danach ein solcher Genuß ist.

Am Morgen bestellten wir uns Esel. Es ist beachtenswert, daß wir diese *bestellen* mußten. Ich sagte, Damaskus sei ein altes Fossil, und das stimmt. Überall anderswo wären wir von einem lärmenden Heer von Eseltreibern, Fremdenführern, Händlern und Bettlern überfallen worden – aber in Damaskus haßt man den bloßen Anblick eines fremden Christen so, daß man keinerlei Verkehr mit ihm wünscht; noch vor einem oder zwei Jahren war man als solcher in den Straßen von Damaskus seiner Person nicht immer sicher. Es ist das fanatischste mohammedanische Fegefeuer außerhalb Arabiens. Wo man anderwärts einen grünen Turban eines Hadschi sieht (das verehrte Zeichen dafür, daß der Besitzer die Wallfahrt nach Mekka gemacht hat), wird man in Damaskus, glaube ich, ein Dutzend sehen. Die Damaszener sind die häßlichsten, im höchsten Grade bösartig aussehenden Schurken, die wir je gesehen haben. Fast alle verschleierten Frauen, die uns hier begegneten, ließen ihre Augen frei, aber in Damaskus verbergen viele von ihnen ihr Gesicht vollkommen unter einem dichten, schwarzen Schleier, so daß die Frau wie eine Mumie aussieht. Wenn wir je ein Auge unbedeckt ertappten, wurde es schnell vor unserem verunreinigenden christlichen Blick versteckt; die Bettler gingen wahrhaftig an uns vorüber, ohne ein Bakschisch zu verlangen; die Händler in den Basaren hielten ihre Waren nicht empor und riefen: »He, John!« oder »Seht das an, Chowadscha!« Im Gegenteil, sie blickten uns nur finster an und sagten kein einziges Wort.

Die engen Straßen schwärmten wie ein Bienenstock von Männern und Frauen in fremdartigen orientalischen Trachten, und als wir uns zwischen ihnen hindurchpflügten, stießen unsere kleinen Esel sie nach rechts und links, immer angetrieben von den gnadenlosen Eseljungen. Diese Verfolger rennen hinter den Tieren her und schreien und stacheln sie stundenlang an; sie halten den Esel ständig in Galopp, werden aber selbst nie müde und bleiben nie zurück. Die Esel fielen gelegentlich hin und warfen uns über ihre Köpfe ab, aber da gab es nichts weiter, als wieder aufzusteigen und weiterzujagen. Wir wurden gegen scharfe Ecken, beladene Träger, Kamele und Bürger aller Art gestoßen, und wir waren so davon in Anspruch genommen, uns vor Zusammenstößen und Unfällen in acht zu nehmen, daß wir überhaupt keine Gelegenheit hatten, uns umzusehen. Wir ritten durch die halbe Stadt und durch die berühmte »Gasse, die da heißt ›die gerade‹«, fast ohne etwas zu sehen. Die Knochen wurden uns fast aus den Gelenken geschüttelt, wir waren wild vor Aufregung, und die Seiten schmerzten uns von den Stößen, die wir erlitten hatten. Ich reite nicht gern auf der Straßenbahn von Damaskus.

Am »heiligsten Ort der Christenheit«: Die Grabeskirche in Jerusalem

Ein rüstiger Fußgänger könnte vor die Mauern Jerusalems hinaustreten und in einer Stunde die ganze Stadt umwandern. Ich weiß nicht, wie ich sonst verständlich machen soll, wie klein sie ist. Das Erscheinungsbild der Stadt ist eigentümlich. Sie ist von den zahllosen kleinen Kuppeln an ihrer Oberfläche so bebuckelt wie eine Gefängnistür von Bolzenköpfen. Jedes Haus hat eine bis ein halbes Dutzend dieser weißgetünchten Steinkuppeln, die breit und niedrig in der Mitte oder in einer Gruppe auf dem flachen Dach hocken. Wenn man von einer Erhebung aus auf die dichte Häusermasse hinunterschaut (tatsächlich ist sie so dicht gedrängt, daß überhaupt keine Anzeichen von Straßen mehr vorhanden sind und daß die Stadt deshalb wie eine feste Masse wirkt), so erblickt man deshalb die am stärksten gebuckelte Stadt der Welt vor sich, ausgenommen Konstantinopel. Sie sieht aus, als wäre sie vom Zentrum bis zum Stadtrand mit umgedrehten Untertassen gedeckt. Die Gleichförmigkeit des Anblicks wird nur durch die große Omarmoschee, den Turm Hippicus und ein oder zwei andere Gebäude unterbrochen, die sich zu beherrschender Höhe erheben und aus dem Häusermeer herausragen.

Die Häuser sind gewöhnlich zwei Stockwerke hoch, aus festem Mauerwerk gebaut, außen geweißt oder getüncht, und an jedem Fenster springt ein Käfig aus hölzernem Gitterwerk vor. Um eine Jerusalemer Straße darzustellen, wäre es nur nötig, Hühnerkörbe umzudrehen und sie in einer Gasse amerikanischer Häuser vor die Fenster zu hängen.

Die Straßen sind grob, schlecht mit Steinen gepflastert und in erträglichem Maße gekrümmt – eben so sehr, daß jede Straße, so weit der Pilger auch darin geht, ständig so aussieht, als schlösse sie sich und endete etwa hundert Yard vor ihm. Vom oberen Abschnitt des Erdgeschosses vieler Häuser springt ein sehr schmales Verandadach oder Schutzdach vor, ohne Stützen von unten; und ich habe mehrere Male Katzen von einem Schutzdach zum anderen quer über die Straße springen sehen, wenn sie ausgingen, um Besuche zu machen. Die Katzen hätten auch die doppelte Entfernung ohne außerordentliche Anstrengung überspringen können. Ich erwähne das, um einen Begriff davon zu vermitteln, wie eng die Straßen sind. Da eine Katze ohne die geringste Unbequemlichkeit hinüberspringen kann, ist es kaum notwendig festzustellen, daß solche Straßen für Wagen zu eng sind. Solche Gefährte können in der Heiligen Stadt nicht lavieren.

Die Bevölkerung Jerusalems setzt sich zusammen aus Moslems, Juden, Griechen, Römern, Armeniern, Syrern, Kopten, Abessiniern, aus Griechisch-Katholischen und einer Handvoll Protestanten. Nur hundert Angehörige der letzteren Sekten wohnen jetzt an diesem Geburtsort des Christentums, mehr nicht. Die feineren Schattierungen der in der oben angeführten Liste enthaltenen Nationalitäten und die von ihnen gesprochenen Sprachen sind viel zu zahlreich, um sie zu erwähnen. Mir scheint, daß unter den vierzehntausend Seelen, die in Jerusalem wohnen, alle Rassen, Hautfarben und Zungen der Erde vertreten sein müssen. Lumpen, Elend, Armut und Schmutz, diese Zeichen und Symbole, welche die Gegenwart moslemischer Herrschaft sicherer anzeigen als die Halbmondflagge selbst, sind im Überfluß vorhanden. Aussätzige, Krüppel, Blinde und Schwachsinnige überfallen einen von allen Seiten, und sie kennen offenbar nur ein Wort aus nur einer Sprache – das ewige »Bakschisch«. Wenn man die Massen verstümmelter, mißgestalteter und von Krankheit heimgesuchter Menschheit sieht, die die heiligen Orte überschwemmen und die Tore verstopfen, könnte man annehmen, die alten Zeiten wären wiedergekehrt und man erwartete, daß der Engel des Herrn jeden Augenblick herabfahren und das Wasser von Bethesda aufrühren werde. Jerusalem ist traurig, trostlos und ohne Leben. Ich möchte hier nicht wohnen.

Man geht natürlich zuerst zum Heiligen Grab. Es liegt direkt in der Stadt, beim westlichen Tor; das Grab und die Stätte der Kreuzigung und tatsächlich jeder andere mit jenem ungeheuren Ereignis eng in Verbindung stehende Schauplatz sind sinnreich unter einem einzigen Dach zusammengedrängt, das sie alle bedeckt – der Kuppel der Grabeskirche.

Wenn man das Bauwerk betritt, mitten durch die übliche Ansammlung von Bettlern hindurch, sieht man zur Linken ein paar türkische Wachen – denn die Christen der verschiedenen Sekten pflegen sich an diesem geheiligten Ort nicht nur zu streiten, sondern auch zu prügeln, wenn man sie läßt. Vor dem Besucher liegt eine Marmorplatte, die den Salbungsstein bedeckt, auf welchen der Leib des Erlösers gelegt worden war, um ihn für die Bestattung vorzubereiten. Es wurde für notwendig befunden, den echten Stein in dieser Weise zu verbergen, um ihn vor der Zerstörung zu retten. Die Pilger waren allzusehr geneigt, Stücke davon abzuhacken, um sie mit nach Hause zu nehmen. In der Nähe befindet sich ein kreisförmiges Geländer, das die Stelle bezeichnet, wo die Heilige Jungfrau stand, als der Leib des Herrn gesalbt wurde.

Wenn man die große Rotunde betritt, steht man vor dem heiligsten Ort der Christenheit – dem Grabe Jesu. Es liegt im Mittelpunkt der Kirche und unmittelbar unter der großen Kuppel. Es ist eine Art kleinen Tempels phantasievoller Gestalt, von gelbem und weißem Stein eingeschlossen. Innerhalb des kleinen Tempels liegt ein Teil des Steins, der von der Öffnung des Grabes weggewälzt worden war und auf dem der Engel saß, als Maria hinkam »sehr früh, da die Sonne aufging«. Wir bückten uns tief und betraten die Gruft – das Grab selbst. Es ist nur etwa sechs mal sieben Fuß groß, und die Steinbank, auf der der tote Heiland lag, reicht von einem Ende des Raumes zum anderen und nimmt seine halbe Breite ein. Sie wird von einer Marmorplatte bedeckt, die von den Lippen der Pilger sehr abgenutzt worden ist. Diese Platte dient jetzt als Altar. Über ihr hängen etwa fünfzig goldene und silberne Lampen, die immer brennen, und sonst ist die Stätte durch kitschigen Krimskrams und flitterhafte Verzierungen geschändet.

Alle Sekten der Christen (mit Ausnahme der Protestanten) haben Kapellen unter dem Dach der Grabeskirche, und jede muß für sich bleiben und darf sich nicht auf den Boden einer anderen wagen. Es hat sich überzeugend erwiesen, daß sie ihre Andacht am Grab des Heilands der Welt nicht in Frieden gemeinsam verrichten können. Die Kapelle der Syrer ist nicht schön; die der Kopten ist die bescheidenste von allen.

Sie ist nur eine düstere Höhle, roh in den gewachsenen Felsen des Kalvarienberges hineingehauen. An einer Seite derselben sind zwei alte Gräber ausgemeißelt, welche diejenigen sein sollen, in denen Nikodemus und Joseph von Arimathia begraben wurden.

Als wir zwischen den großen Pfeilern und Säulen eines anderen Teiles der Kirche weitergingen, stießen wir auf eine Gruppe schwarzgewandeter, wie Tiere aussehender italienischer Mönche mit Kerzen in der Hand, die irgend etwas auf lateinisch sangen und um eine in den Boden eingelegte weiße Marmorscheibe mit irgendeiner religiösen Verrichtung beschäftigt waren. Der auferstandene Heiland war dort Maria Magdalena in der Gestalt eines Gärtners erschienen. In der Nähe befand sich ein ähnlicher Stein, wie ein Stern geformt – hier hatte zur gleichen Zeit die Magdalena selbst gestanden. Auch an dieser Stelle verrichteten Mönche etwas. Sie verrichteten überall etwas – im ganzen riesigen Bauwerk und zu jeder Stunde. Ihre Kerzen huschen ständig in der Düsternis umher und machen die dämmerige alte Kirche schauriger, als es notwendig wäre, obgleich sie eine Grabstätte ist.

Man zeigte uns die Stelle, wo unser Herr nach der Auferstehung erschienen war. Hier bezeichnet auch eine Marmorplatte den Platz, wo die heilige Helene, die Mutter des Kaisers Konstantin, etwa dreihundert Jahre nach der Kreuzigung die Kreuze fand. Der Legende nach löste diese große Entdeckung übertriebene Freudenkundgebungen aus. Aber sie waren nur von kurzer Dauer. Die Frage drängte sich auf: Welches trug den gesegneten Heiland, und welche die Schächer? In einer so schwerwiegenden Angelegenheit wie dieser im Zweifel zu sein – unsicher zu sein, welches man anbeten sollte –, das war ein schmerzliches Unglück. Es verwandelte das allgemeine Frohlocken in Jammer. Aber wann hat es je einen frommen Priester gegeben, der eine so einfache Sorge wie diese nicht hätte vertreiben können? Einer von ihnen kam bald auf einen Plan, der eine sichere Probe versprach. Eine edle Dame lag schwer krank in Jerusalem darnieder. Die weisen Priester befahlen, die drei Kreuze nacheinander an ihr Bett zu bringen. Das wurde getan. Als ihr Blick auf das erste fiel, gab sie einen Schrei von sich, der noch jenseits des Damaskustores und sogar auf dem Ölberg zu hören gewesen sein soll, und sank in tödliche Ohnmacht. Man brachte sie wieder zu sich und holte das zweite Kreuz. Sofort verfiel sie in fürchterliche Krämpfe, und nur mit größten Schwierigkeiten konnten sechs starke Männer sie halten. Nun hatte man Angst davor, das dritte Kreuz hereinzubringen. Man begann zu fürchten, daß man womöglich auf die falschen Kreuze gestoßen sei und daß das echte Kreuz überhaupt nicht dabei wäre. Als es jedoch sehr danach aussah, daß die Frau an den Krämpfen, die sie schüttelten, sterben würde, folgerte man, daß das dritte nicht mehr anrichten könnte, als sie glücklich und schnell von ihrer Not zu erlösen. Also brachte man es her, und siehe, ein Wunder! Die Frau sprang aus dem Bett, lächelnd, freudig und völlig gesundet. Wenn wir derartigen Beweisen lauschen, können wir nicht anders, als ihnen glauben. Wir würden uns schämen zu zweifeln, und das mit Recht. Sogar der Teil Jerusalems, wo dies alles geschah, ist noch vorhanden. Also kann darüber wirklich nicht der leiseste Zweifel bestehen.

Die Priester versuchten, uns durch ein kleines Gitter ein Stück der echten Martersäule zu zeigen, an die Christus gebunden war, als man ihn geißelte. Wir konnten allerdings nichts sehen, weil es hinter dem Gitter dunkel war. Aber man hat dort einen Stab, den der Pilger durch ein Loch im Gitter steckt, und dann zweifelt er nicht länger daran, daß sich die echte Martersäule dort drin befindet. Er kann keinen Grund mehr haben, daran zu zweifeln, denn er kann sie mit dem Stab fühlen. Er kann sie so deutlich wie nur sonst etwas fühlen.

Nicht weit davon befand sich eine Nische, wo man immer ein Stück des echten Kreuzes aufbewahrt hatte, aber das ist jetzt fort. Dieses Stück des Kreuzes wurde im sechzehnten Jahrhundert entdeckt. Die römischen Priester sagten, es sei vor langer Zeit von Priestern einer anderen Sekte gestohlen worden. Das scheint eine unfreundliche Behauptung zu sein, aber wir wissen sehr gut, daß es tatsächlich gestohlen worden ist, denn wir haben es selbst in verschiedenen Kirchen Italiens und Frankreichs gesehen.

Aber die Reliquie, die uns am meisten rührte, war das einfache alte Schwert jenes tapferen Kreuzfahrers Gottfried von Bouillon – des Königs Gottfried von Jerusalem. Keine Klinge in der ganzen Christenwelt übt einen solchen Zauber aus wie diese – keine Klinge von all denen, die in den Ahnenhallen Europas rosten, ist fähig, im Geiste des Betrachters solche romantischen Bilder zu erwecken – keine kann von solchen ritterlichen Taten plaudern oder so tapfere Geschichten aus den alten kriegerischen Tagen erzählen. Es rührt im Beschauer alle Erinnerungen an die Heiligen Kriege auf, die seit Jahren in seinem Sinn geschlafen haben, und bevölkert seine Gedanken mit gepanzerten Gestalten, mit marschierenden Armeen, mit Schlachten und mit Belagerungen. Es spricht zu uns Betrachtern von Balduin, von Tankred, dem fürstlichen Saladin und dem großen Richard Löwenherz. Mit ebensolchen Klingen pflegten diese herrlichen Helden der Romantik einen Menschen zu zerlegen, sozusagen, und seine eine Hälfte nach der einen und die andere Hälfte nach der anderen Seite fallen zu lassen. Ebendieses Schwert hat in jenen alten Zeiten, da Gottfried es schwang, Hunderte sarazenischer Ritter vom Scheitel bis zum Kinn gespalten. Es war damals durch einen Geist verzaubert, der unter dem Befehl König Salomos stand. Wenn dem Zelte seines Herrn Gefahr nahte, schlug er jedesmal gegen den Schild und ließ einen wilden Alarm in das erschrockene Ohr der Nacht hinaus erschallen; in Nebel oder Dunkelheit zeigte es, wenn es aus der Scheide gezogen wurde, sofort den Weg und wies gegen den Feind – und gewöhnlich versuchte es auch von sich aus, hinter ihm herzujagen. Ein Christ konnte sich nicht so sehr verkleiden, daß es ihn nicht erkannt und sich geweigert hätte, ihn zu verletzen – noch konnte sich ein Moslem so sehr verkleiden, daß es nicht aus der Scheide gefahren wäre und sein Leben genommen hätte. Die Angaben sind alle in vielen Legenden gründlich bezeugt, die zu den glaubwürdigsten gehören, welche die guten alten katholischen Mönche bewahren. Ich kann nun des alten Gottfrieds Schwert nicht mehr vergessen. Ich probierte es an einem Moslem aus und spaltete ihn entzwei wie einen Pfannkuchen. Der Geist Grimes' war über mir, und hätte ich einen Begräbnisplatz gehabt, dann hätte ich alle Ungläubigen Jerusalems vernichtet. Ich wischte das Blut von dem alten Schwert und gab es dem Priester zurück – ich wollte nicht, daß das frische Blut jene geheiligten Flecke auslösche, die eines Tages vor sechshundert Jahren seinen hellen Glanz rot verfärbt und Gottfried dadurch angekündigt hatten, sein Lebensweg werde enden, bevor die Sonne unterginge.

Wir schritten noch immer durch die Düsternis der Grabeskirche und gelangten an eine kleine, aus dem Felsen gehauene Kapelle – eine Stelle, die seit vielen Jahrhunderten als das »Gefängnis Jesu« bekannt ist. Die Überlieferung besagt, der Heiland sei unmittelbar vor der Kreuzigung hier eingesperrt gewesen. Unter einem Altar an der Tür befand sich ein Paar steinerner Stöcke für menschliche Füße. Diese werden »Stock Jesu« genannt, und die Verwendung, der sie einst dienten, hat ihnen den Namen gegeben, den sie jetzt tragen.

Die griechische Kapelle ist die geräumigste, die reichste und die prunkhafteste der Grabeskirche. Ihr Altar, wie der aller griechischen Kirchen, ist ein hoher Schirm, der sich quer über die ganze Kapelle erstreckt und von Vergoldung und Malereien strahlt. Die zahlreichen Lampen, die davor hängen, sind aus Gold und Silber und haben große Summen gekostet.

Aber das besondere Merkmal des Ortes ist eine kurze Säule, die sich von der Mitte des Marmorbodens der Kapelle erhebt und die genaue *Mitte der Erde* bezeichnet. Die zuverlässigsten Überlieferungen berichten, daß diese Stelle schon vor langer Zeit als Mitte der Erde bekannt gewesen sei und daß Christus, als er auf Erden wandelte, alle Zweifel in dieser Angelegenheit für immer beseitigt habe, indem er mit eigenen Lippen festgestellt hätte, daß die Überlieferung richtig sei. Man beachte, er sagte, daß jene bestimmte Säule über dem Mittelpunkt der Welt stünde. Wenn der Mittelpunkt der Welt sich verändert, verändert die Säule ihren Standpunkt entsprechend. Diese Säule hat sich drei verschiedene Male aus eigenem Antrieb bewegt. Das kommt daher, weil zu drei verschiedenen Zeiten bei großen Umwälzungen in der Natur Erdmassen – vermutlich ganze Bergketten – in den Weltraum geflogen sind und dadurch den Durchmesser der Erde verringerten und die genaue Lage der Mitte um einen oder zwei Strich veränderten. Das ist ein sehr merkwürdiger und interessanter Umstand und stellt eine vernichtende Zurechtweisung jener Philosophen dar, die uns weismachen wollen, es sei keinem Teil der Erde möglich, in den Weltraum zu fliegen.

Um sich davon zu überzeugen, daß dieser Fleck tatsächlich die Mitte der Erde sei, hat ein Skeptiker einst viel Geld für die Befugnis gezahlt, in die Kuppel der Kirche hinaufsteigen zu dürfen, um zu sehen, ob die Sonne zu Mittag von ihm einen Schatten würfe. Der Tag war sehr wolkig, und die Sonne warf überhaupt keinen Schatten; aber der Mann war davon überzeugt, daß die Sonne, wenn sie herausgekommen wäre und Schatten gemacht hätte, von ihm keinen hätte werfen können. Derartige Beweise können von den müßigen Zungen der Krittler nicht beiseite geschoben werden. Für diejenigen, die nicht intolerant sind und den guten Willen haben, sich überzeugen zu lassen, besitzen sie eine Überzeugungskraft, die nichts jemals erschüttern kann.

Wenn noch stärkere Beweise verlangt werden als die erwähnten, um auch die Halsstarrigen und Törichten zu überzeugen, daß dies die Mitte der Erde ist, so sind sie hier. Der bedeutendste liegt in der Tatsache, daß von dem Fleck unter ebendieser Säule der *Staub genommen worden ist, aus dem Adam gemacht wurde*. Das kann man doch wohl als den entscheidenden Schlag betrachten. Es ist nicht anzunehmen, daß der allererste Mensch aus einer minderen Lehmqualität gemacht wurde, da es doch so bequem war, beste Qualität von der Mitte der Welt zu bekommen. Dies wird auf jeden denkenden Geist einen starken Eindruck machen. Daß Adam aus Erde erschaffen wurde, die man von gerade dieser Stelle nahm, ist hinlänglich durch die Tatsache bewiesen, daß in sechstausend Jahren kein Mensch jemals hat beweisen können, daß die Erde, aus der er gemacht wurde, *nicht* von hier stammt.

Es ist ein einzigartiger Umstand, daß direkt unter dem Dach dieser selben großen Kirche und nicht weit von jener berühmten Säule entfernt Adam selbst, der Vater des Menschengeschlechts, begraben liegt. Es ist gar keine Frage, daß er wirklich in dem Grab liegt, das man als seines bezeichnet – es kann keine Frage geben –, denn es ist niemals bewiesen worden, daß dieses Grab nicht das wäre, in dem er bestattet liegt.

Das Grab Adams! Wie rührend war es, hier in einem Land von Fremden, weit entfernt von der Heimat, den Freunden und allen, die sich aus mir etwas machen, auf diese Weise das Grab eines Blutsverwandten zu entdecken. Gewiß, ein entfernter zwar, aber doch immerhin ein Verwandter. Der unfehlbare Instinkt der Natur ließ mich vom Schauer des Wiedererkennens erbeben. Der Quell meiner kindlichen Liebe wurde bis in seine tiefsten Tiefen aufgewühlt, und ich überließ mich meinen stürmischen Empfindungen. Ich lehnte mich an einen Pfeiler und brach in Tränen aus. Ich halte es nicht für eine Schande, über dem Grabe meines armen toten Verwandten geweint zu haben. Möge derjenige, der über meine Rührung spotten will, das Buch an dieser Stelle schließen, denn er wird an meinen Reisen durch das Heilige Land wenig nach seinem Geschmack finden. Edler, alter Mann – er hat es nicht mehr erlebt, mich zu sehen – er hat es nicht mehr erlebt, sein Kind zu sehen. Und ich – ich – ach, ich habe es nicht erlebt, *ihn* zu sehen. Von Kummer und Enttäuschung niedergedrückt, starb er, bevor ich geboren wurde – sechstausend kurze Sommer, bevor ich geboren wurde. Aber lasset uns versuchen, es mit Fassung zu ertragen. Lasset uns hoffen, daß er es dort, wo er ist, besser hat. Lasset uns an dem Gedanken Trost finden, daß sein Verlust unser ewiger Gewinn ist.

Die nächste Stelle, zu der uns der Fremdenführer in der heiligen Kirche brachte, war ein Altar, jenem römischen Soldaten geweiht, der zu der militärischen Wache gehört hatte, die zur Wahrung der Ordnung der Kreuzigung beiwohnte, und der – als der Vorhang im Tempel in der darauffolgenden furchtbaren Dunkelheit zerriß; als der Felsen Golgatha durch ein Erdbeben gespalten wurde; als die Artillerie des Himmels donnerte und in dem unheilvoll grellen Licht der Blitze die verhüllten Toten in den Straßen von Jerusalem umherhuschten – vor Furcht erbebte und sagte: »Wahrlich, dieser ist Gottes Sohn gewesen!« An der Stelle dieses Altars stand einst jener römische Soldat, wo er den gekreuzigten Heiland voll betrachten konnte – wo er all die wunderbaren Dinge, die weit und breit im Umkreis des Kalvarienberges geschahen, genau sehen und hören konnte. Und an ebendieser Stelle enthaupteten ihn die Priester des Tempels wegen der gotteslästerlichen Worte, die er gesprochen hatte.

In diesem Altar hatte man eine der seltsamsten Reliquien aufbewahrt, die menschliche Augen je erblickten – einen Gegenstand, der die Kraft besaß, den Betrachter auf geheimnisvolle Weise zu verzaubern und ihn stundenlang schauen zu lassen. Es war nichts weniger als die Kupferplatte, die Pilatus am Kreuz des Heilands angebracht und auf die er geschrieben hatte: *Das ist der Juden König*. Ich nehme an, daß die heilige Helene, die Mutter Konstantins, dieses wundervolle Erinnerungsstück fand, als sie im dritten Jahrhundert hier war. Sie bereiste ganz Palästina und hatte stets Glück. Wann immer die gute alte Enthusiastin einen Gegenstand in ihrer Bibel, Altes oder Neues Testament, erwähnt fand, zog sie los, suchte nach dem Gegenstand und machte nicht halt, bis sie ihn gefunden hatte. Wenn es Adam war, fand sie Adam; wenn es die Arche war, fand sie die Arche; wenn es Goliath oder Josua war, fand sie *diese*. Ich nehme an, daß sie die Inschrift, von der ich sprach, hier gefunden hat. Sie fand sie genau an diesem Ort, dicht neben der Stelle, wo der zum Märtyrer gewordene römische Soldat gestanden hatte. Jene Kupferplatte befindet sich jetzt in einer der Kirchen Roms. Jedermann kann sie dort sehen. Die Inschrift ist sehr deutlich.

Wir gingen ein paar Schritte weiter und sahen den Altar, der genau an der Stelle errichtet wurde, wo, wie die guten katholischen Priester sagen, die Soldaten die Kleider des Heilands aufteilten.

Dann gingen wir in eine Höhle hinab, von der Krittler sagen, es sei einst eine Zisterne gewesen. Sie ist jedoch jetzt eine Kapelle, die Helenenkapelle. Sie ist einundfünfzig Fuß lang und dreiundvierzig Fuß breit. Darin steht ein Marmorstuhl, in dem Helene gewöhnlich saß, während sie ihre Arbeiter beaufsichtigte, als diese nach dem echten Kreuz gruben und schürften. An dieser Stelle befindet sich ein Altar, der Dimas, dem bußfertigen Schächer, geweiht ist. Eine neue Bronzestatue steht hier – ein Standbild der heiligen Helene. Sie erinnerte uns an den armen Maximilian, der erst kürzlich erschossen wurde. Er hatte es dieser Kapelle gestiftet, als er im Begriff war, zu seinem Thron in Mexiko abzureisen.

Von der Zisterne aus stiegen wir zwölf Stufen hinab in eine runde, roh gestaltete Grotte, gänzlich aus dem gewachsenen Felsen gehauen. Helene hatte sie ausgesprengt, als sie nach dem echten Kreuz suchte. Sie hatte hier ein schweres Stück Arbeit, aber es wurde reich belohnt. Aus diesem Stück Erde holte sie die Dornenkrone, die Nägel des Kreuzes, das echte Kreuz selbst und das Kreuz des guten Schächers. Als sie dachte, sie hätte alles gefunden, und gerade aufhören wollte, wurde ihr in einem Traum mitgeteilt, sie solle noch einen Tag weitermachen. Das war ein großes Glück. Sie tat es und fand das Kreuz des anderen Schächers.

Die Mauern und die Decke dieser Grotte weinen noch immer bittere Tränen im Gedenken an das Ereignis, das auf Golgatha geschah, und fromme Pilger stöhnen und schluchzen, wenn diese traurigen Tränen vom tropfenden Felsen auf sie herabfallen. Die Mönche nennen diesen Raum die »Kreuzfindungskapelle« – ein Name, der unglücklich gewählt ist, denn er verführt die Unwissenden zu der Vorstellung, dadurch werde eine stillschweigende Bestätigung gegeben, daß die Überlieferung, wonach Helene hier das echte Kreuz gefunden habe, erdichtet, eine »Erfindung« sei. Es ist jedoch ein Glück, wenn man weiß, daß intelligente Menschen diese Geschichte in keiner ihrer Einzelheiten anzweifeln.

Die Priester all der Kapellen und Sekten in der Grabeskirche können diese heilige Grotte besuchen, um zu weinen und zu beten und den sanften Erlöser zu verehren. Zwei verschiedene Glaubensrichtungen dürfen jedoch nicht gleichzeitig eintreten, weil sie sich immer schlagen.

Wir schritten noch immer durch die ehrwürdige Grabeskirche, zwischen psalmodierenden Priestern in groben, langen Gewändern und Sandalen und zwischen Pilgern aller Farben und vieler Nationalitäten, in allen Arten seltsamer Trachten; unter schwärzlichen Gewölben und an schmutzigen Säulen und Pfeilern vorbei; durch eine düstere Kathedralendunkelheit, von Qualm und Weihrauch geschwängert und schwach von einem Sternenhimmel aus Dutzenden von Kerzen erhellt, die plötzlich erschienen und ebenso plötzlich verschwanden oder geheimnisvoll wie geisterhafte Irrlichter in den entfernten Seitenschiffen umherschwebten – und kamen schließlich zu einer kleinen Kapelle, die »Kapelle der Verspottung« genannt wird. Unter dem Altar befand sich ein Stück einer Marmorsäule; das war der Sitz, auf dem Christus saß, als er geschmäht und voller Hohn zum König gemacht, mit einer Dornenkrone gekrönt und mit einem Rohr als Szepter versehen wurde. Hier verband man ihm die Augen, schlug ihn und sagte spöttisch: »Sage doch wahr, wer dich schlug.« Die Überlieferung, daß dies die genaue Stelle der Verspottung sei, ist sehr alt. Der Fremdenführer meinte, daß Saewulf es als erster erwähnt habe. Ich kenne Saewulf nicht, aber ich kann dennoch sein Zeugnis nicht gut zurückweisen – niemand von uns kann es tun.

Man zeigte uns die Stelle, wo der große Gottfried und sein Bruder Balduin, die ersten christlichen Könige Jerusalems, einst neben jenem geheiligten Grab bestattet lagen, nachdem sie so lange und so tapfer gekämpft hatten, um dieses den Händen der Ungläubigen zu entwinden.

Aber die Nischen, die die Asche dieser berühmten Kreuzfahrer enthalten hatten, waren leer. Selbst die Verkleidung ihrer Grabmäler war dahin – zerstört durch fromme Mitglieder der griechischen Kirche, weil Gottfried und Balduin römisch-katholische Fürsten gewesen und in einem christlichen Glauben erzogen worden waren, dessen Bekenntnis in einigen unbedeutenden Punkten von dem ihren abwich.

Wir gingen weiter und hielten vor dem Grabe Melchisedeks! Sie werden sich zweifellos Melchisedeks erinnern; er war der König, der damals erschien und Abraham einen Tribut auferlegte, als dieser Lots Entführer nach Dan verfolgte und ihnen all ihren Besitz abnahm. Das war vor etwa viertausend Jahren, und Melchisedek starb kurz darauf. Jedoch ist sein Grab in guterhaltenem Zustand.

Wenn man die Grabeskirche betritt, ist das Grab selbst das erste, was man sehen will, und tatsächlich ist es beinahe das erste, was man sieht. Als nächstes empfindet man ein starkes Verlangen, die Stelle zu sehen, wo der Heiland gekreuzigt wurde. Aber sie wird zuletzt vorgeführt. Sie bildet die glänzende Krönung des Ortes. Man ist ernst und gedankenvoll, wenn man in der kleinen Grabstätte des Erlösers steht – wie könnte es an einer solchen Stelle wohl anders sein –, aber man hegt nicht den allergeringsten Glauben, daß der Herr jemals dort gelegen hat, und daher wird die Anteilnahme, die man für diesen Fleck empfindet, durch diese Überlegung sehr stark beeinträchtigt. In einem anderen Teil der Kirche betrachtet man die Stellen, wo Maria und wo Johannes und wo Maria Magdalena gestanden haben; wo der Pöbel den Herrn verhöhnte; wo der Engel gesessen hat; wo die Dornenkrone und das echte Kreuz gefunden wurden; wo der auferstandene Heiland erschien – man betrachtet all diese Stellen mit Interesse, aber mit derselben Überzeugung, die man im Falle der Grabstätte fühlte, daß nichts Wahres daran ist und daß sie imaginäre, von den Mönchen geschaffene Heiligtümer sind. Aber der Ort der Kreuzigung ergreift einen anders. Man glaubt fest daran, die wahre Stelle zu erblicken, wo der Heiland sein Leben aufgab. Man erinnert sich, daß Christus lange, bevor er nach Jerusalem kam, sehr berühmt war; man weiß, daß sein Ruhm so groß war, daß ihm ständig große

Menschenmengen folgten; man ist sich dessen bewußt, daß sein Einzug in die Stadt erhebliches Aufsehen hervorrief und sein Empfang eine Art Ovation darstellte; man kann die Tatsache nicht übersehen, daß es in Jerusalem, als er gekreuzigt wurde, sehr viele gab, die glaubten, daß er der wahre Sohn Gottes sei. Eine solche Persönlichkeit öffentlich hinzurichten, genügte schon von sich aus, den Ort der Hinrichtung auf viele Menschenalter hinaus zu einer denkwürdigen Stätte zu machen; außerdem waren der Sturm, die Finsternis, das Erdbeben, das Zerreißen des Vorhangs im Tempel und das vorzeitige Erwachen der Toten Ereignisse, die geeignet waren, die Hinrichtung und ihren Schauplatz in der Erinnerung sogar des gedankenlosesten Augenzeugen festzuhalten. Väter erzählten ihren Söhnen von der seltsamen Angelegenheit und wiesen auf die Stelle; die Söhne überlieferten die Geschichte ihren Kindern, und so wurde ein Zeitraum von dreihundert Jahren leicht überbrückt, zu welcher Zeit Helene kam und auf dem Kalvarienberg eine Kirche erbaute, um des Todes und der Bestattung des Herrn zu gedenken und die geheiligte Stätte in der Erinnerung des Menschen zu bewahren; seit jener Zeit hat dort stets eine Kirche gestanden. Es ist nicht möglich, daß es einen Irrtum hinsichtlich der Örtlichkeit der Kreuzigung geben kann. Nicht ein halbes Dutzend Menschen wußte vielleicht, wo man den Heiland begraben hatte, und eine Beerdigung ist ohnehin kein erstaunliches Ereignis; daher kann man Unglauben an das Grab verzeihen, aber nicht an den Ort der Kreuzigung. In fünfhundert Jahren wird keine Spur des Denkmals von Bunker Hill übrig sein, aber Amerika wird noch immer wissen, wo die Schlacht stattfand und wo Warren fiel. Die Kreuzigung Christi war in Jerusalem ein zu bemerkenswertes Ereignis und der Kalvarienberg wurde dadurch zu berühmt, um im kurzen Zeitraum von dreihundert Jahren vergessen zu werden. Ich erklomm die Treppe, die den Besucher auf die kleine, in der Kirche eingeschlossene Felsspitze führt, und blickte auf die Stelle, an der einst das echte Kreuz stand, mit einer weit tieferen Anteilnahme, als ich sie je vorher für irgend etwas Irdisches verspürt hatte. Ich konnte nicht glauben, daß die drei Löcher in der Spitze des Felsens tatsächlich diejenigen wären, in denen die Kreuze gestanden hatten, aber ich war davon überzeugt, die Kreuze hatten sich so nahe an der jetzt von den Löchern eingenommenen Stelle befunden, daß der mögliche Unterschied von ein paar Fuß bedeutungslos erschien.

Wenn man dort steht, wo der Heiland gekreuzigt wurde, kostet es richtige Mühe, sich fest vor Augen zu halten, daß Christus nicht in einer katholischen Kirche gekreuzigt wurde. Man muß sich immer wieder daran erinnern, daß das große Ereignis im Freien stattfand und nicht in einer düsteren, von Kerzen erhellten Zelle in einer kleinen Ecke im oberen Stockwerk einer riesigen Kirche – einer kleinen Zelle, die man mit abscheulichem Geschmack über und über mit Juwelen und Flitter aufdringlich ausgeschmückt hat.

Unter einem Marmoraltar in der Form eines Tisches befindet sich im marmornen Fußboden ein kreisförmiges Loch, und genau darunter ist das Loch, in dem das echte Kreuz stand. Das allererste, was jedermann tut, ist, niederzuknien und eine Kerze zu nehmen und dieses Loch zu untersuchen. Man vollbringt dieses seltsame Forschen mit einem Ausmaß an Ernst, den niemand schätzen und würdigen kann, der die Handlung nicht gesehen hat. Dann hält man seine Kerze vor ein prächtig graviertes Bildnis des Heilands, das auf einer massiven Goldplatte gearbeitet und mit einem wunderbaren Sternenhimmel blitzender Diamanten besetzt ist und über dem Loch auf dem Altar hängt, und der feierliche Ernst des Besuchers wandelt sich in lebhafte Bewunderung. Man erhebt sich und steht den fein gearbeiteten Gestalten des Heilands und der beiden Übeltäter gegenüber, die an ihren

Kreuzen hinter dem Altar schweben und in vielfarbigem metallischem Glanz schimmern. Man wendet sich dann zu den dicht dabeistehenden Gestalten der Jungfrau und der Maria Magdalena; dann zu der Spalte im gewachsenen Felsen, die das Erdbeben zur Zeit der Kreuzigung aufriß und deren einen Ausläufer man vorher in der Wand einer der unteren Grotten sah; man blickt dann auf den Schaukasten, in dem sich eine Figur der Heiligen Jungfrau befindet, und ist höchst verblüfft über den fürstlichen Reichtum an kostbaren Steinen und Schmuck, die so dicht die Figur umhängen, daß sie diese fast wie ein Gewand verdecken. Überall im Raum beleidigt der grelle Putz der griechischen Kirche das Auge und quält unablässig das Gemüt, dessen eingedenk zu sein, daß dies der Ort der Kreuzigung ist – Golgatha – der Kalvarienberg. Und das letzte, was man ansieht, ist das, was auch das erste war – die Stelle, wo das echte Kreuz stand. Das fesselt den Besucher an den Fleck und zwingt ihn, noch einmal zu schauen und noch einmal, wenn er alle Neugier an den anderen Dingen, die zu der Örtlichkeit gehören, längst befriedigt und alles Interesse für sie verloren hat.

Und so schließe ich mein Kapitel über die Grabeskirche – für Millionen und aber Millionen Männer, Frauen und Kinder, hoch und niedrig, hörig und frei, der heiligste Platz auf Erden. Mit ihrer Geschichte von Anbeginn an und mit ihren überwältigenden Erinnerungen ist sie das erhabenste Bauwerk der Christenheit. Trotz all der auf Effekthascherei bedachten Nebendarbietungen und der unglaubwürdigsten Betrügereien jeder Art ist sie doch groß, ehrfurchtgebietend, ehrwürdig – denn dort starb ein Gott; seit fünfzehnhundert Jahren werden ihre Schreine von den Tränen der Pilger aus den entferntesten Gebieten der Erde benetzt; mehr als zweihundert Jahre lang haben die tapfersten Ritter, die je ein Schwert führten, ihr Leben in dem Bemühen vergeudet, sich dieser Kirche zu bemächtigen und sie vor der Entweihung durch Ungläubige heilig zu halten. Selbst zu unserer Zeit ist ein Krieg geführt worden, der Millionen an Geld und Ströme von Blut kostete, weil zwei rivalisierende Nationen jede nur für sich das Recht beanspruchten, eine neue Kuppel daraufzusetzen. Die Geschichte ist voll von dieser alten Grabeskirche – voller Blut, vergossen wegen der Achtung und Verehrung der Menschen für den letzten Ruheplatz des demütigen und bescheidenen, milden und sanften Friedensfürsten!

Badefreuden im Toten Meer

Das Tote Meer ist klein. Sein Wasser ist sehr klar, es hat einen steinigen Grund und ist von den Ufern aus eine ganze Strecke hin flach. Es liefert viel Asphalt; Stücke davon liegen überall an den Ufern umher; dieses Zeug verleiht dem Ort einen etwas unangenehmen Geruch.

Unsere gesamte Lektüre hatte uns zu erwarten gelehrt, daß der erste Sprung in das Tote Meer von qualvollen Folgen begleitet sein würde – unser Körper würde sich anfühlen, als durchbohrten ihn plötzlich Millionen glühender Nadeln; der furchtbare Schmerz würde stundenlang anhalten; wir müßten sogar damit rechnen, von Kopf bis Fuß mit Blasen bedeckt zu werden und viele Tage lang elend zu leiden. Wir wurden enttäuscht. Wir acht sprangen gleichzeitig mit einer anderen Pilgergruppe hinein, und niemand schrie auch nur einmal auf. Keiner von uns klagte über mehr als ein leichtes Prickeln an Stellen, wo die Haut abgeschürft war, und auch das nur für kurze Zeit. Das Gesicht brannte mir ein paar Stunden lang, aber das kam teilweise daher, daß ich während des Badens einen starken Sonnenbrand davongetragen hatte und so lange dringeblieben war, daß es sich mit Salz überkrustet hatte.

Nein, das Wasser rief keine Blasen auf unserer Haut hervor; es bedeckte uns nicht mit schlüpfrigem Schleim und verlieh uns keinen entsetzlichen Geruch; es war nicht sehr schlüpfrig, und ich konnte nicht feststellen, daß wir wirklich schlimmer gerochen hätten, als wir immer gerochen hatten, seit wir nach Palästina kamen. Es war nur eine andere Art Geruch, der aber deshalb durchaus noch nicht auffällig war, denn wir haben in diesem Punkt eine Menge Abwechslung. Wir rochen dort am Jordan nicht wie in Jerusalem; und wir riechen in Jerusalem nicht wie in Nazareth oder Tiberias oder Caesarea Philippi oder in einer anderen verfallenen alten Stadt Galiläas. Nein, wir unterliegen einem ständigen Wechsel, im allgemeinen zum Schlechten. Wir waschen unsere Sachen selbst.

Es war ein spaßiges Bad. Wir konnten nicht sinken. Man konnte sich in voller Länge auf dem Rücken ausstrecken, die Arme auf der Brust, und der ganze Körper oberhalb einer vom Backenknochen über die Mitte der Körperseite und die Mitte des Beines zum Fußknöchel gezogenen Linie blieb außerhalb des Wassers. Man konnte den Kopf gänzlich aus dem Wasser heben, wenn man wollte. Man kann keine Stellung lange beibehalten; man verliert das Gleichgewicht und wirbelt herum, zuerst auf den Rücken und dann auf das Gesicht und so weiter. Man kann gemütlich auf dem Rücken liegen, den Kopf und die Beine von den Knien an abwärts außerhalb des Wassers, indem man sich mit den Händen ausbalanciert. Man kann mit an das Kinn gezogenen Knien und darumgeschlungenen Armen sitzen, aber gleich darauf muß man umkippen, weil man in dieser Stellung kopflastig ist. Man kann im Wasser, das einem über den Kopf geht, aufrecht stehen und wird von der Mitte der Brust an aufwärts nicht naß. Aber man kann nicht in dieser Lage verharren. Das Wasser treibt einem bald die Füße an die Oberfläche. Man kommt, auf dem Rücken schwimmend, nicht in nennenswertem Maße voran, weil die Füße über die Oberfläche hinausragen und nichts da ist, womit man sich vorantreiben könnte, als die Fersen. Wenn man auf der Brust schwimmt, schleudert man das Wasser hoch wie ein Heckraddampfer. Man kommt nicht vorwärts. Ein Pferd ist so kopflastig, daß es im Toten Meer weder schwimmen noch aufrecht stehen kann. Es legt sich sofort auf die Seite. Einige von uns badeten länger als eine Stunde und kamen dann so mit Salz überkrustet heraus, daß wir wie Eiszapfen glänzten. Wir schrubbten es mit einem groben Handtuch ab und ritten mit einem fabelhaften nagelneuen Geruch davon, nicht unangenehmer als die Düfte, die wir seit mehreren Wochen genossen. Seine vielgestaltige Niederträchtigkeit und Neuartigkeit waren es, die uns bezauberten. An den Ufern des Sees glitzern Salzkristalle in der Sonne. An manchen Stellen überziehen sie den Boden wie eine glänzende Eisdecke.

Gizeh: Besteigung der Cheopspyramide und eine Wette

Am Ende des Uferdammes ließen wir die Tiere zurück und fuhren in einem Segelboot über einen Flußarm des Nil oder ein Überlaufbecken und landeten dort, wo die Sandmassen der großen Sahara am Rande der Schwemmlandebene des Flusses einen Damm, so gerade wie eine Mauer, zurückgelassen hatten. Eine mühsame Wanderung in der flammenden Sonne brachte uns zum Fuß der großen Cheopspyramide. Sie war kein Märchenbild mehr. Sie war ein geriffelter, häßlicher Steinberg. Jede ihrer riesenhaften Seitenflächen stellte eine breite Treppe dar, die Stufe auf Stufe in die Höhe strebte und sich dort verschmälerte, bis sie sich weit oben in der Höhe zu einer Spitze verjüngte. Insektengleiche Männer und Frauen – Pilger der »Quaker City« – krochen in schwindelnder Höhe auf ihr herum, und auf dem luftigen

Gipfel schwenkte ein kleiner, schwarzer Schwarm gerade Briefmarken – lies Taschentücher.

Natürlich wurden wir von einem Haufen muskulöser Ägypter und Araber belagert, die einen Kontrakt mit uns wünschten, uns auf die Spitze hinaufzerren zu dürfen. Alle Touristen machen das durch. Natürlich konnte man infolge des Getöses, das uns umgab, die eigene Stimme nicht hören. Natürlich sagten die Scheiche, *sie* wären die allein verantwortlichen Partner; alle Aufträge müßten mit ihnen abgeschlossen werden, alle Beträge müßten ihnen ausgehändigt werden, und uns dürfte niemand etwas abverlangen als nur sie allein. Natürlich versprachen sie, daß die Lakaien, die uns hinaufschleppten, kein einziges Mal von Bakschisch reden würden. Denn das ist der übliche Gang der Dinge. Natürlich schlossen wir mit ihnen den Kontrakt ab, bezahlten sie, wurden den Händen der Schlepper überliefert, die Pyramide hinaufgezerrt und vom Fundament bis zum höchsten Gipfel hinauf um Bakschisch angehalten und gequält und gemartert. Wir zahlten auch, denn wir waren absichtlich sehr weit über die riesige Seitenfläche der Pyramide hin verstreut worden. Es wäre keine Hilfe in der Nähe gewesen, wenn wir gerufen hätten, und die Herkulesse, die uns schleppten, hatten eine Art, freundlich und einschmeichelnd ein Bakschisch zu verlangen, die verführerisch, und eine Art, grimmig dreinzublicken und zu drohen, uns den Abgrund hinunterzuwerfen, die überwältigend und überzeugend war.

Da jede Stufe genauso hoch wie ein Eßtisch ist; da es sehr, sehr viele Stufen gibt; da je ein Araber einen Arm packte und beide von Stufe zu Stufe emporsprangen und uns mit sich rissen, wodurch sie uns zwangen, jedesmal die Füße bis in Brusthöhe zu heben und das rasch und fortwährend zu tun, bis wir beinahe ohnmächtig wurden, wer wird da noch sagen, daß es kein lebhafter, erheiternder, zerfleischender, muskelzerreißender, knochenverdrehender und ausgesprochen quälender und marternder Zeitvertreib wäre, die Pyramide hinaufzuklettern? Ich flehte die Schufte an, nicht *alle* meine Gelenke auszurenken; ich wiederholte, ich wiederholte nochmals, ich *schwor* ihnen sogar, daß ich niemandem zur Spitze hinauf zuvorkommen wolle; tat alles, was ich konnte, um sie zu überzeugen, daß ich mich über alle Menschen hinaus begnadet und ihnen ewig dankbar fühlen würde, wenn ich als allerletzter dort hinaufkäme; ich bat sie, ich bettelte, verhandelte mit ihnen, mich einen Augenblick anhalten und ausruhen zu lassen – nur einen kleinen Augenblick –, und sie antworteten nur mit einigen noch furchtbareren Sprüngen, und ein außerplanmäßiger Freiwilliger hinter mir eröffnete ein Bombardement nachdrücklicher Kopfstöße, das meine ganze politische Ökonomie zu zerschmettern drohte.

Zweimal ließen sie mich eine Minute lang ausruhen, während sie ein Bakschisch erpreßten, und dann setzten sie ihre irrsinnige Flucht die Pyramiden hinauf fort. Sie wollten die anderen Gruppen schlagen. Es bedeutete ihnen nichts, daß ich, ein Fremder, auf dem Altar ihres unheiligen Ehrgeizes geopfert werden mußte. Aber inmitten des Kummers blüht die Freude. Selbst in dieser dunklen Stunde empfand ich einen süßen Trost. Denn ich wußte, daß diese Mohammedaner, wenn sie nicht bereuten, eines Tages geradenwegs in die Hölle marschieren würden. Und *die* bereuen niemals – sie geben niemals ihr Heidentum auf. Dieser Gedanke beruhigte mich, munterte mich auf, und ich sank erschlafft und erschöpft auf dem Gipfel nieder, aber glücklich, innerlich *so* glücklich und gelassen.

Auf der einen Seite dehnte sich ein mächtiges Meer gelben Sandes bis zum Ende der Welt, ernst, still, bar jeglicher Vegetation, in einer Einsamkeit, die von keinerlei kreatürlichem Leben aufgeheitert wurde; auf der anderen lag das Eden Ägyptens unter uns ausgebreitet – eine weite, grüne

Ebene, zerteilt von dem gewundenen Fluß, mit Dörfern betupft und ihre ungeheure Entfernung durch die abnehmende Größe der im Hintergrund sich verlierenden Palmengruppen gemessen und bezeichnet. Sie schlief in einer verzauberten Atmosphäre. Es gab kein Geräusch, keine Bewegung. Über den Dattelpalmen in mittlerer Entfernung erhob sich eine gekuppelte und getürmte Masse, die durch einen zarten, farbigen Dunstschleier hindurchschimmerte; gegen den Horizont hin wachte ein Dutzend wohlgestalteter Pyramiden über dem zerstörten Memphis; und zu unseren Füßen blickte die sanfte, unzugängliche Sphinx von ihrem Thron im Sand so gelassen und nachdenklich auf diese Szene hinab, wie sie vor vollen fünfzig dahinschleichenden Jahrhunderten auf deren Ebenbild hinabgeblickt hatte.

Von den hungrigen Bitten um ein Bakschisch, die aus den arabischen Augen glommen und unaufhörlich von den arabischen Lippen strömten, litten wir Qualen, die keine Feder beschreiben kann. Wozu versuchen, die Überlieferungen verschwundener ägyptischer Größe heraufzubeschwören? Wozu versuchen, sich Ägypten vorzustellen, wie es dem toten Ramses zu seinem Grab in den Pyramiden folgte, oder die langhingezogene Menschenmenge Israels, wie sie durch die Wüste da drüben davonzog? Wozu überhaupt versuchen zu denken? Es war unmöglich. Man mußte seine Gedanken fix und fertig mitbringen oder sie erst hinterher fix und fertig machen.

Der traditionelle Araber erbot sich in traditioneller Weise, die Cheopspyramide hinabzulaufen, die Achtelmeile Sand zwischen ihr und der hohen Chephrenpyramide zurückzulegen, auf den Gipfel der Chephrenpyramide zu steigen und zu uns auf den Gipfel der Cheopspyramide zurückzukehren – alles in genau neun Minuten, und der ganze Dienst sollte für einen einzigen Dollar geleistet werden. In der ersten Aufwallung des Ärgers sagte ich, laßt den Araber und seine Heldentaten zum Teufel gehen. Aber halt! Das obere Drittel der Chephrenpyramide war mit behauenem Marmor verkleidet, spiegelglatt. Ein glücklicher Gedanke kam mir in den Sinn. Er müßte sich unweigerlich den Hals brechen. Schließe die Wette schnell ab, sagte ich mir, und laß ihn gehen. Er lief los. Wir schauten zu. Er sprang die riesige Breitseite hinunter, Satz auf Satz, wie ein Steinbock. Er wurde kleiner und kleiner, bis er ein auf und ab schnellender Zwerg wurde, weit unten gegen den Grund zu – dann verschwand er. Wir drehten uns um und lugten nach der anderen Seite – vierzig Sekunden – achtzig Sekunden – hundert – o Freude, er ist schon tot! – Zwei Minuten – noch eine Viertelminute – »Da läuft er!« Zu wahr – es war nur zu wahr. Er war jetzt sehr klein. Langsam, aber sicher überwand er die flache Strecke. Er begann wieder zu springen und zu klettern. Aufwärts, aufwärts, aufwärts – schließlich erreichte er die glatte Verkleidung – jetzt war es soweit. Aber er klammerte sich mit Fingern und Zehen an wie eine Fliege. Er kroch hierhin und dorthin – wich nach rechts aus, schräg aufwärts – wich nach links aus, schräg aufwärts – und stand schließlich als schwarzer Punkt auf dem Gipfel und schwang seinen winzigen Schal! Dann kroch er wieder die rohen Stufen hinab, nahm dann wieder seine flinken Beine in die Hand und flog davon. Wir verloren ihn gleich darauf aus den Augen. Aber kurze Zeit später sahen wir ihn wieder unter uns, wie er mit unverminderter Energie aufstieg. Kurz darauf sprang er mit einem schneidigen Kriegsgeheul in unsere Mitte. Die Zeit war acht Minuten und einundvierzig Sekunden. Er hatte gewonnen. Seine Knochen waren unversehrt. Es war ein Fehlschlag. Ich überlegte. Ich sagte mir, er ist müde, und es muß ihm schwindlig werden. Ich werde noch einen Dollar auf ihn setzen.

Er lief wieder los. Legte die Strecke wieder zurück. Glitt auf den glatten Schichten aus – fast hatte ich ihn. Aber eine niederträchtige Spalte rettete ihn. Er war wieder bei uns –

vollkommen unversehrt. Die Zeit war acht Minuten und sechsundvierzig Sekunden.

Ich sagte zu Dan: »Borg' mir einen Dollar – ich kann das Spiel noch gewinnen.«

Schlimmer und schlimmer. Er gewann wieder. Die Zeit war acht Minuten und achtundvierzig Sekunden. Meine Geduld war jetzt völlig zu Ende. Ich war verzweifelt – Geld spielte jetzt keine Rolle mehr. Ich sagte: »Kerl, ich werde dir hundert Dollar geben, wenn du kopfüber diese Pyramide hinabspringst. Wenn dir die Bedingungen nicht zusagen, nenne deinen Einsatz. Ich will jetzt nicht auf die Kosten sehen. Ich werde hierbleiben und Geld auf dich setzen, solange Dan einen Cent in der Tasche hat.«

Ich war jetzt auf dem besten Wege zu gewinnen, denn das war eine blendende Gelegenheit für einen Araber. Er überlegte einen Augenblick lang und hätte es, glaube ich, getan, aber da kam seine Mutter an und mischte sich ein. Ihre Tränen rührten mich – ich kann nie gleichgültig die Tränen einer Frau sehen –, und ich sagte, ich würde ihr hundert Dollar geben, wenn auch sie hinunterspränge.

Aber es war ein Fehlschlag. Die Araber sind in Ägypten zu teuer. Sie legen sich Allüren zu, die solchen Wilden nicht anstehen.

Geheimnisvolle Sphinx

Nach Jahren des Wartens hatte ich sie endlich vor mir. Das große Antlitz war traurig, ernst, sehnsuchtsvoll, geduldig. Es lag eine Würde in ihrer Miene, die nicht von dieser Welt war, und ein Wohlwollen in ihrem Ausdruck, wie nichts Menschliches es jemals getragen hat. Sie war aus Stein, aber sie schien Gefühl zu haben. Wenn je ein Steinbildnis gedacht hat, dann dachte dieses. Sie blickte zur Grenze der Landschaft hinüber, aber betrachtete nichts – nichts als die Ferne und Leere. Sie blickte hinter alles und über alles hinaus, was der Gegenwart angehörte, und weit in die Vergangenheit hinein. Sie starrte hinaus über den Ozean der Zeit – über die Wellenlinien der Jahrhunderte, die sich immer näher zusammenschoben, je weiter sie in den Hintergrund zurückreichten, und schließlich zu einer ungebrochenen Flut verschmolzen, weit hinten am Horizont des Altertums! Sie dachte an die Kriege entschwundener Zeiten; an die Reiche, die sie errichten und zerstören gesehen hatte; an die Nationen, deren Geburt sie miterlebt, deren Fortschritte sie beobachtet, deren Vernichtung sie zur Kenntnis genommen hatte; an Freude und Schmerz, Leben und Tod, Größe und Verfall fünftausend langsam laufender Jahre. Sie war das Sinnbild einer Eigenschaft des Menschen – einer Fähigkeit seines Herzens und Hirns. Sie war *Erinnerung – Rückschau –* in sichtbare, greifbare Form gebracht. Alle, die wissen, welches Pathos in Erinnerungen an Tage liegt, die vollendet, und an Gesichter, die verschwunden sind – obwohl nur eine geringe Anzahl von Jahren vergangen sein mag –, werden einiges Verständnis für das Pathos in diesen ernsten Augen haben, die so unverwandt auf Dinge zurückblicken, die sie erlebten, bevor die Geschichte geboren wurde – bevor es eine Überlieferung gab – Dinge, die in einem fernen verschwommenen Zeitalter existierten, und Gestalten, die sich in jenem Zeitalter bewegten, von dem sogar Poesie und Prosa kaum wissen – und die nacheinander vergingen und die steinerne Träumerin einsam inmitten eines seltsamen neuen Zeitalters und unverstandener Geschehnisse zurückließen.

Die Sphinx ist groß in ihrer Einsamkeit; sie ist imponierend in ihrer Größe; und das Geheimnis, das über ihrer Geschichte hängt, macht sie eindrucksvoll. Und in der alles überschattenden Majestät dieses ewigen Steinbildnisses voll anklagender Erinnerungen an die Taten alter Zeiten liegt etwas, das dem Betrachter einiges davon enthüllt, was man fühlen wird, wenn man schließlich in der furchtbaren Gegenwart Gottes steht.

Es gibt einige Dinge, die um des Ansehens Amerikas willen vielleicht besser ungesagt blieben; aber gerade das sind manchmal zufällig gerade die Dinge, die zum wahren Nutzen der Amerikaner hervorragende Beachtung finden sollten. Während wir dastanden und schauten, erschien am Kinnbacken der Sphinx eine Warze oder eine Art Auswuchs. Wir hörten das vertraute Klopfen eines Hammers und begriffen den Fall sofort. Einer unserer wohlmeinenden Reptilien – ich meine Reliquienjäger – war dort hinaufgekrochen und versuchte, ein Andenken vom Antlitz dieser majestätischen Schöpfung abzubrechen, die Menschenhand gebildet hat. Aber das große Bildwerk betrachtete die verschollenen Jahrhunderte so gelassen wie immer, des kleinen Insektes nicht achtend, das sich an seinem Kiefer herumplagte. Ägyptischer Granit, der den Stürmen und Erdbeben aller Zeiten getrotzt hat, braucht von den Hämmerchen unwissender Ausflügler – Straßenräuber dieser Sorte – nichts zu befürchten. Er hatte bei seinem Unternehmen keinen Erfolg. Wir schickten einen Scheich hin, der ihn festnehmen sollte, wenn er die Befugnis dazu hätte, oder ihn, wenn er sie nicht hätte, warnen sollte, daß nach den Gesetzen Ägyptens das Verbrechen, das er vorhabe, mit Gefängnis oder mit der Bastonade bestraft werden könne. Da ließ er ab und zog davon.

Die Sphinx: hundertfünfunzwanzig Fuß lang, sechzig Fuß hoch und hundertzwei Fuß Kopfumfang, wenn ich mich recht erinnere – aus einem einzigen massiven Steinblock gehauen, der härter ist als jedes Eisen. Der Block muß so groß wie das Fifth Avenue Hotel gewesen sein, bevor der übliche Abfall (auf Grund der Bildhauerarbeit) eines Viertels oder der Hälfte der ursprünglichen Masse absprang. Ich lege diese Zahlen und diese Bemerkungen nur nieder, um die ungeheure Mühe anzudeuten, die es gekostet haben muß, die Sphinx so fein, so symmetrisch, so fehlerlos herauszumeißeln. Diese Steinart ist so hart, daß darin eingegrabene Figuren scharfgeschnitten und unversehrt geblieben sind, nachdem sie zwei- oder dreitausend Jahre lang dem Wetter ausgesetzt waren. Hat es also hundert Jahre geduldiger Arbeit erfordert, die Sphinx aus dem Stein zu hauen? Es ist wahrscheinlich.

Ein Yankee entdeckt Europa.
Mark Twains Begegnung
mit der Alten Welt

Nicht wenigen Lesern gilt Mark Twain als der »amerikanischste aller amerikanischen Autoren«. Wer Hemingway spontan mit den »grünen Hügeln Afrikas«, einer Safari oder dem Spanischen Bürgerkrieg assoziiert, bei Henry James und Ezra Pound an zwei Amerikaner in Europa denkt, deren Œuvre auf dem kulturell so fruchtbaren Boden der Alten Welt gedieh, wird Samuel Langhorne Clemens alias Mark Twain zuallererst mit Mississippi- und Raddampfer-Romantik, den Abenteuern von Tom Sawyer und Huckleberry Finn sowie mit kalifornischen Goldgräbercamps und den Silberbergwerken der Sierra Nevada in Verbindung bringen, immer freilich mit einem ungemein populären Autor, in dessen humoristischer Weitsicht die Wirklichkeit mal komisch-verzerrte, mal skurril-makabre Züge annahm, die erst im Spätwerk einer pessimistischer gewordenen Sicht der Dinge gewichen sind.

Wer sich Leben und Werk dieses großen Erzählers allerdings etwas genauer anschaut, wird bald feststellen müssen, daß sich Samuel L. Clemens, der Mann aus Missouri, Drukker, Mississippi-Lotse, Journalist und Reiseberichterstatter, der als Südstaatler groß geworden war, im Zuge erster beruflicher Erfahrungen in Kalifornien und Nevada seine Prägung als *westerner* erhielt, bis er schließlich durch seine Heirat mit der Tochter eines Kohlebarons aus Elmira (New York) Zugang zur Finanz- und Kulturelite der Ostküste bekam, Etikettierungen ebenso zu entziehen scheint wie der Autor Mark Twain, der sich in den verschiedensten literarischen Genres versucht hat, von der *local color*-Kurzprosa über humoristische Skizzen und Essays bis hin zu

Romanen, ganz zu schweigen von seinen zahlreichen journalistischen Beiträgen in Dutzenden von Zeitungen und Zeitschriften.

Twains literarische Bodenständigkeit, seine vielfältigen Rückgriffe auf die mündliche, regional gefärbte Erzähltradition des Westens, könnte dazu verleiten, eine ganz andere, für sein Leben und sein Werk charakteristische Seite aus den Augen zu verlieren: das Reisen und den Reisebericht! Wer hätte vermuten können, daß dieser »amerikanischste aller amerikanischen Autoren«, nicht anders als Henry James, Ezra Pound oder Ernest Hemingway, viele Jahre seines Lebens in Europa zugebracht hat, insgesamt sogar mehr als ein Jahrzehnt, gar nicht zu reden von seinen Streifzügen durch Australien, Indien und Südafrika? Es war das Interesse für das Neue in der Alten Welt, die selbstsichere Offenheit gegenüber einer jahrtausendealten Kultur jenseits des Großen Teiches, gepaart mit dem untrüglichen Instinkt für den finanziell lukrativen Aspekt des Ganzen – barg nicht die touristische Entdeckung Europas so manche Goldader, wenn man sich nur rechtzeitig einen literarischen *claim* absteckte? –, die den im Grunde bodenständigen Mississippi-Lotsen dutzendemal den Atlantik überqueren ließen!

Die Reisen Mark Twains fanden ihren literarischen Niederschlag in Briefen, Feuilletons oder längeren Reiseberichten, wobei *fact* und *fiction* nicht immer streng voneinander geschieden sind. Seinen ersten Europa-Trip, eine Kreuzfahrt rund ums Mittelmeer an Bord der *Quaker City,* unterbrochen von längeren Landaufenthalten und Besichtigungen von Sehenswertem, beschreibt er ausführlich in *Die Arglosen im Ausland (The Innocents Abroad..., 1869),* eine touristische Expedition, streckenweise eine Wanderung, durch Deutschland, die Schweiz, Frankreich und Italien lieferte den Stoff für den *Bummel durch Europa (A Tramp Abroad, 1880),* und *Meine Reise um die Welt (Following the Equator. A journey around the world, 1897),* teilweise als Tagebuch geschrieben, gibt die Eindrücke des Samuel L. Clemens während seiner Vortragstour durch Australien, Indien und Südafrika wieder. Der Autor schlüpft in diesem Spätwerk häufiger in die Rolle des satirischen Kommentators der politischen und gesellschaftlichen Verhältnisse in den bereisten Ländern, wobei seine Position zwischen harscher Imperialismus- und Zivilisationskritik und zählebigen rassistischen Ressentiments hin- und herschwankt, welch letztere besonders in den Partien über Indien gelegentlich unangenehm berühren.

Die im vorliegenden Band zusammengestellten Texte beschränken sich auf Mark Twains Reisen durch Europa und rund ums Mittelmeer, wobei die meisten der ausgewählten, mit neuen Überschriften versehenen und in einen gegenüber dem Original leicht veränderten geographischen Zusammenhang gerückten Passagen seinem erfolgreichsten Reisebericht, d.h. den *Arglosen im Ausland,* entnommen sind. Fassen wir die Entstehungsgeschichte, die humoristische Darstellungsperspektive sowie die clevere Vermarktung des Buches etwas genauer ins Auge, so wird schnell deutlich, warum es so ungemein populär und erfolgreich werden konnte. En passant fällt dabei ein Schlaglicht auf die Genesis eines Reisebestsellers im 19. Jahrhundert.

Als die *Quaker City* am Morgen des 19. November 1867 in den Hafen von New York einlief und unter dem Jubel eines Spalier stehenden und Taschentücher schwenkenden Begrüßungskomitees von Freunden und Bekannten »Schiff und Kai sich wieder die Hände reichten«, war eine der ersten organisierten transatlantischen Gruppenreisen zu Ende gegangen: kein Passagier fehlte, alle – mit einer Ausnahme – waren wohlauf, alle froh, wieder amerikanischen Boden zu betreten. Welch eine Wohltat, endlich wieder zurück zu sein in einem Land, dessen Menschen nicht unter der Knute eines despotischen Sultans standen, der über »ein Durcheinander von Dummheit, Verbrechen und Grausamkeit« herrschte, in einem Land, das frei war von jeglichem Aberglauben italienischer und spanischer Provenienz, in dem die Größe der Billardtische stimmte und die Barbiere ihr Handwerk verstanden.

Die Leser des *Daily Alta California*, einer in San Francisco erscheinenden Tageszeitung, waren über die Exkursion der »Pilger« in die Alte Welt bestens informiert, lange bevor die *Quaker City* im Heimathafen andockte, hatte sie doch ein »special travelling correspondent« namens Mark Twain in zahlreichen Briefen – insgesamt 58 – über den Fortgang der abenteuerlichen Expedition auf dem laufenden gehalten. Den Lesern dieser und anderer Gazetten war Mark Twain als Reisekorrespondent längst kein Unbekannter mehr, denn schon früher hatte er über eine Reise zu den Sandwich Islands (Hawaii) berichtet und feuilletonistische Skizzen über das Leben in New York veröffentlicht.

Allenthalben war man aufmerksam geworden auf diesen unterhaltsamen Fabulierer, der die Gabe zu besitzen schien, selbst der trockensten Materie noch eine humoristische Pointe abzugewinnen. Bereits zwei Tage nach der Rückkehr des renommierten Sonderkorrespondenten aus Europa nahm Elisha Bliss jr., Leiter der *American Publishing Company* in Hartford (Conn.) Kontakt mit ihm auf und bekundete Interesse an einem Buch aus seiner Feder. Diese Offerte kam Twain in doppelter Hinsicht entgegen: Zum einen lag Material für ein solches Projekt in Hülle und Fülle vor, zum anderen war der finanzielle Anreiz, mit dem ihn Bliss köderte, durchaus verlockend: 10 000 Dollar für das Copyright oder 5% Honorar für jedes verkaufte Exemplar. Mit sicherem Gespür für die Attraktivität seines Produktes, das einige Monate später den amerikanischen Markt erobern sollte, wählte er letzteres – eine überaus profitable Entscheidung, wie sich bald herausstellen sollte.

So unterbreitete Twain dem Verleger Bliss umgehend den Vorschlag, auf der Grundlage seiner Briefe an den *Daily Alta California* und einiger anderer Blätter einen Reisebericht zusammenzuzimmern, in dem er den »pleasure trip« durch Europa und das Heilige Land zusammenhängend beschreiben würde. So geschah es denn auch. Wohl wissend, daß sein Buch vor allem die Leser der Ostküste ansprechen mußte, um in größeren Stückzahlen verkauft zu werden, strich er alle Anspielungen, die lediglich von lokalem oder regionalem Interesse waren, vermied Slang-Ausdrücke und allzu kolloquiale Wendungen ebenso wie blasphemische Seitenhiebe, soweit er sich letztere verkneifen konnte, füllte Lükken mit Einfügungen neuer, den Zusammenhang der Reise verdeutlichenden Passagen und bemühte sich insgesamt, die komischen Aspekte der Darstellung stärker zu betonen, denn schließlich galt es, dem *public image* zu entsprechen, das der Verfasser des *Berühmten Springfrosches (The Celebrated Jumping Frog...)* von sich aufgebaut hatte: das des »amerikanischen Spaßmachers« (»American jester«).

Was *Die Arglosen im Ausland* von allen vergleichbaren Publikationen in den 6oer Jahren des 19. Jahrhunderts in Amerika unterscheidet, ist die Perspektive, aus der Mark Twain Gesehenes und Erlebtes literarisch ins Bild rückt. Wie der Autor im Vorwort des Buches anmerkt, hat er sich von der Absicht leiten lassen, »dem [amerikanischen] Leser einen Eindruck davon zu vermitteln, wie *er* wahrscheinlich Europa und den Orient sähe, wenn er sie mit eigenen Augen betrachtete, statt mit den Augen jener, die vor ihm durch diese Länder gereist sind«. Die Sichtweise, die Mark Twain bei seinem fiktiven Leser voraussetzt und mit der er sich partiell identifiziert, ist die Perspektive des amerikanischen *low-brow tourist*: republikanisch eingestellt, puritanisch gesinnt, stolz auf die Errungenschaften seines eigenen *ordo novus saeculorum*, weder mit der Geschichte der Alten Welt noch mit ihren Gepflogenheiten sonderlich vertraut, ein Yankee auf Reisen, der keineswegs geneigt ist, sich die in den gängigen Baedekers seiner Zeit verbreitete Rhetorik der Bewunderung transatlantischer Kultur und Zivilisation zu eigen zu machen. Schließlich muß er ja immer wieder die desillusionierende Erfahrung machen, daß seine Vorstellung von Europa und die dort erlebte Wirklichkeit erheblich voneinander abweichen. So berichtet Twain z.B. im Frankreich-Kapitel der *Arglosen*, daß er seit seiner frühen Jugend von einem Besuch bei einem Pariser Barbier geträumt habe, der sein hochgeschätztes Handwerk inmitten eines luxuriös ausgestatteten Salons ausübe, mit Fresken an den Wänden und korinthischen Säulen, die goldverzierte Decken tragen. Als er endlich nach langer Suche einen Frisörsalon in der französischen Metropole gefunden hat, zerrt ihn der Meister in ein schäbiges Hinterzimmer, plaziert ihn auf einen gewöhnlichen Wohnzimmerstuhl, seift ihm Bart und Mund gleichermaßen ein, schärft sein Rasiermesser am Stiefel und zieht ihm damit sodann fast die Haut vom Gesicht!

Die Rolle des prüden, im Grunde amusischen Yankee-Touristen, dessen Reise in die Vergangenheit durchaus keine nostalgischen Gefühle aufkommen läßt, hat Twain indes nicht durchgehalten. Der »imaginäre Amerikaner« ist ein hybrides Geschöpf, prüde zwar, wenn er bei einer Cancan-Vorstellung schamhaft die Hände vors Gesicht schlägt, aber doch zwischen den Fingern hindurch einen Blick auf die Tänzerinnen zu erhaschen versucht, ein Banause zudem, der Bassanos *Reisekoffer* zu einem Meisterwerk auf dem Gebiete der Malerei erklärt (Leonardos *Abendmahl* dagegen, »vom Alter fleckig und verschossen, war mal ein Kunstwerk – vor dreihundert Jahren«), ein Republikaner aus Überzeugung, der unbeschadet seines politischen Credos aus seiner Bewunderung für den Zaren kein Hehl macht und Napoleon III. unumwunden einen »Repräsentanten der höchsten

Stufe neuzeitlicher Kultur« nennt. Bei aller ikonoklastischen Despektierlichkeit gegen die kulturellen Traditionen Europas und des Orients ist ihm der bewundernde Gestus nicht ganz fremd, so etwa wenn er den Dom von Mailand in den höchsten Tönen rühmt und beim Anblick der Sphinx von Gizeh richtig ins Schwärmen gerät.

So naiv war und ist kein Leser, als daß er die vorgebliche Ahnungslosigkeit und Unbedarftheit der reisenden Yankees, die sich auf den ausgetretenen Pfaden des Bildungstourismus durch Europa und rund ums Mittelmeer bewegen, zum Nennwert nähme und nicht wenigstens gelegentlich als geschickt inszeniertes Rollenspiel durchschaute, spätestens dann, wenn einer aus der Reisegruppe an einen Genueser Fremdenführer die Frage richtet, ob denn Christoph Kolumbus schon tot sei, oder wenn sich die »Pilger« in Jerusalem vor Adams Grab versammeln: »Wie rührend war es, weit entfernt von der Heimat, den Freunden und allen, die sich etwas aus mir machen, auf diese Weise das Grab eines Blutsverwandten zu entdecken. Gewiß, ein entfernter zwar, doch immerhin ein Verwandter.«

Ob nun Twains Reisebilder je nach Anlaß eher karikierende, burleske, parodistische oder komische Züge tragen, ihre humoristische Färbung ist stets unverkennbar, wobei auch satirisch-kritische Töne keineswegs fehlen. Wer in Begleitung Mark Twains als Gipfelstürmer mit Eispickel und Zylinder von Zermatt aus den Riffelberg besteigt, gemeinsam mit 198 Personen »einschließlich der Maultiere«, darunter Büfettiers, Zuckerbäcker und »Büglerinnen für die Grobwäsche«, wird diese Geschichte zuallererst als Kabinettstückchen Twainschen Humors lesen; doch macht nicht die Übertreibung die Auswüchse des alpinen Massentourismus, dessen Anfänge schon Mitte des 19. Jahrhunderts allenthalben sichtbar waren, erst eigentlich augenfällig? Wenn er an anderer Stelle davon berichtet, daß die zahlreichen Nägel vom Kreuze Christi, die man ihm bei seinen Besuchen heiliger Stätten gezeigt habe, einen ganzen Sack füllen würden, wird deutlich, was er von dieser Art der Reliquienverehrung hielt.

Wie schon angedeutet, wurde Mark Twains erster großer Reisebericht ein Bestseller. Kein anderes *four-dollar book* erzielte im 19. Jahrhundert in Amerika binnen so kurzer Zeit vergleichbare Verkaufszahlen. Schon im ersten Jahr nach der Veröffentlichung des Buches (am 20. 7. 1869) wurden über 30 000 Exemplare auf dem einheimischen Markt abgesetzt, zwei Jahre später waren es bereits über 100 000, und der Verleger Elisha Bliss jr. schätzte die Gesamtzahl der Verkäufe bis zum Oktober 1874 auf ca. 150 000; um die Jahrhundertwende hatte sie die Millionengrenze überschritten.

Nicht weniger eindrucksvoll gestaltete sich die Rezeption des Buches außerhalb Amerikas. Folgt man den bibliographischen Angaben, die Robert M. Rodney in *Mark Twain International (1982)* macht, so wurde Twains Reisebericht zwischen 1869 und 1976 in mindestens 15 Sprachen übersetzt und erschien weltweit in 144 Editionen, die sich auf 21 Länder verteilen. Warum aber war gerade der ersten Auflage des Buches ein solch phänomenaler Erfolg beschieden, und das zu einer Zeit und in einem Land, das sich soeben von den Folgen eines blutigen Bürgerkrieges zu erholen begann und in dem weder ein flächendeckendes Vertriebsnetz für Produkte der schwarzen Zunft existierte, noch gar in jedem Städtchen, insbesondere in den Weiten des mittleren Westens, eine Buchhandlung oder eine Leihbücherei existierte? Zweifellos verdankt sich dieser Erfolg nicht ausschließlich der literarischen Qualität des Werkes, sondern nicht minder dem optimalen Zusammenwirken mehrerer Faktoren: zunächst einmal der Gunst des geschichtlichen Augenblicks, in dem die Neue Welt nach den Wirren des Sezessionskrieges im Hochgefühl nationaler Einheit und des daraus resultierenden Selbstbewußtseins die Alte neu zu entdecken begann, sodann dem findigen Verleger der *American Publishing Company* in Hartford, der konsequent auf das Subskriptionssystem setzte und es zu einem profitablen Vermarktungsinstrument für die Ware Buch weiterentwickelte, und nicht zuletzt einem Autor, der vor der Erstveröffentlichung mit thematisch auf das Buch abgestimmten, regional und terminlich mit der Werbekampagne des Verlages synchronisierten Vortragsreisen Interesse an der bevorstehenden Publikation zu wecken wußte, und daraufhin alles tat, wiederum mit vermehrten öffentlichen Auftritten, um das Interesse des Publikums an seinem Produkt wachzuhalten, so daß die »Arglosen« zu Hause die »Arglosen« im Ausland tatsächlich lange Zeit nicht aus den Augen verloren. Wer z. B. Mark Twains Vortrag *The American Vandal Abroad [Der amerikanische Vandale im Ausland]*, der sich besonderer Beliebtheit erfreute, gehört hatte, war neugierig auf das, was ihm wenige Wochen später zwischen zwei Buchdeckeln angeboten wurde.

Auf seiten des Verlages war man nicht minder einfallsreich zu Werke gegangen. Die Werbung für Twains literarische Begegnung mit der Alten Welt und ebenso die Vermarktungsstrategien waren ganz darauf abgestellt, neue Käuferschichten zu erschließen. Der Verlag heuerte zahlreiche Verkäufer an – man suchte »Kriegsversehrte, ältere und andere Kirchenmänner mit frei verfügbarer Zeit, Lehrer und Studenten während der Ferien u. a.« –, die auf Provisionsbasis arbeiteten, stattete sie mit einer sehr werbewirksam aufgemachten Vorankündigung von »Mark Twain's New Book« sowie einen Blindband aus, der freilich bereits so gebunden war wie die Erstausgabe sowie ausführliche Textauszüge und Illustrationen enthielt, und ließ sie in die entferntesten Winkel des Kontinents ausschwärmen. Kurz nach der Erstveröffentlichung wurde die Presse mit Freiexemplaren und Ausschnitten aus höchst schmeichelhaften Rezensionen überschwemmt, wobei den Verkaufsstrategen des Verlages zustatten kam, daß die *Quaker City*-Exkursion nach Europa ohnehin ein vielfältiges Echo in den einheimischen Gazetten gefunden hatte.

Die geschickte Vermarktung des Buches ist gewiß einer der Gründe für die hohen Verkaufszahlen der Erstausgabe, erklärt indes nicht die fortdauernde Popularität der *Arglosen*. Sein Erfolg gründet sich letztlich wohl darauf, daß Twain in diesem Buch die Distanz des Reiseberichterstatters aufgegeben und eine subjektive, humoristische Sicht der Alten Welt an ihre Stelle gesetzt und, vor allem im *Bummel durch Europa*, gelegentlich *fact* und *fiction* miteinander vermengt hat. Es ist nicht so sehr das Angeschaute, sondern der Prozeß des Schauens und Reagierens, die Art und Weise, wie der Autor von seinem Gegenstand Besitz ergreift, die den eigentümlichen und bleibenden Reiz seiner Reisebilder ausmachen. Oberflächlich betrachtet, bestätigt sich das Diktum vom »amerikanischsten aller amerikanischen Autoren« unübersehbar dort, wo Mark Twain jeden europäischen Fremdenführer kurzerhand »Ferguson« nennt, jeden See am einheimischen Lake Tahoe mißt, und für ihn unaussprechliche arabische Ortsnamen in »Baldwinsville«, »Jacksonville« oder »Jonesborough« umtauft. Unbekanntes in einen vertrauten Horizont zu rücken, Fremdes mit einheimischen Maßstäben zu messen, ist freilich kein Spezifikum amerikanischer Europa-Touristen, sondern eine Erfahrung, die sich – nolens volens – bei jedem Reisenden zuweilen einzustellen pflegt. Mit Mark Twain zu reisen, heißt deshalb auch für den deutschen Leser, die Alte Welt neu zu entdecken, sich einzulassen auf eine amüsante »Litera-Tour«, Entdeckungen zu machen, statt sich in seinen Erwartungen bestätigt zu sehen, und sich so für eine Weile in jenes fiktive Geschöpf Twainschen Humors zu verwandeln: den »Arglosen im Ausland«.

Norbert Kohl

Zu dieser Ausgabe

insel taschenbuch 1594: *Reisen mit Mark Twain*. Die in diesem Band zusammengestellten Texte sind zwei Reiseberichten von Mark Twain entnommen: *The Innocents Abroad* und *A Tramp Abroad*. *The Innocents Abroad* erschien zuerst im Jahre 1869 bei der *American Publishing Company*, Newark (N.J. Hartford [Conn.]), *A Tramp Abroad* im selben Verlag 1880.

Die deutschen Übersetzungen stammen aus der Feder von Angelika Beck und Ana Maria Brock *(The Innocents Abroad)* sowie von Gustav Adolf Himmel *(A Tramp Abroad)*.

Folgende Texte sind aus: *Bummel durch Europa [A Tramp Abroad]*, Deutsch von Gustav Adolf Himmel, © Verlag Vandenhoeck & Ruprecht, Göttingen 1963, Frankfurt/M.: Insel 1985 u. ö. (= Mark Twain, *Gesammelte Werke in zehn Bänden*, ausgewählt und zusammengestellt von Norbert Kohl, Bd. 4): »›In Frankfurt trägt jedermann reinliche Kleidung‹«; »Der Schelm von Bergen«, »Studentenleben in Alt-Heidelberg«; »Auf dem Paukboden«; »Vier Stunden ›Krachen und Dröhnen‹: *Lohengrin* in Mannheim«; »Eine Nacht in Heilbronn«; »Abenteuerliche Floßfahrt auf dem Neckar«, »Schlechte Erfahrungen in Baden-Baden«; »Schwarzwaldwährung«; »Dakapo für Ludwig II.«; »Der ›Löwe von Luzern‹«; »Gipfelstürmer mit Eispickel und Zylinder: Expedition von Zermatt auf den Riffelberg«; »Aufstieg zum Montblanc – per Fernrohr«; »Genfer Geschäftsgebaren«; »Der ehrliche Puppenspieler von Turin«; »Kunst mit und ohne Feigenblatt: Die Uffizien in Florenz«.

Die Arglosen im Ausland [The Innocents Abroad]. Deutsch von Ana Maria Brock, © 1966 Carl Hanser Verlag München-Wien. (= Mark Twain, *Gesammelte Werke in fünf Bänden*, hg., mit Anmerkungen und einem Nachwort versehen von Klaus-Jürgen Popp, Bd. 3): »Streifzug durch Pompeji«; »Athen: Nächtlicher Ausflug zur Akropolis«; »Von den Wonnen eines türkischen Bades in Konstantinopel«; »Kolossales Baalbek«; »Damaszenische Skizzen«; »Am ›heiligsten Ort der Christenheit‹: Die Grabeskirche in Jerusalem«; »Badefreuden im Toten Meer«; »Gizeh: Besteigung der Cheopspyramide und eine Wette«; »Geheimnisvolle Sphinx«.

Angelika Beck hat folgende Texte übersetzt: »Frankreich: ›Was für ein bezauberndes Land‹«; »Pariser Spezialitäten: Barbiere, Billard und Billfinger«; »Père-Lachaise«; »Ein Amerikaner in Versailles«; »Maghrebinische Impressionen: Tanger«; »Handschuhkauf in Gibraltar«; »Traumbild aus Marmor: Der Dom von Mailand«; »Schönes, schauriges Venedig«; »Sankt Peter in Rom«; »Im Kolosseum: Gala der Gladiatoren«; »›Neapel sehen und sterben‹«.

Umschlagabbildung: Pál Szinyei Merse, Fesselballon, 1878 (Ausschnitt).

Literatur und Reisen
im insel taschenbuch

158/1/8.92

Literatur und Reisen
im insel taschenbuch

158/2/8.92

Literatur und Reisen
im insel taschenbuch

158/3/8.92

Literatur und Reisen
im insel taschenbuch

158/4/8.92

Kulturgeschichte
im insel taschenbuch